LA LIBERTÉ
DE CONSCIENCE

EN FRANCE ET A L'ÉTRANGER

ÉMILE COLIN — IMPRIMERIE DE LAGNY

LA LIBERTÉ DE CONSCIENCE

EN FRANCE ET A L'ÉTRANGER

PAR

G. SAUNOIS DE CHEVERT

Lauréat de l'Institut

PARIS

LIBRAIRIE ACADÉMIQUE DIDIER

PERRIN ET Cie, LIBRAIRES-ÉDITEURS

35, QUAI DES GRANDS-AUGUSTINS, 35

1890

A

MONSIEUR RIBOT

Hommage de respectueuse déférence

S. de C.

AVANT-PROPOS

Ce livre aurait paru au commencement de l'année, si les fêtes de l'Exposition et du Centenaire, à la préparation desquelles je me suis trouvé mêlé, ne m'en avaient distrait jusqu'à ces dernières semaines.

Les reproches que je formule contre nos représentants ne sauraient donc s'adresser à la Chambre issue du suffrage des 22 septembre et 6 octobre derniers.

Que tous me pardonnent d'ailleurs mes critiques parfois un peu trop empreintes d'amertume. J'ai un tel culte pour la République, que je la souhaiterais parfaite. Ne devrait-elle pas en réalité se montrer grande, généreuse, magnanime, même à l'égard de ses ennemis, comme il convient à la véritable force et au droit? Et puis, pourquoi vouloir effacer, sous prétexte de nouveau régime, jusqu'aux derniers vestiges du passé? Les institutions d'autrefois rendirent des services en leur temps; perfectionnez-les donc, ne les détruisez pas.

Les pensées que j'émets dans cet ouvrage rencontreront, je ne me le dissimule pas, bien des adversaires. Les libres-penseurs me reprocheront peut-être de me montrer bienveillant à l'excès pour les religions positives; les catholiques, à coup sûr, ne me pardonneront pas de réclamer la séparation des Églises et de l'État, contre laquelle se sont prononcés le SYLLABUS *et les plus récentes encycliques.*

Mais, que m'importe, après tout? En traçant les pages qui suivent je me suis rappelé la vieille devise française : « Fais ce que dois, advienne que pourra. » Et je ne me suis pas laissé décourager. N'est-ce pas servir la liberté de conscience qu'écrire une œuvre de bonne foi?

G. SAUNOIS DE CHEVERT.

Paris, 1er novembre 1889.

LA LIBERTÉ DE CONSCIENCE

EN FRANCE ET A L'ÉTRANGER

CHAPITRE PREMIER

LA LIBERTÉ DE CONSCIENCE AU POINT DE VUE INDIVIDUEL ET AU POINT DE VUE SOCIAL

La plus grande, la plus essentielle des prérogatives de l'homme, celle qui n'appartient qu'à lui, à l'exclusion de tous les autres êtres, c'est indiscutablement la liberté intime ou morale, qui lui permet de prendre une détermination conforme au jugement de sa saine raison.

La liberté, ainsi comprise, est le privilége caractéristique de la race humaine ; c'est d'elle que résulte le mérite ou le démérite de toutes nos actions. Elle est aussi la base de l'ordre social, puisqu'elle crée les droits et les obligations réciproques qui naissent des rapports nécessaires entre les différentes individualités,

Mais, si l'homme, jouissant de la plénitude de ses facultés mentales, est constamment à même de choisir le parti que sa raison lui fait juger préférable, il ne lui est pas toujours possible d'exécuter l'acte auquel il a cru devoir se déterminer. A côté de la liberté morale, il y a la liberté physique. Toutes deux ont également besoin d'être protégées : la première contre les sophismes, la seconde contre les persécutions. C'est cette double liberté, le plus précieux et le plus imprescriptible de tous les biens, qui assure la dignité de l'existence ; c'est elle que les États généraux, constitués en Assemblée nationale, ont voulu assurer à tous les Français, lorsqu'ils rédigèrent, au mois de septembre 1789, la fameuse « Déclaration des droits de l'homme et du citoyen (1) ».

Elle proclame solennellement le droit de tous les

(1) En voici la teneur exacte :

« Les représentants du peuple français constitués en Assemblée nationale, considérant que l'ignorance, l'oubli ou le mépris des droits de l'homme sont les seules causes des malheurs publics et de la corruption des gouvernements, ont résolu d'exposer, dans une déclaration solennelle, les droits naturels, inaliénables et sacrés de l'homme, afin que cette déclaration, constamment présente à tous les membres du corps social, leur rappelle sans cesse leurs droits et leurs devoirs, afin que les actes du pouvoir législatif, et ceux du pouvoir exécutif, pouvant être, à chaque instant, comparés avec le but de toute institution politique, en soient plus respectés ; afin que les réclamations des citoyens, fondées désormais sur des principes simples et incontestables, tournent toujours au maintien de la Constitution et au bonheur de tous.

» Art. premier. — Les hommes naissent et demeurent libres et égaux en droits. Les distinctions sociales ne peuvent être fondées que sur l'utilité commune.

» Art. 2. — Le but de toute association politique est la conservation des droits naturels et imprescriptibles de l'homme. Ces droits sont : la liberté, la propriété, la sûreté et la résistance à l'oppression.

hommes à la liberté. Et j'entends ici le mot *liberté* dans son acception la plus large, car c'est à tort qu'on a prétendu la subdiviser. Elle est simple, comme les autres prérogatives naturelles. Et c'est précisément pour cela qu'il n'appartient à aucun pouvoir humain de la créer ou de la supprimer. Si l'on veut tenir compte, toutefois, que jusqu'à présent on a cru devoir lui donner des noms différents, suivant les buts distincts qu'elle poursuit, il faut reconnaître que la liberté de conscience ou religieuse est sans conteste la plus importante, tant

» Art. 3. — Le principe de toute souveraineté réside essentiellement dans la Nation. Nul corps, nul individu ne peut exercer d'autorité qui n'en émane expressément.

» Art. 4. — La liberté consiste à pouvoir faire tout ce qui ne nuit pas à autrui : ainsi, l'exercice des droits naturels de chaque homme n'a de bornes que celles qui assurent aux autres membres de la société la jouissance de ces mêmes droits. Ces bornes ne peuvent être déterminées que par la loi.

» Art. 5. — La loi n'a le droit de défendre que les actions nuisibles à la société. Tout ce qui n'est pas défendu par la loi ne peut être empêché, et nul ne peut être contraint à faire ce qu'elle n'ordonne pas.

» Art. 6. — La loi est l'expression de la volonté générale. Tous les citoyens ont le droit de concourir, personnellement ou par leurs représentants, à sa formation. Elle doit être la même pour tous, soit qu'elle protège, soit qu'elle punisse. Tous les citoyens, étant égaux à ses yeux, sont également admissibles à toutes les dignités, places et emplois publics, selon leur capacité, et sans autre distinction que celle de leurs vertus et de leurs talents.

» Art. 7. — Nul homme ne peut être accusé, arrêté ni détenu que dans les cas déterminés par la loi, et selon les formes qu'elle prescrites. Ceux qui sollicitent, expédient, exécutent ou font exécuter des ordres arbitraires, doivent être punis; mais tout citoyen appelé ou saisi, en vertu de la loi, doit obéir à l'instant; il se rend coupable par la résistance.

» Art. 8. — La loi ne doit établir que des peines strictement et évidemment nécessaires, et nul ne peut être puni qu'en vertu au point de vue de son objet que des difficultés pratiques d'application qu'elle peut parfois présenter.

« Car, ce mot de liberté de conscience enferme tout à la fois le droit de penser, le droit de prier, le droit d'enseigner, et le droit d'user de cette triple liberté,

d'une loi établie et promulguée antérieurement au délit, et légalement appliquée.

» Art. 9. — Tout homme étant présumé innocent, jusqu'à ce qu'il ait été déclaré coupable, s'il est jugé indispensable de l'arrêter, toute rigueur, qui ne serait pas nécessaire pour s'assurer de sa personne, doit être sévèrement réprimée par la loi.

» Art. 10. — Nul ne peut être inquiété pour ses opinions, même religieuses, pourvu que leur manifestation ne trouble pas l'ordre public établi par la loi.

» Art. 11. — La libre communication des pensées et des opinions est un des droits les plus précieux de l'homme : tout citoyen peut donc parler, écrire, imprimer librement, sauf à répondre de l'abus de cette liberté, dans les cas déterminés par la loi.

» Art. 12. — La garantie des droits de l'homme et du citoyen nécessite une force publique : cette force est donc instituée pour l'avantage de tous, et non pour l'utilité particulière de ceux à qui elle est confiée.

» Art. 13. — Pour l'entretien de la force publique, et pour les dépenses d'administration, une contribution commune est indispensable. Elle doit être également répartie entre tous les citoyens, en raison de leurs facultés.

» Art. 14. — Tous les citoyens ont le droit de constater, par eux-mêmes ou par leurs représentants, la nécessité de la contribution publique, de la consentir librement, d'en suivre l'emploi et d'en déterminer la quotité, l'assiette, le recouvrement et la durée.

» Art. 15. — La société a le droit de demander compte à tout agent public de son administration.

» Art. 16. — Toute société dans laquelle la garantie des droits n'est pas assurée, ni la séparation de pouvoirs déterminée, n'a pas de Constitution.

» Art. 17. — La propriété étant un droit inviolable et sacré, nul ne peut en être privé, si ce n'est lorsque la nécessité publique, légalement constatée, l'exige évidemment, et sous la condition d'une juste et préalable indemnité. »

sans souffrir aucune diminution dans sa dignité d'homme et de citoyen (1). »

Son champ est immense, on le voit ; ce qui se comprend facilement, si l'on veut bien se rendre compte que non seulement elle intéressera l'universalité des êtres humains jusqu'à la fin des siècles, mais qu'aussi, depuis l'origine du monde, elle rattache la terre au ciel.

Il est bien entendu, dès à présent, que nous parlons moins pour les sceptiques et les incrédules que pour ceux qui se considèrent comme ayant des obligations imposées par leurs croyances à défendre. Les premiers n'ont plus besoin qu'on protége leur liberté de conscience, car, par un revirement étrange, un siècle après la grande explosion de libéralisme de 1789, c'est aujourd'hui, sous le gouvernement de la République, ceux qui ont conservé la foi des anciens jours, qui ont besoin d'aide et de protection. Ni l'une ni l'autre ne sauraient leur être légitimement refusées.

Quoi qu'on dise ou qu'on fasse, en effet, c'est l'enthousiasme pour une idée, c'est la conviction qui ont toujours fait les héros et les grandes choses. Les croisades, qui ont porté si haut et si loin notre prestige que notre renom d'autrefois survit à nos désastres dans les pays d'Orient, n'ont pas eu d'autre point de départ. Si tout a changé depuis, s'il plaît maintenant à une certaine école de trouver l'explication de ses destinées dans la théorie du transformisme, qu'elle laisse du moins à ceux qui se sentent des instincts et des aspirations supérieures, la liberté de leurs croyances, des pratiques qu'elles leur commandent, et

(1) Jules Simon : *La Liberté de conscience.* (Paris, Hachette, 1883, p. 384.)

la possibilité de les défendre par la chaire, l'école et tous les moyens dont dispose la polémique de nos jours. Hostile à la tyrannie, c'est sa prétention, qu'elle ne pratique pas l'ostracisme! Opprimée, elle se plaignait jadis ; qu'elle n'opprime pas à son tour, aujourd'hui qu'elle est triomphante!

A défaut, d'ailleurs, de cette tolérance réciproque que nous devrions nous témoigner les uns aux autres et que nous sommes, malheureusement, encore bien loin d'avoir acclimatée dans nos mœurs, le simple bon sens devrait conseiller aux disciples de Darwin et de Lamarck plus de réserve et de modération. Car, ainsi que le fait justement remarquer M. Paul Janet, dans son Etude sur le Cerveau et la Pensée (1), « lorsqu'il s'agit d'examiner des faits, on ne suppose rien d'avance ; mais la condition doit être égale de part et d'autre. Celui qui ne croit qu'à la matière, ne doit pas s'attribuer à lui-même le monopole de la vérité scientifique et renvoyer au pays des chimères celui qui croit à l'esprit. On peut nous demander de suspendre notre jugement ; mais cette suspension ne doit être un avantage pour personne, et l'on ne doit point profiter d'un armistice pour prendre pied dans un terrain disputé. » C'est un sage conseil à suivre.

Pourquoi, au point de vue philosophique, tellement combattre la foi, l'espérance en une autre vie ? N'est-ce pas toujours, malgré les magnifiques découvertes modernes, la plus grande consolation de ceux qui souffrent et des si nombreux déshérités de ce monde ? « Les philosophies (2), dit un penseur chrétien, me

(1) Paris, Germer-Baillière, libraire-éditeur, 1867, p. 13.
(2) Augustin Cochin : *Les Espérances chrétiennes.*

donnent des maximes générales de courage et de soumission, qui me laissent tout seul, avec une ou deux phrases de plus circulant dans ma tête. La religion me met en conversation avec quelqu'un qui est un père, et ce père est Dieu ; je lui parle, il répond ; je m'appuie, il m'enlace ; je pleure, il essuie mes larmes ; j'étais seul, je suis deux. »

Maine de Biran, qui a passé, lui, par toutes les étapes du doute, ne peut s'empêcher de reconnaître que : « Le plus grand bienfait de la religion est de nous sauver du doute et de l'incertitude, qui sont le plus grand tourment de l'esprit humain, le vrai poison de la vie (1). »

Il n'est aucun de nos libres-penseurs qui n'admette cette manière de voir. Il semblerait donc que ce n'est pas assez de souffrir seuls pour certains d'entre eux, puisqu'en propageant l'incrédulité, ils cherchent à faire partager leurs angoisses. O philanthropie, dont ils se targuent constamment comme s'ils en avaient le monopole, grande et noble philanthropie qui consiste à se sacrifier pour assurer le bonheur d'autrui, éclairez leur intelligence et amollissez leur cœur. Qu'ils nous aiment un peu moins si leur affection doit nous enlever nos dernières et nos plus chères illusions !

Et d'ailleurs, prenez garde, dirons-nous à tout gouvernement sectaire, prenez garde qu'après avoir déraciné les anciennes croyances, la vraie notion de la liberté ne vienne à disparaître en même temps que les autres. Dès que vous empiétez sur le domaine intellectuel ou moral, comme sur n'importe quelle propriété matérielle, vous êtes un usurpateur, et, s'il ne survient pas

(1) *Pensées*, p. 333.

de représailles qui vous oppriment à votre tour, votre règne sera celui d'un tyran.

Dans les deux cas, c'est l'abus du pouvoir et l'oppression au lieu de la liberté.

Nous traversons actuellement une période transitoire qui semble annoncer une prochaine évolution de l'âme humaine.

Ses conséquences extrêmes envisagées dans l'article suivant, paru dans une Revue de fondation récente, ne sont-elles pas un symptôme de la confusion qui règne aujourd'hui dans les idées les plus simples, et sur lesquelles on ne saurait trop chercher à faire la lumière.

« C'est que le vent de la liberté souffle sur le monde, y lisons-nous. Où et comment arrête-t on ce vent-là? Il abat tout ce qui protégeait l'homme, disent les uns; tout ce qui le gêne, disent les autres. Il détruit tous les pouvoirs ; il ébranle toutes les croyances; il secoue toutes les traditions humaines et divines. Il dépouille complétement l'homme et le recommence. Ceux qui ne pensent pas, veulent jouir ; ceux qui pensent, veulent connaître.

» Qu'est-ce que la famille va devenir dans ce tohubohu ? Ne serait-ce pas le même qui, selon les livres hébraïques, a précédé la création ? Une création nouvelle dans le monde des sentiments ne va-t-elle pas succéder à cette création nouvelle dans ce monde des idées que nous sentons sourdre depuis cent ans. Si l'homme, après avoir congédié ses rois, banni ses prêtres, chassé ses dieux, allait ne plus vouloir subir aucune domination, même celle de la famille ? S'il allait considérer l'amour conjugal, l'amour paternel, l'amour maternel, l'amour filial, comme un autre genre de servitude, et s'il allait les discuter et s'en libérer comme du reste ?... » (1)

La liberté bien comprise ne consistera jamais à ne plus connaître aucun frein, ni matériel, ni moral, mais à pouvoir diriger sa conduite et ses actes dans la pleine indépendance de la saine raison.

Il en va de même de la liberté de conscience. Elle ne doit pas s'étendre seulement aux indifférents, à ceux qui n'adhèrent à aucune église ; elle entraîne également le droit d'avoir une religion positive, d'en pratiquer les préceptes et de chercher à lui faire des prosélytes ; elle doit être assurée à toutes les croyances qui ne portent pas atteinte à la morale publique et dont les manifestations extérieures ne donnent pas lieu à des troubles civils. Dans ce cas seulement, l'intérêt supérieur de la liberté même commande au gouvernement d'intervenir. Nous verrons plus spécialement, tout à l'heure, à quelles mesures se limite son rôle à cet égard.

Ce que nous voulons établir pour le moment, c'est la tolérance réciproque que le respect de la dignité humaine devrait nous imposer à tous, les uns pour les autres. A plus forte raison, lorsque nos divergences portent sur les questions religieuses.

Le scepticisme est une plaie sociale. Il faut plaindre ceux qui en sont atteints, car ils souffrent à leur insu et, comme les infortunés atteints de la maladie rabique, veulent répandre leur mal autour d'eux. C'est

(1) *Revue de Famille* (15 mai 1888) : *La Famille moderne*, par Alex. Dumas fils.

de cette contagion qu'il faut absolument chercher à nous préserver.

« Un homme qui ne croit à rien, nous dit M. Jules Simon (1), est quelque chose comme un corps sans âme. Il a tous les éléments qui constituent l'homme, excepté celui qui, de tous ces éléments, fait une unité vivante. Sa vie manque d'éternité. S'il est capable, c'est seulement de destruction. »

Et quelques jours plus tard, complétant sa pensée, il ajoutait : « Au fond, la cause de nos malheurs, au dehors et au-dedans, est une cause morale. Ce n'est pas à Sedan, ce n'est pas à Waterloo, que sont nos grandes défaites, c'est à Paris. C'est ici qu'on s'efforce de faire de nous une nation de sceptiques, c'est-à-dire d'impuissants (2) ».

Sceptiques impuissants, et à plaindre, avons-nous ajouté. Ne pas savoir ce que deviendra notre être après cette vie si courte, se sentir des aspirations vers un infini qu'on ignore et se demander avec angoisse si jamais elles trouveront à se satisfaire, peut-il y avoir, en effet, souffrance plus grande pour le cœur de tous ceux qui ne s'endorment pas dans une stupide indifférence sur leur avenir éternel ?

Ce tourment intime se manifeste à mainte reprise dans les œuvres des principales victimes intelligentes du doute depuis un siècle. Jouffroy, Byron, Schiller, Musset, Hégésippe Moreau, Henri Heine n'essaient même pas de le dissimuler.

Écoutons un instant Jouffroy, le grand philosophe, navré d'avoir perdu la foi de sa jeunesse et cherchant

(1) *Revue de Famille* (15 mai 1888) : *Le Péril moral.*
(2) Journal *le Matin* (23 mai 1888).

à se refaire une opinion sur le problème insoluble des fins de l'humanité :

« Pourquoi l'homme est-il ici-bas; à quelle fin, dans quel but? — Comment doit-il user de sa liberté, et dans quel sens doit-il diriger sa conduite ? — Toute son existence est-elle renfermée dans les limites de cette vie, et pourquoi cette foule de désirs et de facultés que cette vie ne contente pas ? — L'autre vie, si elle existe, que sera-t-elle? Sera-t-elle immortelle ou limitée ? Quel y sera le sort de l'homme? Comment s'opérera le passage de la vie présente à cette nouvelle existence ? Y reverra-t-il ses parents, ses amis, ses enfants? Les bons y seront-ils sur le même pied que les méchants ? — Ce monde qui nous enveloppe, ces astres qui nous éclairent, cette terre et toutes les choses qui la couvrent, quel en est l'ouvrier? Où réside-t-il? Comment est-il et que veut-il de nous ? — Qu'est-ce que l'humanité ? Quel est le terme mystérieux de ces deux filiations de créatures humaines, dont l'une se perd dans la nuit du passé, et l'autre dans celle de l'avenir? Où est le commencement et la fin de cette chaîne ? Quelle est la raison d'existence de l'espèce ? Où va sa destinée ? Où vont ces peuples qui se succèdent ? Pourquoi pas un seul? Pourquoi plusieurs? D'où vient qu'ils ne se ressemblent pas; qu'ils ont des génies, des langues, des visages différents ? L'espèce est-elle tout entière sur la terre, ou la retrouve-t-on partout, dans tous les mondes, ou ces mondes ont-ils chacun la leur? — L'homme lui-même, quel est-il? Qu'est-ce que l'âme dont on lui parle? Qu'est-ce que le corps qu'il touche et qu'il voit? Quelle est l'union et la dépendance de ces deux natures, et comment se formet-elle à l'heure de la naissance, et comment se rompt-elle à celle de la mort? — Enfin, parmi les hommes, les uns sont riches, les autres sont pauvres; les uns sont heureux, les autres sont souffrants; les uns possèdent, les autres ne possèdent pas : d'où viennent ces différences? Quel est cet ordre fondé et maintenu par des lois qui imposent des devoirs et qui donnent des droits? Comment tout cela s'est-il établi? Est-ce le hasard, est-ce l'usage, est-ce la nécessité, est-ce la raison? Cela est-il bon, cela est-il mauvais? Où prendre une règle pour en juger? Quels seront l'autorité et le fondement de cette règle? (1) »

Si Jouffroy souffrait de ces incertitudes, il cherchait du moins à les élucider et à se rendre compte de l'objet de son doute. Aujourd'hui encore, il y a bon nombre de ces esprits inquiets et malheureux, en quête de la vérité; mais il faut bien reconnaître qu'à côté d'eux il y en a d'autres qui se désintéressent de ces questions, pourtant si capitales, et se contentent de tout persifler agréablement. C'est cette dernière catégorie de sceptiques qui mérite vraiment l'épithète d'impuissants que lui applique M. Jules Simon.

Impuissants, en effet, dans le but qu'ils poursuivent, car la longue série des siècles écoulés montre la permanence des aspirations les plus intimes de la nature humaine, et impuissants à se faire une conviction personnelle et raisonnée, soit par le fait de leur ignorance ou des données fausses sur lesquelles ils s'appuient, soit par celui de l'entraînement des passions, ou de la désillusion qu'apporte aux esprits insuffisamment

(1) Jouffroy : *Nouveaux Mélanges*, p. 104 et suiv.

trempés le spectacle décevant du monde et des comédies parfois honteuses qu'il présente.

« On n'a jamais été suffisamment frappé du prodige que voici. Il n'y a pas d'homme parmi nous, instruit ou non, homme fait ou jeune homme, enfant ou vieillard, qui ne se croie, lui seul, juge compétent du christianisme (1). »

Et non seulement du christianisme, mais de toutes les idées spiritualistes en général. Qui de nous n'a entendu émettre mainte fois cette prétention absurde, de ne croire qu'à ce qu'on peut comprendre ?

On voit sans peine les conséquences les plus immédiates de ce système. La vérité, essentiellement une dans son objet quel qu'il soit, discutée et admise à différents degrés, suivant le niveau de l'intelligence des individus, ou, comme on dit en philosophie, des sujets ; la vérité devenant subjective, comme le voulait Kant, c'est enlever tout critérium, c'est-à-dire toute garantie de certitude à la philosophie, à toutes les doctrines. Est-ce admissible un seul instant ?

Quant à cette ignorance de la plupart, elle tient à diverses causes : soit à leur indifférence, soit aux sources où ils ont puisé les motifs de leur conviction ; (souvent un article de journal leur suffit pour s'en faire une) ; soit aussi, il faut bien le dire, à l'activité fiévreuse, dévorante de ce siècle, où la lutte pour la vie laisse peu le loisir de s'occuper de ces questions d'éternité, les principales cependant.

Si le doute est, dans certains cas, la conséquence de l'élément intellectuel insuffisamment cultivé, comme nous venons de le voir, il provient aussi d'une autre

(1) P. Gratry : *De la Sophistique contemporaine*, p. 89.

origine, des dispositions morales, qui contribuent à le répandre plus encore peut-être.

Les passions, leurs entraînements y conduisent petit à petit pour écarter des remords importuns, et les cœurs faibles, voyant qu'autour d'eux le succès appartient plus à l'habileté qu'au mérite, commencent par perdre la foi humaine. La foi divine ne tarde pas à suivre sa devancière dans ce lamentable naufrage de toutes les croyances.

Le scepticisme est la grande plaie de notre époque, car il amène immanquablement l'affaiblissement des esprits et des caractères. Il ne saurait donc être trop énergiquement combattu, et le meilleur moyen de l'empêcher de triompher, faute d'adversaire qui relève le gant pour défendre des doctrines qui admettent le libre examen, c'est de respecter les convictions religieuses.

« Il y a dans les temps présents, constatait déjà Jouffroy, absence de critérium en matière de vrai et de faux, de bien et de mal, de beau et de laid. Tout principe ayant été détruit, toute règle fixe du jugement se trouve supprimée. Or, qu'arrive-t-il de là? C'est que chaque individu a le droit de croire ce qu'il veut, et d'affirmer avec autorité ce qu'il lui plaît de penser. Individualisme et anarchie, voilà ce qui doit être et ce qui est, voilà où il était nécessaire que nous en vinssions... La conviction qu'il n'y a pas de critérium de vérité engendrant le mépris de la réflexion, il en résulte cette ignorance profonde que nous voyons et qui compose, avec la présomption, les deux traits caractéristiques des intelligences de ce siècle. Et de là vient que dans les productions de notre temps, on ne sait qu'admirer davantage, ou de la prodigieuse fatuité avec laquelle les idées les plus usées ou les plus absurdes sont émises, ou de l'absence complète de toutes les connaissances positives qui pourraient autoriser tant de confiance (1) .»

« Personne n'a plus de caractère dans ce temps, dit-il encore un peu plus loin, et par une bonne raison, c'est que des deux éléments dont le caractère se compose : une volonté ferme et des principes arrêtés, le second manque et rend le premier inutile. »

Mettons-nous donc tous à l'œuvre, c'est notre devoir, contre cette indifférence en ce qui touche aux questions spirituelles, contre notre paresseux amour du bien-être, car, si l'on allait au fond des choses, on verrait que c'est la crainte des difficultés que présente l'étude qui a été pour beaucoup le commencement de l'éloignement qu'ils témoignent pour ces grands problèmes et la cause de l'indifférence que nous constatons. Ne cessons pas de lutter aussi contre ce stupide orgueil qui ne permet d'accepter comme vrai que ce qui se résout par des formules positives.

Rappelons-nous que : « Savoir qu'il y a des choses que nous ne pouvons savoir est en soi une connaissance aussi précieuse que sûre, et qu'il n'y a point de lus grand service à rendre à la science que la juste étermination de ses limites (2) .»

La vraie science d'ailleurs ne se laisse pas entraîner ans les exagérations qu'on lui prête si volontiers. I. Flammarion, dont l'autorité ne saurait être conestée, s'élève contre cette habitude trop répandue de

(1) Jouffroy : *Cours de Droit naturel*, t, 1, p. 287 et suiv.

(2) Le Dr Chalmers : *Natural Theology*, t. II, p. 249-265.

la rendre responsable des négations actuelles, et réfute ainsi dans son ouvrage : *Dieu dans la nature*, ce qu'il appelle les illusions de l'athéisme :

« La science affirme, dites-vous, la science nie, la science ordonne, la science défend... Vous lui mettez de grands mots sur les lèvres à cette pauvre science, vous lui supposez un grand orgueil dans le cœur.

» Non, messieurs, et vous le savez bien (entre nous), en ces matières, la science n'affirme rien, ne nie rien, la science cherche.

» Réfléchissez donc que la forme de vos phrases trompe les ignorants et qu'elle peut induire en erreur tous ceux qui n'ont pas eu la faculté de faire les mêmes études que vous, et songez que lorsqu'on se présente sous le titre d'interprète de la science, on doit à ce titre de ne pas le travestir, et de rester les fidèles et par conséquent les modestes traducteurs d'une cause dont la modestie est le premier mérite. » (1)

La science n'étant pas encore arrivée à résoudre certains problèmes d'un intérêt pourtant capital, personne ne saurait raisonnablement se montrer plus prétentieux qu'elle. Travaillons, de notre côté, à nous faire une conviction sur ces grandes questions de Dieu, de la création, de l'immortalité de l'âme, dans l'indépendance de notre esprit, dégagé des vaines légendes d'antan, et attachons-nous à nos croyances avec toute l'énergie que réclame l'importance de l'objet en cause : la destinée de l'homme ; c'est notre devoir ; mais surtout, ne restons pas indifférents.

Un savant moderne l'a dit : « Un peu de science éloigne de Dieu, et beaucoup y ramène. » Ne ména-

(1) Flammarion : *Dieu dans la nature*, livre I.

geons donc pas nos peines pour nous entourer du plus de lumière possible. Quand il s'agit de savoir si l'homme est immortel ou le simple produit de cette puissance de transformation inhérente à la nature qui, avec les éléments dont elle dispose, l'aurait fait pousser sur terre comme une variété de cryptogame, on ne saurait compter ses efforts.

L'incertitude scientifique sur ces problèmes essentiels de l'humanité, l'hésitation de notre intelligence qui cherche, elle aussi, et voudrait connaître sa voie, ont donné lieu à d'ingénieuses et spirituelles explications de cette demi-ignorance où nous sommes laissés. Et « que sais-je ? » comme aimait à répéter Montaigne, peut-être ne sont-elles pas seulement ingénieuses et spirituelles, mais justes!

« Pour que ce combat de la vie, dont l'immortalité est le prix, fût possible, écrivait Lamartine, il fallait qu'il y eût assez de ténèbres sur notre âme pour produire le mérite, assez de lueurs pour éclairer la foi. Sans ces ténèbres, l'évidence de Dieu aurait foudroyé l'âme de vérité et de vertu, contraint l'équilibre entre le bien et le mal, entre les lumières et les ténèbres. Le péché aurait cessé d'être possible et la sainteté d'être méritoire. L'homme n'aurait pas eu sa part d'action dans sa propre destinée. En cessant d'être libre, il aurait cessé d'être homme ; sa vertu forcée l'aurait dégradé de sa vertu volontaire. Voilà le mot de l'énigme. Le mot est lourd et dur, mais il est divin. Le soulever depuis le berceau jusqu'à la tombe, c'est le fardeau et l'effort de l'homme. »

« O Père céleste, s'exclame de son côté M. Renan (1),

(1) *De l'avenir de la Métaphysique.*

tu n'as pas voulu que ces doutes reçussent une claire réponse, afin que la foi au bien ne restât pas sans mérite et que la vertu ne fût pas un calcul. Une claire révélation eût assimilé l'âme noble à l'âme vulgaire; l'évidence en pareille matière eût été une atteinte à notre liberté. C'est de nos dispositions intérieures que tu as voulu faire dépendre notre foi. Dans tout ce qui est objet de science et de discussion rationnelle, tu as livré la vérité aux plus ingénieux : dans l'ordre moral et religieux, tu as jugé qu'elle devait appartenir aux meilleurs. Il eût été inique que le génie et l'esprit constituassent ici un privilége, et que les croyances, qui doivent être le bien commun de tous, fussent le fruit d'un raisonnement plus ou moins bien conduit, des recherches plus ou moins bien favorisées. Sois béni pour ton mystère, béni pour t'être caché, béni pour avoir réservé la pleine liberté de nos cœurs. »

Le doute n'est pas invincible d'ailleurs. Deux moyens surtout arrivent à en triompher : l'étude et la pratique des vertus enseignées par la religion naturelle. Ils répondent aux deux causes, intellectuelle et morale, que nous avons signalées. Toutes les religions, sans exception, sont d'accord pour les conseiller.

Entre un sceptique blasé et le charbonnier qu'on se plaît à représenter comme acceptant aveuglément les dogmes qu'on lui a révélés dans son enfance, le second est, au point de vue social, incontestablement supérieur au premier. Car : « Un homme, ou un peuple, qui ne croit à rien, n'est rien. (1) »

Laissez donc aux convaincus ce que leurs consciences et leurs cœurs sont heureux de regarder comme une

(1) Jules Simon : *Le Péril moral*. (*Revue de Famille*, 15 mai 1888.)

suprême espérance. Laissez cette liberté à tous sans exception. Sous un gouvernement démocratique et libéral, ils doivent indistinctement avoir part égale à cette liberté sacro-sainte, inaliénable entre toutes. N'usons individuellement d'ostracisme pour personne, pas plus pour la religion catholique que pour celles même dont les dogmes ne seraient pas conformes à ce qu'on est convenu d'appeler la morale publique. Qui l'a déterminée, en effet, cette morale publique dont on se plaît à faire un véritable critérium? Où commence-t-elle et quelles sont ses limites? Ce qui est réputé malséant aujourd'hui peut être demain généralement admis. Ne l'a-t-on pas constaté depuis longtemps déjà et le proverbe : « Vérité en deçà des Pyrénées, erreur au delà », n'en est-il pas l'éclatante démonstration? Soyons donc tolérants, fût-ce jusqu'à l'excès. C'est seulement en voyant les doctrines à l'œuvre qu'on peut les juger avec impartialité. Prenons le catholicisme pour exemple et écoutons ce qu'en pense M. Jules Simon :

« Je conviens, dit-il, que la religion catholique ou plutôt l'Eglise catholique, a eu la dent dure. Elle nous a cruellement mordus. Comme elle s'imposait par la force, elle a eu contre elle les revendications de la liberté qui sont imprescriptibles. Ceux qui à présent la proscrivent, pensent que, si seulement on lui accorde le droit de cité, elle va sur-le-champ aspirer à la domination, et qu'elle ne manquera pas d'y parvenir. C'est se tromper sur la condition des sociétés modernes, et sur le tempérament de l'Eglise. L'Église, en ce qui n'est pas de foi, cède immédiatement à l'autorité ; il suffit que l'autorité soit ferme et résolue. Je ne propose pas de lui concéder la moindre parcelle d'autorité publique. Je demande seulement qu'on ne lui donne pas l'occasion, en lui refusant l'exercice de la liberté à laquelle ont droit toutes les écoles et toutes les Églises, de se déclarer opprimée ; car si une seule Église est opprimée, la liberté de conscience, qui est la raison d'être de la société moderne, n'existe plus (1) .»

La liberté de conscience est l'arche sainte à laquelle il n'est pas permis de toucher. Si elle ne fut pas proclamée en France avant 1789, cela tient à l'état social tout entier et à un besoin de concentration nationale dont on n'a peut-être pas toujours suffisamment tenu compte dans les critiques, pour ne pas dire les réquisitoires, qu'on a formulées contre l'Ancien Régime.

Alors déjà, tout la faisait pressentir, et comme elle n'est en somme que l'exercice d'un droit naturel, le développement régulier de la société y conduisait fatalement.

» Au dix-huitième siècle, écrit M. Poujoulat (2), l'erreur se trouva plus puissante que la censure, et le cynisme même eut ses coudées franches. La liberté de conscience prit place dans nos lois de 89 ; ce ne fut pas une conquête, car il n'y eut pas de résistance ; ce fût un droit reconnu et proclamé par Louis XVI. »

Aujourd'hui personne, pas même l'Église catholique, qui se proclame pourtant infaillible, ne songe plus à la discuter. Les défenseurs du Syllabus acceptent franchement la lutte sur le terrain de la libre discussion ; le clergé veut bien tenir compte des faits accomplis, comme en témoigne le passage suivant : « Enfin,

(1) *Le Péril moral.* (*Revue de Famille*, 15 mai 1888).
(2) *Vie du Père de Ravignan*, p. 355.

l'erreur est-elle parvenue à pénétrer au milieu de la vérité, a-t-elle acquis une sorte d'existence légale consacrée par le temps, il est du devoir de la vérité d'accepter franchement et sans arrière-pensée la situation que les événements lui ont faite. C'est l'état de l'Église dans les temps modernes. Eh bien ! sans dire que, par elle-même, l'erreur a les mêmes droits que la vérité, nous pouvons voir dans la liberté de conscience restreinte et limitée, telle qu'elle est inscrite dans nos lois et plus encore dans nos mœurs, nous pouvons, dis-je, y voir, relativement à notre époque, un fait légitime, salutaire. Quiconque chercherait à y porter atteinte nuirait à la cause de la vérité, loin de la servir. La pratique sincère de la tolérance civile est devenue pour nous tous un devoir de conscience (1) .»

Dans chacune de ses différentes manifestations : liberté de penser, liberté de prier, liberté d'enseigner, la liberté de conscience doit être envisagée à deux points de vue bien distincts, celui des individus pris isolément, et celui de la société, suivant qu'on la considère limitée aux convictions intimes d'un chacun, ou se manifestant à l'extérieur par des pratiques et des enseignements publics; enfin, elle doit être également étudiée au point de vue des droits et des obligations de l'Etat vis-à-vis des différentes doctrines. Nous allons voir que le rôle d'un gouvernement impartial doit se borner à prévenir les causes de conflit.

« La liberté de former et de suivre sa conviction s'appelle dans son principe liberté de conscience, et dans ses effets liberté de culte », dit M. Vinet (2), qui

(1) Mgr Freppel : *Les Apologistes*, Saint Justin, p. 248 et suiv.
(2) *Essai de philosophie morale et de philosophie religieuse*, p. 161.

se place au point de vue exclusivement individuel, comme l'est la conscience elle-même. Cette définition a l'avantage de faire bien saisir la différence qui existe entre l'indépendance du for intérieur et la pratique des observances religieuses, mais elle a le tort de considérer comme distinctes la liberté de conscience et la liberté des cultes, car cette dernière fait partie intégrante de la liberté de conscience.

Aussi la définition de M. Jules Simon, nous semble-t-elle préférable comme étant à la fois plus complète et plus exacte : la liberté de conscience comprend la liberté de penser, la liberté de prier, qui, dans son application, n'est autre que la liberté des cultes, et la liberté d'enseigner, sans que l'usage de cette triple liberté puisse apporter aucune diminution dans la dignité d'homme et de citoyen.

Nous examinerons donc rapidement chacune de ces différentes manifestations de la liberté au point de vue individuel et au point de vue social, nous les étudierons plus longuement ensuite au point de vue du rôle de l'Etat vis-à-vis de chacune d'elles, et nous dirons un mot des iniquités auxquelles on est arrivé chaque fois qu'on a voulu y porter atteinte. Tous les détails de la question se trouveront traités de la sorte. Puissions-nous gagner ainsi quelques champions à la cause qui nous est chère !

La liberté de penser ne saurait être mise en doute Elle est la forteresse inexpugnable de la personnalité, où il n'appartient à aucun pouvoir de pénétrer. « Je pense, donc je suis », disait Descartes, et ce grand philosophe, après avoir fait table rase de toutes les doctrines acceptées jusqu'alors, arrivait avec cette formule à édifier une nouvelle méthode de logique remarquable. Pour supprimer la pensée, il faudrait annihiler l'intelligence, l'essence même de l'homme ; ce qui n'est pas possible ; et d'autre part, imposer des limites à ses facultés mentales, c'est redouter la lumière et faire acte de tyrannie ; c'est là d'ailleurs une prétention également inapplicable, car on ne saurait pénétrer dans un domaine inconnu et fermé, comme l'élément cérébral. Mais si la liberté de penser, de se faire une conviction religieuse ou philosophique, est un droit imprescriptible et inaliénable, il peut être amoindri cependant aar les sophismes des doctrines erronées, ou, comme nous l'avons établi en traitant du scepticisme, par certains malaises moraux. Nous n'irons pas jusqu'à dire, comme quelques auteurs, que les séductions et les menaces influent également sur le libre arbitre, car l'intelligence est un sanctuaire inviolable et ce n'est pas telle ou telle torture, telle ou telle promesse engageante, qui empêchera jamais de trouver équitable ce qui est conforme à la vérité et au droit. Mais si, pour un esprit sain, la liberté de penser est un apanage sur lequel aucun despotisme ne saurait avoir prise, il peut malheureusement n'en être pas de même des pratiques extérieures, commandées par une religion ou par une autre. C'est dans ce cas seulement que les séductions et les menaces peuvent gravement porter atteinte à la liberté de conscience.

Que vaudrait en effet cette indépendance de l'esprit qui permet d'adhérer librement à une doctrine philosophique ou religieuse, si, après l'avoir reconnue exacte, il n'était pas loisible d'en pratiquer les rites, de se conformer à ses prescriptions? La question se présente maintenant sous le second point de vue que nous avons indiqué : celui d'une opinion particulière en présence de la collectivité humaine ; ici le terrain devient plus brûlant, car la possibilité de se faire une conviction dans son for intérieur ne gêne personne, tant qu'elle ne se manifeste pas au dehors, et il peut en être tout autrement lorsque du domaine intime elle passe dans les actes. C'est alors qu'au point de vue social, en outre de la liberté du culte que l'Etat doit accorder comme conséquence de la liberté de penser, il y a lieu de pratiquer ces grandes idées de tolérance réciproque, sinon pour les opinions d'autrui différentes des nôtres, du moins pour ceux qui y adhèrent avec sincérité, ces idées larges, généreuses, indulgentes, dont notre siècle et nos mœurs devraient se pénétrer davantage de jour en jour. Mettons enfin en pratique cette parole, la plus féconde qui ait été jamais dite au monde : « Aimez-vous les uns les autres. » Aimons-nous donc tous comme faisant partie de la grande famille humaine ; aimons aussi ceux de nos frères dissidents qui ne pensent pas comme nous. Ce sera le meilleur moyen d'enlever toute amertume à nos discussions. L'amour n'est-il pas le germe de vie des sociétés, aussi bien que des individus?

Enfin, il faut se pénétrer d'une chose, c'est que les hommes, sans exception, sont sujets à l'erreur et qu'aucun d'eux ne se trompe de son plein gré; si personnellement nous nous croyons sûrs de posséder la vérité, ceux qui ne partagent pas notre manière de voir sont dans le même cas. Cherchons à les convaincre, ce sera faire œuvre de sympathie fraternelle, mais respectons toujours, sinon leur doctrine, que nous jugeons fausse, du moins leur loyauté que nous n'avons pas le droit de mettre en doute. Aussi ne devrait-il y avoir qu'une voix pour blâmer ces polémiques de presse qui ne savent pas conserver, dans leur haine de secte, cette déférence courtoise que l'on doit à la dignité humaine, sur qui repose la base de tout notre état social. Liberté, égalité, fraternité! De bien grands mots, de bien plus grandes choses, si nous les mettions en pratique. C'est la fraternité, l'amour de nos semblables qui nous pousse, lorsque nous croyons avoir découvert une vérité, à la leur faire connaître. C'est un besoin de notre nature sociable; c'est aussi le droit que possède l'humanité à la lumière et à la vérité. Avoir la possibilité d'exposer ses doctrines, c'est ce que nous avons appelé, après M. Jules Simon : la liberté d'enseigner. Elle forme le troisième élément constitutif de la liberté de conscience. Y mettre le moindre obstacle est toujours un abominable attentat.

De la discussion jaillit la lumière, dit-on fort justement. La vérité n'a rien à redouter des débats contradictoires, non plus que de la manifestation des diverses doctrines philosophiques ou religieuses. Aussi n'est-ce jamais elle qui les refusera. C'est un point qui se passe de démonstration. Pour le moment d'ailleurs nous n'envisageons le prosélytisme qu'au point de vue des rapports sociaux et des mœurs contemporaines, s'il est permis de s'exprimer ainsi. En fait comme en principe, nul homme n'est autorisé à imposer sa croyance à un autre, ce n'est pas davantage une association d'individus qui possède ce pouvoir ; mais si le droit de contrainte ne peut pas exister, celui de persuasion, au contraire, est tout ce qu'il y a de plus légitime, car convaincre, c'est prouver, et pour prouver il faut donner à la raison des arguments qui la satisfassent; c'est le propre de la vérité. Respectons donc, protégeons cette liberté d'enseignement et de discussion, le plus sûr garant de la sincérité des croyances. Acceptons cette lutte, ces débats au grand jour, et ne permettons jamais, dans la limite de nos forces, qu'aux thèses philosophiques on oppose la pression morale ou les manœuvres ténébreuses pour faire triompher une doctrine. Le monde doit être un grand forum où l'humanité juge, et les apôtres, qui ne veulent pas se faire un tremplin d'une popularité malsaine, ne sauraient redouter la publicité de semblables débats.

CHAPITRE II

RÔLE DE L'ÉTAT VIS-A-VIS DE LA LIBERTÉ DE CONSCIENCE HISTORIQUE DE LA QUESTION

La conscience humaine n'a pas toujours joui de ces différents droits primordiaux qui, bien que nous ne les respections pas suffisamment encore, nous semblent pourtant si essentiels aujourd'hui. Nombreuses et variées ont été les phases par lesquelles a passé l'être moral chez tous les peuples et à tous les âges avant de voir accepter ses légitimes revendications. Que dis-je? N'existe-t-il pas à notre époque même, en plein dix-neuvième siècle, des déchéances civiles et politiques attachées à la pratique de telle ou telle religion dans la plus grande partie des pays de l'Europe?

Nous allons chercher à dégager de l'ensemble des événements antérieurs, les enseignements à tirer pour les conclusions que nous voulons établir. C'est là le grand intérêt de la philosophie de l'histoire.

La religion primitive de l'humanité paraît avoir consisté dans le culte des morts et dans celui du feu

Le premier impliquait la croyance native à la survie de l'âme. Le soin que l'on prenait de placer le cadavre la face tournée du côté de sa patrie, lorsqu'il mourait éloigné d'elle; les provisions de tout genre qu'on enterrait avec lui; les femmes et les esclaves qu'on en vint à immoler sur sa tombe ou sur son bûcher, tous ces usages avaient pour but de procurer au défunt les satisfactions auxquelles on croyait qu'il attacherait le plus de prix dans l'autre monde comme dans celui-ci. On s'imaginait à ces époques primitives que les morts mécontents se vengeaient du manque d'égards dont ils avaient à se plaindre, et contribuaient au contraire à la prospérité de leur famille, lorsqu'elle le méritait par ses bons procédés. Le culte des ancêtres n'a pas d'autre origine. Ce sensentiment religieux chez l'homme était tout à la fois le résultat et l'aveu de sa propre faiblesse. Il craignait ce qu'il ne pouvait comprendre, et adora successivement, pour ce motif, les conceptions de son imagination qu'il supposa les plus capables de le protéger contre l'objet de ses craintes.

Quant au culte du feu, nous en trouvons également la trace bien profonde, dans la légende de Prométhée, dans les rites des prêtres de Baal, comme dans l'institution des vestales. La religion du Soleil, qui était celle du Pérou avant la conquête espagnole, en est un dernier souvenir, et s'explique par ce fait que le Soleil était considéré comme le père du feu, le foyer éternel qui entretient la vie du monde.

« En Orient, les lois de Manou, dans la rédaction qui nous en est parvenue, nous montrent la religion de Brahma établie depuis longtemps et penchant même déjà vers son déclin; mais elles ont gardé des vestiges et des restes d'une religion plus ancienne, celle du foyer, que le culte de Brahma avait reléguée au second rang, mais n'avait pu détruire. Le brahmane a son foyer qu'il doit entretenir jour et nuit; chaque matin et chaque soir il lui donne pour aliment le bois; mais, comme chez les Grecs, ce ne peut être que le bois de certains arbres indiqués par la religion.

» Comme les Grecs et les Italiens lui offrent le vin, l'Hindou lui verse la liqueur fermentée qu'il appelle *soma*. Le repas est aussi un acte religieux, et les rites en sont décrits minutieusement dans les lois de Manou. On adresse des prières au foyer comme en Grèce; on lui offre les prémices du repas, le riz, le beurre, le miel. Il est dit : « Le brahmane ne doit pas manger du » riz de la nouvelle récolte avant d'en avoir offert les » prémices au foyer. Car le feu sacré est avide de » grain, et, quand il n'est pas honoré, il dévore l'exis- » tence du brahmane négligent. » Les Hindous, comme les Grecs et les Romains, se figuraient les dieux avides non seulement d'honneurs et de respect, mais même de breuvage et d'aliment. L'homme se croyait forcé d'assouvir leur faim et leur soif, s'il voulait éviter leur colère (1). »

Les livres hébreux nous apprennent, de leur côté, que Dieu, lorsqu'il voulut donner à Moïse les commandements qui devaient diriger la conduite du peuple juif, s'est également manifesté dans un buisson ardent.

Et enfin, car l'humanité, malgré ses évolutions, reste toujours la même avec ses aspirations et ses croyances instinctives, modifiées seulement suivant les circons-

(1) Fustel de Coulanges : *La Cité antique*, p. 24.

tances, les milieux et les temps, ne peut-on pas imaginer que le brasier infernal, qui doit être, suivant la religion catholique, l'éternel châtiment des pécheurs, est encore une réminiscence de l'ancienne terreur superstitieuse à laquelle prêtaient les rites du feu sacré?

Ayant ses dieux dont il craignait le courroux, l'homme, afin de mériter leur protection, ne se contenta bientôt plus de les adorer pour son propre compte et voulut imposer leur culte autour de lui. De là vint l'intolérance religieuse.

Le premier exemple que nous en voyons rapporté dans les temps anciens est celui de la lutte entre le peuple hébreu et les Pharaons. « C'est donc le prêtre Moïse, lisons-nous dans l'histoire des dynasties égyptiennes, par M. de Bovet (1), qui envoie proposer aux pasteurs expulsés par le roi Thutmosis, et établis dans la ville appelée Hiérusalem, de se rendre à Abaris leur ancienne patrie, pour se joindre aux révoltés, et reconquérir avec eux l'Egypte qu'ils avaient possédée autrefois. Les Solymites, comme Manethon les appelle, ne se font pas prier : ils accourent, formant une armée de 200,000 hommes, et aussitôt recommencent des violences pires que celles auxquelles s'étaient livrés leurs ancêtres; avec cette différence, néanmoins, qu'ici c'est aux cultes des Egyptiens principalement que les nouveaux pasteurs déclarent la guerre. Ils ne se contentent pas de brûler les villes et les villages, ce n'est même pas assez pour eux de piller les temples et de profaner les statues des dieux; ils en employaient les débris à faire rôtir les chairs des animaux consacrés au culte; ils forçaient les prêtres et les devins à les immoler et les

(1) Page 162.

égorger de leurs mains, et les chassaient ensuite après les avoir dépouillés de leurs vêtements. »

Le propre de toutes les religions, de celles primitives en particulier, est, effectivement, l'intolérance. « Les Hébreux, supérieurs par leur dogme à tout ce qui les environnait, avaient cette supériorité qui offense, cet orgueil qui irrite ; et ils étaient faibles. Si la race juive, ainsi qu'un soldat indomptable et châtié, « a passé par les verges à travers toute l'histoire », comme le dit avec éloquence et justesse M. Léon Halévy, dans son résumé de l'histoire des Juifs, c'est qu'elle a professé dès l'origine cet isolement que les peuples ne pardonnent pas. Dépositaire farouche de la grande idée, l'unité de Dieu, elle a conservé avec une opiniâtreté constante ce trésor inviolable ; elle s'en est enorgueillie, et, trop faible pour soutenir les prétentions de sa fierté, elle a irrité et armé le monde. « Le peuple d'Israël, dit le Deutéronome, est un peuple de choix... supérieur à tous les autres. » La haine de l'étranger est son principal caractère; Moïse gradue comme il suit l'antipathie sacrée des Israélites contre les autres peuples : ils doivent haïr : 1° les Amalécites; 2° les Chananéens; 3° les Ammonites et les Moabites; 4° les Egyptiens, et enfin les Edomites (1). »

Qui ne se rappelle aussi les sacrifices sanglants offerts aux deux grandes divinités de la Germanie et de la Gaule, Odin et Teutatès, le châtiment des Vestales coupables d'avoir manqué à leurs vœux?

Et les Grecs, ces raffinés, n'ont-ils pas condamné Socrate à boire la ciguë, pour des motifs politiques, c'est vrai, mais en invoquant le prétexte d'impiété,

(1) *L'Antiquité*, par Philarète Chasles, p. 314.

le seul qui pût justifier semblable iniquité aux yeux du peuple?

En remontant plus haut dans l'histoire, nous trouvons toujours les pratiques religieuses à la base de la famille antique. Ce sont elles qui en faisaient l'unité et la cohésion. Les membres qui la composaient se réunissaient autour du foyer domestique, où brûlait toujours le feu sacré protecteur du logis, et aussi près du lieu de sépulture des ancêtres vis-à-vis desquels on se croyait tenu à certaines obligations; cette religion primitive était donc exclusive déjà par son essence même; plus tard son cercle s'agrandit; des familles, sans renoncer à leur dévotion spéciale, adoptèrent un culte commun; l'expansion s'étendit avec le temps plus loin encore: aux cités, aux nations entières. Mais, on le comprend, ces rites particuliers, par leur diffusion même, prêtaient aux idées les plus étroites et, soit pour se rendre leurs dieux propices, soit pour enlever à des adversaires la protection des leurs, les familles d'abord, les tribus, les cités et les nations ensuite en vinrent aux pratiques les plus extravagantes, et, dans certains cas, jusqu'aux sacrifices humains.

L'Italie et la Grèce cependant continuaient leur mission conquérante et civilisatrice. Pour elles, point de petites chapelles, point d'exclusivisme; Rome faisait placer dans son Capitole, comme nouveaux protecteurs de la Cité, les dieux des nations qu'elle avait vaincues, et Athènes rendait hommage à la beauté sous toutes ses formes, à Vénus aphrodite comme à Vénus féconde.

Mais si primitivement le lien constitutif de toute société avait été un culte domestique jaloux, les mœurs, en se relâchant, ne tardèrent pas à le rendre moins étroit. Le luxe, l'amour du bien-être, la connaissance des religions étrangères, les théories d'Epicure et de Diogène rendirent peu à peu plus sceptique à l'égard des différentes divinités et des hommages qui leur étaient dus. Il y en avait tellement qu'on en était venu à se demander s'il y en avait une seule vraie.

Zénon parut enfin et sa doctrine ouvrit une voie toute nouvelle aux conceptions humaines sur les rapports de l'homme avec son créateur. Il fut le véritable précurseur du Christ.

« Socrate se croyait encore tenu d'adorer, autant qu'il pouvait, les dieux de l'Etat. Platon ne concevait pas encore d'autre gouvernement que celui d'une cité. Zénon passe, lui, par-dessus ces étroites limites de l'association humaine. Il dédaigne les divisions que la religion des vieux âges a établies. Comme il conçoit le Dieu de l'univers, il a aussi l'idée d'un Etat où entrerait le genre humain tout entier.

» Mais voici un principe encore plus nouveau. Le stoïcisme, en élargissant l'association humaine, émancipe l'individu. Comme il repousse la religion de la cité, il repousse aussi la servitude du citoyen. Il ne veut plus que la personne humaine soit sacrifiée à l'Etat. Il distingue et sépare nettement ce qui doit rester libre dans l'homme, et il affranchit au moins la conscience. Il dit à l'homme qu'il doit se renfermer en lui-même, trouver en lui le devoir, la vertu, la récompense. Il ne lui défend pas de s'occuper des affaires publiques; il l'y invite même, mais en l'avertissant que son principal travail doit avoir pour objet son amélioration individuelle, et que, quel que soit le gouvernement, sa conscience doit rester indépendante. Grand principe, que la cité antique avait toujours méconnu, mais qui devait un jour devenir l'une des règles les plus saintes de la politique.

» On commence alors à comprendre qu'il y a d'autres devoirs que les devoirs envers l'État, d'autres vertus que les vertus civiques. L'âme s'attache à d'autres objets qu'à la patrie. La cité ancienne avait été si puissante et si tyrannique, que l'homme en avait fait le but de tout son travail et de toutes ses vertus ; elle avait été la règle du beau et du bien, et il n'y avait eu d'héroïsme que pour elle. Mais voici que Zénon enseigne à l'homme qu'il a une dignité, non de citoyen, mais d'homme; qu'outre ses devoirs envers la loi, il en a envers lui-même, et que le suprême mérite n'est pas de vivre ou de mourir pour l'État, mais d'être vertueux et de plaire à la divinité. Vertus un peu égoïstes et qui laissèrent tomber l'indépendance nationale et la liberté, mais par lesquelles l'individu grandit. Les vertus publiques allèrent dépérissant, mais les vertus personnelles se dégagèrent et apparurent dans le monde. Elles eurent d'abord à lutter, soit contre la corruption générale, soit contre le despotisme. Mais elles s'enracinèrent peu à peu dans l'humanité ; à la longue elles devinrent une puissance avec laquelle tout gouvernement dut compter, et il fallut bien que les règles de la politique fussent modifiées pour qu'une place libre leur fût faite.

» Ainsi se transformèrent peu à peu les croyances; la religion municipale, fondement de la cité, s'éteignit; le régime municipal, tel que les anciens l'avaient conçu, dut tomber avec elle. On se détachait insensiblement de ces règles rigoureuses et de ces formes étroites du gouvernement. Des idées plus hautes sollicitaient les hommes à former des sociétés plus grandes. On était entraîné vers l'unité ; ce fut l'aspiration générale des deux siècles qui précédèrent notre ère (1). »

Cependant les conquêtes romaines avaient fini par s'étendre à tout le monde connu. L'Europe, l'Asie, l'Afrique étaient tributaires de la grande Ville et soumises à ses lois, lorsque le fondateur du catholicisme naquit en Judée, au sein d'une famille juive, au moment où les anciennes religions menacaient de crouler sous le nombre, le ridicule ou la vétusté.

Depuis plusieurs siècles, les Israélites attendaient la venue d'un Messie prédit à maintes reprises par leurs prophètes, mais, comme leurs livres sacrés annonçaient qu'il devait être de la famille de David, ils ne voulurent pas le reconnaître en Jésus qui était né dans un modeste intérieur d'ouvrier; et, sous le prétexte politique, ce fut en réalité l'intolérance religieuse qui amena les pharisiens à demander sa mort au proconsul romain.

Trop tard d'ailleurs pour leur doctrine, car pendant les trois ans qu'il avait passés à parcourir la Judée, le Christ avait exposé les préceptes et jeté les bases d'une religion nouvelle qui compte aujourd'hui plus de deux cent cinquante millions d'adhérents.

A l'encontre de celles qui l'avaient précédée, loin d'être exclusive, elle appelait tous les peuples de la terre à adorer un seul et même Dieu. Elle était faite essentiellement d'indulgence, d'amour et de charité : aux malheureux, aux déshérités de ce monde, elle apprenait que cette vie ne devait être qu'un temps d'épreuve et

(1) *La Cité antique*, par Fustel de Coulanges, p. 435 et 436.

qu'au ciel ils avaient un père qui les dédommagerait un jour par une récompense éternelle de toutes les souffrances qu'ils auraient endurées ici-bas sans se plaindre.

« Rendez à César ce qui est à César, et à Dieu ce qui est à Dieu. » « Aimez-vous les uns les autres comme je vous ai aimés. » Telles sont les deux grandes maximes énoncées par son fondateur. Séparation de l'autorité spirituelle et de l'autorité civile ; amour et tolérance ; voilà dix-neuf siècles bientôt que ces conseils salutaires ont été donnés au monde, et nous sommes encore obligés de combattre pour les faire prévaloir aujourd'hui !

Aux yeux de l'ancienne société, ils représentaient une révolution complète, non seulement spirituelle, mais sociale. Ce Dieu, qu'avait révélé Jésus, appelait à lui, comme ses enfants, tous les hommes sans distinction de race, ni de pays : c'était le principe diamétralement opposé à celui d'exclusivisme, dans lequel s'étaient renfermées les religions fondées jusqu'alors. Et tandis qu'on ne croyait qu'à la richesse, aux jouissances matérielles, les apôtres répandus par le monde s'en allaient répétant : « Bienheureux ceux qui souffrent, parce qu'ils seront consolés. » A la société corrompue ils osaient prêcher la vertu : « Bienheureux les cœurs purs, parce qu'ils verront Dieu. »

Comme toutes les doctrines nouvelles, le christianisme devait se heurter à des résistances d'autant plus fortes que les intérêts en cause étaient plus considérables. Quelle prétention à douze pêcheurs, ne connaissant, en fait de science, que les préceptes d'ardent amour pour le prochain enseignés par leur maître, de vouloir entreprendre la conquête du monde, entiérement alors sous la domination des Césars! Cette concentration de la puissance souveraine entre les mains d'une seule nation, qui devait faire croire à l'anéantissement rapide de l'église du dieu crucifié, facilita au contraire sa tâche et contribua à la répandre jusqu'aux confins de l'univers, lorsqu'elle eut conquis droit de cité à Rome sous le règne de Constantin. Mais ce résultat ne fut pas atteint sans peine. De prime abord, en effet, les anciennes religions coalisées contre cette dernière venue essayèrent de la noyer dans le sang. Les supplices les plus cruellement inimaginables furent inventés pour ses adeptes, dont l'ingéniosité de Néron se plaisait à faire des torches humaines illuminant ses jardins. Mais la conséquence infaillible des persécutions est de fortifier les doctrines qu'elles veulent détruire, en exaltant les courages et les convictions. Le sang des martyrs enfanta des légions; il inonda le monde et le fit ainsi chrétien par ce baptême inattendu.

Un autre péril, non moins grave, attendait le christianisme à ses débuts; c'était l'interprétation de ses dogmes encore mal définis.

Les sectes dissidentes, qui se formèrent alors parmi les nouveaux convertis, donnèrent également l'exemple de la plus effroyable intolérance et des plus monstrueuses persécutions : les principales furent celles de Manès et d'Arius, au quatrième siècle.

A cette époque, le monde traversait la crise inévitable qui précède toute évolution sociale ou religieuse.

Valentinien, qui régna sur la partie occidentale de l'Empire romain de 364 à 375, avait renouvelé la loi de Constance qui défendait sous peine de mort les pratiques magiques et les sacrifices nocturnes, tandis qu'en

Orient, où gouvernait son frère Valens qu'il avait associé à l'Empire, le feu sacré brûlait toujours dans les temples, et les fêtes d'Apollon, les mystères de Cérès étaient célébrés pompeusement sur les places publiques (1). Valens professait les doctrines d'Arius ; ce fut avec son plein assentiment que la persécution contre les catholiques, dissimulée d'abord et réduite à quelques faits isolés, prit dès l'année 370 un caractère général et d'une férocité odieuse, dont nous trouvons le récit dans les véhémentes protestations que fit entendre alors un des Pères de l'Église grecque, Grégoire de Nazianze :

« La postérité, dit-il, conservera le souvenir des atrocités auxquelles nous avons été soumis... Avons-nous contre vous déchaîné une populace insolente, armé des soldats pour vous combattre ?... Avons-nous changé les maisons de prières en sépulcres, et livré à des mains criminelles les vases du sacrifice? Aimables autels, maintenant autels déshonorés, avons-nous fait monter sur vous de jeunes impudiques pour vous insulter par des gestes lascifs et des postures infâmes?

« Chasteté des vierges, vous qui ne souffrez pas même le regard des hommes les plus purs, aucun des nôtres vous a-t-il outragée par des horreurs dignes des flammes de Sodome?

« Qui donc a déchiré avec les ongles de fer ces évêques cassés de vieillesse, en présence de leurs disciples qui n'avaient que des larmes pour les secourir ? »

Lorsque l'Empire romain se fut écroulé sous les coups réitérés des invasions barbares, l'Église catholique, admirablement organisée déjà, resta seule debout au milieu de toutes ces ruines, dominant de son

(1) *Theod.*, L. III, c. XVI.

prestige les rois de ces peuples primitifs, qui ne se contentèrent pas de l'honorer, mais prirent d'elle le mot d'ordre pour l'orientation de leur politique. Et comme de persécutée, la religion du Christ, toute de charité pourtant, ne devait pas tarder ainsi à devenir persécutrice, nous allons voir pendant des siècles l'intolérance civile prêter son appui à l'intolérance religieuse, et aboutir avec elle aux monstrueux attentats dont l'histoire nous a gardé le souvenir.

Lorsque le Pape avait prononcé, la justice des princes se hâtait d'intervenir et condamnait aux flammes les livres qui renfermaient des doctrines déclarées non orthodoxes, quand ce n'était pas leurs auteurs eux-mêmes, comme Savonarole et Jean Huss.

Jusqu'au règne de Louis XVI, l'oppression des consciences fut une des calamités dont le monde eut le plus à souffrir, qu'elle provînt du fait de l'Église romaine, de l'Église grecque ou de toute autre religion d'État. La revendication des libertés gallicanes, si énergiquement formulée sous Louis XIV, dans l'Assemblée du clergé de France en 1682, avait posé le principe de la séparation du pouvoir spirituel de l'Église d'avec le pouvoir temporel des rois; c'était un premier élan d'indépendance de la raison humaine ; les philosophes du règne suivant brisèrent toutes les entraves qui lui avaient fait obstacle jusqu'alors. Peut-être même allèrent-ils trop loin dans leur entreprise, car ils ne laissèrent rien subsister des anciennes croyances; ils affranchirent l'humanité de tout frein moral ; la Révolution, qui continua leur œuvre, prétendit lui donner à son tour l'indépendance matérielle. S'il y eut exagération de part et d'autre, il faut tenir compte du moment où se sont produites ces grandes explosions des revendications humaines. Les circonstances qui précèdent et provoquent un événement quel qu'il soit, sont un point, en effet, qu'il ne faut jamais perdre de vue quand il s'agit de porter un jugement avec impartialité, car on y trouve l'explication du mouvement alternatif des réactions successives, qui fait que tout excès en amène nécessairement, dans un avenir donné, un autre dans le sens contraire. C'est pour sauver la liberté que nous demandons qu'on la protége, même chez ses adversaires les plus acharnés, car il y a un juge qui croit plus maintenant aux actes qu'aux paroles, un juge dont les sentiments généreux se révoltent à l'idée de toute oppression et qui, dans sa spontanéité même, peut offrir aux vaincus d'aujourd'hui une revanche trop éclatante demain ; ce juge, c'est le dépositaire actuel de la souveraine puissance, c'est la nation, c'est le suffrage universel !

Sans nous appesantir sur les guerres de religion en France et en Allemagne, sur l'Inquisition en Espagne, sur toutes les persécutions que provoquèrent chez les autres peuples les différentes doctrines hétérodoxes à l'égard des dissidents, nous connaissons suffisamment les conséquences immédiates, physiques, si l'on peut ainsi parler, de l'intolérance religieuse avant la grande explosion de liberté de 1789, pour les avoir en sainte horreur. Mais ce dont il faut aussi se rendre compte, c'est de la compression intellectuelle et morale, indifféremment exercée par toutes les sectes religieuses. En outre des idées, des découvertes même, mises dans l'impossibilité de se produire, la démoralisation des consciences résultait du fait seul qu'on voulait les asservir à une doctrine de commande. Pour n'en citer qu'un exemple, car ces souvenirs ne sont pas à la gloire de l'humanité, nous lisons dans l'*Histoire ecclésiastique* de l'abbé Fleury, t. XVI, p. 524, que : « La délation était dans l'esprit du temps. Un édit de Frédéric II portait que les enfants des hérétiques, jusqu'à la seconde génération, seraient privés de tous bénéfices temporels et de tous offices publics, à moins qu'ils ne se fissent dénonciateurs de leurs pères. »

Et cela semblait tout naturel. L'esprit d'exclusivisme de tant de siècles successifs avait laissé une si profonde empreinte dans les intelligences qu'au moment où l'Assemblée nationale, qui avait proclamé la liberté de conscience, eut à traiter la question de capacité politique des citoyens, elle crut devoir la refuser aux juifs.

Le décret qu'elle rendit alors portait en effet : « 1° que les non-catholiques qui auront d'ailleurs rempli toutes les conditions prescrites dans les précédents décrets, pour être électeurs et éligibles, pourront être élus dans tous les degrés d'administration, sans exception; 2° que les non-catholiques sont capables de tous les emplois civils et militaires, comme tous les autres citoyens :

« *Sans entendre rien innover relativement aux juifs, sur l'état desquels l'Assemblée nationale se réserve de prononcer.* »

Et, anomalie plus étrange encore, cette assemblée, animée des meilleures intentions, qui voulait supprimer les abus de l'intolérance passée, tout en donnant aux protestants l'accès des fonctions civiles et militaires, reconnut le catholicisme comme religion de l'État, et, à cause même de son importance, voulut le réglementer. De là l'origine de la constitution civile du clergé, le comble de la déraison et de l'empiétement des pouvoirs publics sur l'autorité spirituelle. Tout le monde connaît les trois points qu'elle visa : 1° La division des territoires diocésains et curiaux était entièrement remaniée et rendue conforme à la division de la France en départements et en communes; 2° le droit de nomination des évêques était enlevé au roi, le droit d'élection rendu aux fidèles; 3° l'appel en cour de Rome était interdit pour n'importe quelles causes ecclésiastiques, et toutes les affaires devaient se résoudre en France. C'était vouloir fonder une religion nationale qui aurait eu le catholicisme pour base; mais c'était en même temps violer la liberté de conscience de l'universalité des citoyens, des hétérodoxes, en reconnaissant le catholicisme revisé comme religion de l'État, et des catholiques, en allant contre toutes les traditions de leurs dogmes. Aussi cette constitution souleva-t-elle les plus vives protestations; on voulut l'imposer par la violence; comme toujours les opprimés finirent par avoir raison des oppresseurs, et il ne reste d'elle aujourd'hui que le souvenir d'un des plus extravagants attentats qu'ait imaginés l'esprit humain.

Il y a d'ailleurs certaines notions primordiales qui sont au-dessus de tout calcul et de toute modification. Personne ne l'a mieux établi que M. Le Play dans son ouvrage : *La Paix sociale.*

« L'application de la méthode d'invention à la réforme des sociétés repose, conclut-il, sur une grossière erreur. Elle étend à l'ordre moral ce qui n'appartient qu'à l'ordre matériel. Depuis la révélation du Décalogue et la sublime interprétation qu'en a donnée Jésus-Christ, l'esprit humain n'a fait aucune découverte d'où soit sortie une conséquence utile. Les peuples se sont momentanément élevés en pratiquant la vérité connue, puis ils sont retombés dès qu'ils l'ont mise en oubli.

» Le problème social ne consiste donc pas à inventer de nouveaux principes : il tend surtout à conserver ceux qui rapprochent quelque peu les individus de leur divin modèle, et qui éloignent ainsi les dangers de la décadence.

» Dans l'ordre matériel, la vérité se transforme et se complique sans cesse; dans l'ordre moral, elle est immuable.

» Le progrès moral amène toujours un accroissement de prospérité : le progrès matériel, s'il n'est point accompagné d'un progrès équivalent dans l'ordre moral, amène toujours la décadence. »

Si j'ai cité ce passage, ce n'est pas que j'aie la prétention de défendre le catholicisme plus particulièrement qu'une autre doctrine : il a suffisamment d'avocats, et je ne fais ici qu'un exposé de principes; mais c'est précisément au nom de ces principes que je m'élève contre la fatuité inqualifiable qui consiste à vouloir réformer, réglementer une religion, sans avoir pour cela ni titre, ni mandat d'aucune sorte.

En dehors des empiétements sur le domaine spirituel d'une confession religieuse, il y a malheureusement trop de manières encore de porter atteinte à l'observance de ses rites et à la liberté de conscience;

de ceux qui en font partie. Pharaon m'a toujours paru un modèle du genre, lorsqu'il disait, en parlant du peuple hébreu : « *Venite, sapienter opprimamus eum* (1) : Venez, faisons peser sur lui une oppression savante ». Ce roi des fourbes pensait qu'en réussissant à opprimer le peuple hébreu avec habileté, c'est-à-dire sans violence et sans bruit, il consoliderait sa puissance et se ferait la réputation d'un prince modéré, tout en satisfaisant ses rancunes personnelles. Il n'a que trop d'imitateurs aujourd'hui.

Ce système de persécution déguisée est le comble de la déloyauté et de l'hypocrisie. C'est le jugement que porte sur lui la postérité, toujours juste parce qu'elle ne subit l'influence d'aucun intérêt.

Aujourd'hui, en France, sous le gouvernement de la République, la liberté de conscience est proclamée hautement et partout. J'en suis heureux pour ma part ; je crains seulement les exagérations, et qu'à force de s'en prévaloir pour rejeter toutes les traditions religieuses, on n'en arrive à manquer au respect et à l'indépendance, auxquels ont droit également ceux qui croient encore à quelque chose. Il y a là un écueil dont il faut se défier. Cette année même, où nous fêtons le centenaire de l'émancipation humaine, un fonctionnaire qui irait tous les dimanches à la messe, ne serait-il pas dénoncé comme clérical?

Des trois manifestations de la liberté de conscience : la liberté de penser, la liberté de prier et la liberté d'enseigner, les pouvoirs publics n'ont à se préoccuper que des deux dernières, au point de vue de la sécu-

(1) *Exode*, I, 10.

rité de la rue, s'il est reconnu que nous ne sommes pas suffisamment raisonnables pour l'assurer par nous-mêmes.

L'État, en effet, n'étant pas juge de la vérité religieuse, ne doit aborder tout ce qui s'y rapporte qu'avec une extrême réserve. Son droit à cet égard est absolument limité : il se borne à pouvoir prohiber tout culte contraire aux grandes règles de la morale naturelle, et susceptible de devenir par ce fait une cause de désordres publics.

Déjà nous avons rappelé par quels atroces moyens de persécution différents gouvernements avaient prétendu imposer certaines croyances doctrinales; en dehors de ces attentats, il y en a eu une foule d'autres moins connus, parce qu'ils n'ont pas laissé de trace sanglante dans l'histoire, mais néanmoins des plus contraires à la liberté de conscience; et cela est arrivé chaque fois que l'autorité civile est intervenue pour faire exécuter les prescriptions d'une Église, ou pour s'immiscer dans leur rédaction.

Pour nous borner actuellement à ce qui regarde la France, nous voyons l'ancienne monarchie prendre des mesures extrêmement nombreuses relativement à des matières du domaine ecclésiastique. C'est ainsi que les individus, frappés d'excommunication par l'Église, étaient considérés comme morts civilement. Je ne parle ici naturellement que de leur situation par rapport à l'État, et non de celle dont ils avaient à souffrir jusque dans leur propre famille ; elle était horrible, nous le savons : on les fuyait à l'égal des lépreux et des pestiférés.

Dès 532, Childebert avait ordonné d'observer les dimanches et fêtes, et Clotaire Ier, dans sa constitution générale de 560, réglemente les vœux de chasteté, les enterrements, les dîmes, les dons aux églises, etc.

Charlemagne voulut faire des papes des souverains terrestres ; la reconnaissance devait en faire des vassaux jusqu'au jour où les intérêts de la royauté et de l'autorité ecclésiastique se trouvant en désaccord, le lien qui les unissait n'eut plus de raison d'être. La déclaration du clergé de France de 1682 fut la conséquence de ces tiraillements perpétuels ; malheureusement, elle ne consacra pas encore la séparation complète des deux pouvoirs ; et ce fut toujours l'indépendance humaine qui fut la grande sacrifiée ; on ne s'occupa d'elle que pour en faire le prix de la nouvelle alliance qu'on allait contracter à ses dépens.

Nous avons dit que ce furent des questions d'intérêt qui commencèrent à rompre la bonne harmonie qui régnait entre les rois de France et la cour de Rome. Ce fut en effet le droit de jouir des revenus des évêchés vacants, appelé régale, qui donna lieu aux principaux conflits ; ils commencèrent sous Louis le Jeune pour durer jusqu'à la fin de la Monarchie.

L'accord, pour l'oppression des consciences, n'en subsistait pas moins cependant. Sans vouloir multiplier les exemples, le Concile de Latran est trop célèbre pour être passé sous silence. En 1219, Innocent III occupait le siège pontifical et Philippe-Auguste le trône de France, quand cette assemblée prononça que la puissance séculière devait jurer, sous peine d'excommunication, d'exterminer les hérétiques ; les évêques furent également tenus d'anathématiser les désobéissants et de délier les vassaux du serment de fidélité, lorsque leur suzerain avait le malheur d'encourir les foudres vengeresses de Rome.

La juridiction de l'Église de France embrassait donc à la fois le spirituel et le temporel. Il n'y a plus que dans les États, où le souverain est en même temps le chef de la religion nationale, qu'il est possible de voir une aussi grande confusion entre les deux pouvoirs.

Sans doute la communauté de croyance contribue à la force de cohésion d'un peuple; mais il est universellement reconnu qu'il ne faut pas abuser, même des meilleures choses, d'autant plus que, lorsqu'il s'agit de la conscience, elles cessent d'être bonnes dès qu'elles sont imposées, et que la question d'intérêt ne saurait jamais prévaloir sur celle de principes.

Toujours est-il que l'Eglise catholique dominait au Moyen-Age toutes les institutions, et que par suite de son union avec la Monarchie, il y avait des usages admis qui mettaient le clergé sous la dépendance du souverain. C'est ainsi que certains évêques lui juraient fidélité et hommage. Ce serment remonte au troisième Concile de Tours (817) et s'explique par ce fait que les évêques tenaient leur pouvoir séculier du roi.

Sous Philippe-le-Bel, un mouvement de réaction d'une extrême violence se produisit contre l'autorité ecclésiastique, mais limité aux rapports de la Cour avec le Saint-Siège, au sujet de la juridiction et des priviléges de l'Église de France. Boniface VIII excommunia Philippe, qui voulait soustraire son royaume à l'obédience et le faire déclarer hérétique lui-même. Quelle folie! dira-t-on. Certes oui, mais voilà où il est possible d'en venir, lorsqu'une des deux autorités, soit civile, soit religieuse, empiète sur les prérogatives et les attributions de l'autre.

Comme représailles, Philippe-le-Bel défendit aux clercs, qui ne devaient plus, en raison de l'excommunication prononcée, accorder les secours de la religion dans le royaume mis en interdit, de s'en absenter, sous peine de saisie et de séquestre de leurs biens. En 1303, il renouvela ces prescriptions, et cette fois déclara passibles de mort les ecclésiastiques qui les enfreindraient. Ces dissensions étaient une cause de désolation générale, à laquelle vint encore ajouter la lutte du clergé contre les parlements, devenus sédentaires et toujours prêts à intervenir dans le règlement des affaires concernant l'administration de l'Église.

Sous Charles VII (1438), parut la fameuse ordonnance, appelée Pragmatique sanction, qui déterminait l'autorité des conciles généraux, la collation des bénéfices, les élections du clergé, les expectatives, les appellations, les annates, la célébration de la messe, etc.; elle comprenait, sauf quelques légères modifications, les principaux arrêts du Concile de Bâle, que le Pape avait déjà condamnés. Rome la considéra comme une hérésie pernicieuse, mais les parlements continuèrent à l'appliquer comme loi de l'Église et de l'État, bien que Louis XI l'eût abrogée par lettres patentes en 1461. Les Etats généraux, réunis à Tours en 1483, en réclamèrent de leur côté l'exécution stricte, et Louis XII n'hésita pas à la consacrer, en 1498. Plus tard enfin (1516), le pape Léon X suggéra à François Ier l'idée d'un nouveau Concordat, qui suspendit pour un temps ces querelles interminables entre papes et souverains, mais qui fut loin d'assurer le calme à l'intérieur du royaume.

Les parlements, en effet, qui, depuis le règne de Philippe-le-Bel, avaient pris plus d'autorité et commencé à soutenir les réclamations populaires, virent dans cet arrangement amiable une concession à la papauté au préjudice de l'Église gallicane ; ils refusèrent de l'enregistrer ; contraints à le faire par le roi, ils ne voulurent jamais se prêter à son exécution.

C'est dès ce moment que commence à se bien dessiner cette révolte de l'être moral, qui n'entend plus qu'on dispose ainsi de lui, sans son assentiment. L'indépendance à l'égard de Rome que sollicitait la nation n'était que le prélude de la revendication de la liberté de conscience.

La voie était tracée; Pierre Pithou, un de nos grands libéraux, l'élargit et l'éclaira. C'est son livre des libertés de l'Église gallicane qui servit de base à la déclaration du clergé de 1682. Il était à Paris au moment des massacres de la Saint-Barthélemy, mais, esprit d'une remarquable impartialité, il n'en rendit pas moins plus tard, dans ses ouvrages, également justice aux différentes doctrines religieuses. Tout aurait donc été pour le mieux si l'on avait su se borner à suivre les sages conseils qu'il avait donnés. Malheureusement la nature humaine est ainsi faite, qu'il lui est bien difficile de s'arrêter à temps sur la pente des réformes, et il en résulte souvent que, pour combattre une exagération, elle tombe dans une autre. C'est ce qui arriva. Sous prétexte de limiter l'autorité de l'Église catholique, les parlements aboutirent à empiéter sur son domaine spirituel, ils voulurent réglementer jusqu'à l'administration de ses sacrements ! Bossuet le constate et s'en plaint en ces termes : « Autrefois, les canons et les lois, les évêques et les empereurs concouraient ensemble à empêcher les ministres des autels de paraître, pour les affaires même temporelles, devant les juges de la terre... Maintenant, c'est pour les affaires ecclésiastiques qu'on les y voit traînés : tant le siècle a prévalu, tant l'Église est faible et impuissante ! »

Quant au gouvernement civil qui brûlait les huguenots pour les convertir, il persécutait en même temps les catholiques, en voulant s'ériger en juge de leurs dogmes. C'était l'anarchie la plus absolue, la tyrannie la plus complète de toutes les consciences.

Sous Louis XV, qui avait pourtant bien d'autres préoccupations, la persécution religieuse ne se ralentit pas encore. J'en trouve un exemple rapporté par M. Jules Simon (1), que je ne puis m'empêcher de citer.

« Toute cette affaire de la bulle *Unigenitus* ne nous paraît plus que ridicule, parce que nous avons de la peine à comprendre le parlement rassemblé extraordinairement pendant un grand nombre de séances, et le conseil même du roi, constamment préoccupé de l'acceptation de la bulle ; le régent, qui peut-être ne croyait pas en Dieu, et ses conseillers, de mêmes mœurs et de mêmes doctrines que lui, aussi ardents que le vieux roi ; tous les évêques de France divisés ; les moines et les religieuses aux abois dans leurs couvents. Cependant, cette querelle agitait tout le royaume. Beaucoup mouraient privés des secours de la religion ; beaucoup invoquaient le bras séculier. Le parlement ordonnait, par arrêt, que tel prêtre administrerait les sacrements à un mourant. Le prêtre s'adressait à son évêque, qui lançait un monitoire ; et la cour craignait de voir le

(1) *La Liberté de conscience*, p. 131 et suiv.

pays mis en feu par ces querelles. En voulez-vous un exemple ? L'abbé Lemaire, ex-oratorien, demande les sacrements à son lit de mort. Le frère Bouëttin, curé de Saint-Etienne du Mont, exige un billet de confession, ou au moins le nom du confesseur. Lemaire refuse : c'était s'avouer janséniste. « Mais, dit-il, je veux bien me confesser à vous. — Avant tout, dit le curé, il faut savoir si vous acceptez la bulle. » Lemaire ne l'acceptait pas, les sacrements furent refusés. Le malade appelle un huissier et envoie sommation régulière au clergé de la paroisse, de lui administrer l'eucharistie. La sommation fut renouvelée trois jours sans succès. Le troisième jour, Lemaire fait sa plainte au procureur général, et le parlement est saisi.

« On s'assemble aussitôt, on mande le frère Bouëttin, qui ne peut venir à cause du service de feu le duc d'Orléans. Le parlement reste en séance et attend le curé jusqu'à trois heures. Frère Bouëttin paraît enfin, mais pour déclarer qu'il n'obéira qu'à l'archevêque. A minuit intervient un arrêt qui le condamne à l'aumône, peine infamante, et invite l'archevêque de Paris à faire administrer les sacrements à l'abbé Lemaire dans les vingt-quatre heures.

» Par malheur, il y avait fête de la Vierge le lendemain, puis un dimanche ; le parlement ne s'assembla que trois jours après l'arrêt. L'abbé Lemaire était toujours sans sacrements dans son lit. Comme on allait délibérer, survient un ordre du roi de surseoir et d'envoyer des députés à Versailles. Le premier président se rend auprès du roi, avec deux présidents à mortier, et lui adresse, dit Barbier, un discours très touchant ; mais le roi répond durement qu'il a cassé l'arrêt du parlement, et qu'il évoque à sa personne la connaissance de l'affaire. Le parlement ne se tient pas pour battu. Il ordonne aux gens du roi de prendre des conclusions. Les gens du roi demandent du temps pour délibérer, et ne peuvent se mettre d'accord entre eux, tant l'affaire est embarrassante. Ils se rendent à leur tour à Versailles, où le roi veut bien leur dire qu'il avisera promptement, vu l'état pressant du malade. Les gens du roi rapportent cette réponse mercredi à onze heures. On délibère. Vers deux heures, arrêt qui ordonne aux gens du roi de s'informer de l'état du malade, et d'en rendre compte à six heures du soir; et sur cet arrêt on se sépare pour aller dîner.

» Mais quand on se réunit le soir pour entendre le rapport des gens du roi, l'avocat général d'Ormesson déclara que le malade était mort. On envoya un huissier pour saisir le frère Bouëttin, qui ne se trouva pas au presbytère, et la chambre se sépara enfin à quatre heures du matin, en remettant l'affaire à quinzaine, à cause des vacances de Pâques. Le convoi de l'abbé Lemaire fut suivi par dix mille personnes. L'intervalle des vacances fut rempli de pourparlers entre le roi, les ministres et les chefs du parlement. Le roi finit par donner défenses expresses de suivre la procédure contre le curé de Saint-Etienne. On fit, sans succès, plusieurs remontrances. Le roi destitua le frère Bouëttin et quelques autres curés; et le parlement, continuant la résistance jusqu'au bout, prit un arrêté pour charger le premier président de représenter au roi « les inconvénients qu'il y aurait à soustraire des accusés aux poursuites régulières de la justice par des voies d'autorité, dont les exemples ne pourraient être que très dangereux, et qui, loin d'en imposer aux coupables, pourraient être regardées comme un moy n sûr d'échapper à la sévérité des lois et d'éluder l'exécution des arrêts de la cour. » On passa toute la nuit à imprimer cet arrêt. Dès cinq heures du matin, il fut affiché à tous les coins de rue, et on le cria toute la journée dans Paris. Ceci se passait le 18 avril 1752.

» Le 2 mai, un arrêt du Conseil d'État, destiné à mettre fin à ces querelles, fut crié dans Paris et médiocrement accueilli par la population. Les jansénistes du parlement s'en plaignirent; le clergé s'en montra offensé. Trente et un curés de Paris signèrent une requête à leur archevêque, pour être autorisés à exiger des billets de confession, en dépit du parlement. Sur ce fait, le parlement décréta d'accusation le curé de Saint-Jean en Grève; mais le roi manda les présidents à Versailles, et leur remit un ordre conçu en ces termes : « J'ai examiné l'information que vous m'avez apportée; mon intention n'est pas que cette affaire soit suivie. J'impose, sur ce, silence à mon procureur général, et je défends à mon parlement de continuer cette procédure, que je veux qui soit regardée comme non avenue, et notamment le décret contre le curé de Saint-Jean en Grève, qui demeurera nul et de nul effet. » Le parlement répondit en incriminant directement l'archevêque, et en déclarant que si le roi persistait dans la volonté d'anéantir les poursuites, les magistrats donneraient leur démission de leurs charges. L'autorité royale était mise en demeure, et le parlement cessa de rendre la justice. La reine, le dauphin, la dauphine, Mesdames de France, furent se jeter aux pieds du roi et le supplier de ne point abandonner l'archevêque de

Paris, et de soutenir la religion. Le roi défendit de nouveau de continuer l'information contre les curés ; et le parlement répondit à cette défense expresse en donnant à la procédure une impulsion nouvelle. Le roi nomma une commission d'évêques et de magistrats de son conseil, pour informer sur les affaires de la bulle; et le parlement, sans tenir compte des ordres de la cour, poursuivit chaque jour des curés accusés de refus de sacrements. Le 30 juin, quand on s'assembla pour juger le curé d'Abbeville, on ne put rien faire par l'absence de deux témoins, que le roi avait exilés la veille à cent lieues de Paris. Enfin, après une lutte scandaleuse, qui rendit la faiblesse du roi manifeste, et dans laquelle le parlement viola la liberté de conscience, sous prétexte de la protéger, tandis que l'archevêque, pour défendre un droit abstrait qu'il exerçait avec fanatisme, faillit occasionner la guerre civile, le parlement rendit un arrêt portant que les chambres demeureraient assemblées, tout service cessant, jusqu'à ce que le roi eut reçu ses remontrances. C'était mettre la royauté dans la nécessité de frapper ou de s'avilir.

» Le roi exila les cinq chambres des enquêtes et les deux chambres des requêtes du palais. La grande chambre, qu'on avait épargnée (de la faiblesse jusque dans la violence), voulut partager le sort du reste du parlement, et fut exilée à Pontoise. Quand elle sortit de la chambre après l'arrêté qui causa son exil, elle fut applaudie à tout rompre.

» Tout succombait dans ces tristes débats : le roi, le parlement, la religion. L'archevêque violait la liberté de conscience, en recourant au bras séculier; le roi et le parlement, dans leurs conduites diverses, la violaient à leur tour, en s'arrogeant des pouvoirs spirituels.

» Ainsi la liberté n'existait pour personne, dans les choses mêmes qui relèvent le plus directement de la conscience, et qui sont le plus étrangères aux devoirs publics du citoyen. »

Mainte fois la sublime doctrine du Christ servit ainsi de prétexte à d'effroyables débordements d'excès de tout genre. Les passions humaines l'ont tellement dénaturée tour à tour, qu'aujourd'hui on est généralement porté à s'en faire une idée fausse, à la considérer comme synonyme d'intolérance, elle qui ne conseille pourtant qu'indulgence, amour et pardon.

Ouvrons les évangiles, ces récits des apôtres, où sont consignés les préceptes du Maître, ne sont-ce pas des sentiments de mansuétude qui s'en dégagent de toute part? « En quelque maison que vous entriez, leur prescrit Jésus, dites d'abord : Que la paix soit dans cette maison ;

» Et, en quelque ville que vous entriez et où on vous aura reçus, mangez ce qu'on vous présentera (1).

. . . .

» Lévi lui fit ensuite un grand festin dans sa maison, où il se trouva un grand nombre de publicains, et d'autres qui étaient à table avec eux.

» Mais les pharisiens et les docteurs des Juifs en murmuraient, et disaient aux disciples de Jésus : Pourquoi est-ce que vous mangez et buvez avec des publicains et des gens de mauvaise vie?

(1) *Évangile selon saint Luc*, chap. x, versets 5 et 8.

» Et Jésus, prenant la parole, leur dit : Ce ne sont pas les sains, mais les malades qui ont besoin de médecin.

» Je suis venu pour appeler non les justes, mais les pécheurs à la pénitence (1). »

Et cette admirable parabole du Samaritain, offrant comme exemple au peuple juif la charité d'un étranger à leur religion, ne confirme-t-elle pas notre dire d'une manière d'autant plus frappante, que nous savons combien les Israélites étaient naturellement hostiles à une semblable largeur de vues?

Elle résume toute la doctrine du Christ ; c'est pour ce motif que je la cite tout entière :

« Alors, un docteur de la loi se levant, lui dit pour le tenter : Maître, que faut-il que je fasse pour posséder la vie éternelle ?

» Jésus lui répondit : Qu'y a-t-il d'écrit dans la loi? Qu'y lisez-vous?

» Il lui répondit : Vous aimerez le Seigneur votre Dieu de tout votre cœur, de toute votre âme, de toutes vos forces et de tout votre esprit, et votre prochain comme vous-même.

» Jésus lui dit : Vous avez fort bien répondu : faites cela, et vous vivrez.

» Mais cet homme voulant faire paraître qu'il était juste, dit à Jésus : Et qui est mon prochain ?

» Et Jésus, prenant la parole, lui dit : Un homme, qui descendait de Jérusalem à Jéricho, tomba entre les mains des voleurs, qui le dépouillèrent, le couvrirent de plaies et s'en allèrent, le laissant à demi-mort.

» Il arriva ensuite qu'un prêtre descendait par le

(2) *Évangile selon saint Luc,* chap. v, versets 29-32.

même chemin, lequel l'ayant aperçu, passa outre.

» Un lévite, qui vint aussi au même lieu, l'ayant considéré, passa outre encore.

» Mais un Samaritain, passant son chemin, vint à l'endroit où était cet homme ; et l'ayant vu, il en fut touché de compassion.

» Il s'approcha donc de lui ; il versa de l'huile et du vin dans ses plaies, et les banda ; et l'ayant mis sur son cheval, il l'amena dans l'hôtellerie, et eut soin de lui.

» Le lendemain il tira deux deniers qu'il donna à l'hôte et lui dit : Ayez bien soin de cet homme ; et tout ce que vous dépenserez de plus, je vous le rendrai à mon retour.

» Lequel de ces trois hommes vous semble-t-il avoir été le prochain de celui qui tomba entre les mains des voleurs ?

» Le docteur lui répondit : Celui qui a exercé la miséricorde envers lui. Allez donc, lui dit Jésus, et faites de même (1). »

A la fin du dix-huitième siècle, la monarchie craquait de toutes parts, minée par la lutte qu'elle soutenait depuis si longtemps contre les aspirations légitimes du peuple, et par ses querelles stériles avec l'Église et le Parlement.

1789 arriva enfin pour donner le coup de pioche qui suffit à jeter bas tout l'édifice vermoulu du passé. L'Assemblée nationale, elle aussi, outrepassa ses droits en empiétant sur le domaine religieux, mais elle prétendit assurer du moins la liberté de l'homme et de sa conscience. Si, en fait, elle agit contradictoirement avec ce principe, qu'elle avait eu le mérite de proclamer,

(1) *Évangile selon saint Luc*, chap. x, versets 25-37.

l'expérience du siècle qui nous sépare d'elle doit nous instruire et nous mettre en garde, pour nous empêcher de tomber à notre tour dans les écueils où sont venues sombrer ses plus généreuses intentions.

Nous ne voulons plus d'autocratie, ni en politique, ni en religion; c'est fort bien; mais soyons conséquents avec nous-mêmes et ne soyons pas davantage absolus dans nos négations.

Profitons des enseignements de l'histoire. C'est elle qui nous a montré l'horreur de l'intolérance; apprenons d'elle aussi que c'est toujours la foi en une idée religieuse qui a fait la grandeur des peuples et qu'aujourd'hui encore les convictions sincères ont droit à notre respect. « Quiconque ébranle la religion ébranle le fondement même de toute société », disait Platon (1); et Xénophon ajoutait : « Les cités et les nations les plus pieuses furent toujours les plus sages et celles qui eurent une plus longue durée (2). »

Plutarque affirmait de son côté : « Qu'il est plus facile de bâtir une ville dans les airs que de constituer une société sans la croyance aux dieux (3); » et Rousseau constate que « jamais État ne fut fondé que la religion ne lui servît de base (4). » Voltaire déclare lui-même que « partout où il y a une société, la religion est absolument nécessaire (5). »

Nous voici arrivé au point capital de notre démonstration : tout gouvernement, quelqu'il soit, ayant mission de travailler au bien de la société humaine, de

(1) Au Xe Livre des *Lois*.
(2) *Apologie de Socrate*.
(3) *Contra Colotès*.
(4) *Contrat social*, liv. IV, chap. VIII.
(5) *Traité de la Tolérance*, chap. XX.

tendre à sa perfectibilité dans toute la limite du possible, doit donc, par son essence même, être sympathique aux idées religieuses et, par suite, leur faciliter les exercices extérieurs du culte, tant qu'ils ne présentent aucun danger pour la morale et l'ordre publics, tant qu'ils ne vont pas à l'encontre des lois établies.

Ce besoin d'avoir une croyance et de la manifester au dehors est tellement enraciné dans le cœur de l'homme que Robespierre, après avoir combattu l'ancienne religion des Français, tenta de lui substituer celle de l'Être suprême, que Bonaparte fit le Concordat et les articles organiques qui règlent les rapports de l'Église catholique avec l'État, et que plus récemment, M. Thiers écrivait : « Il faut une croyance religieuse, il faut un culte à toute association humaine. L'homme jeté au milieu de cet univers, sans savoir d'où il vient, où il va, pourquoi il souffre, pourquoi même il existe, quelle récompense ou quelle peine recevront les longues agitations de sa vie ; assiégé des contradictions de ses semblables, qui lui disent, les uns qu'il y a un Dieu, auteur profond et conséquent de toutes choses, les autres qu'il n'y en a pas ; ceux-ci, qu'il y a un bien, un mal, qui doivent servir de règle à sa conduite ; ceux-là, qu'il n'y a ni bien ni mal, que ce sont là les inventions intéressées des grands de la terre : l'homme, au milieu de ces contradictions, éprouve un besoin impérieux, irrésistible, de se faire sur tous ces objets une croyance arrêtée. Vraie ou fausse, sublime ou ridicule, il s'en fait une. Partout, en tout temps, en tout pays, dans l'antiquité comme dans les temps modernes, dans les pays civilisés comme dans les pays sauvages, on le trouve au pied des autels, les uns vénérables, les autres ignobles ou sanguinaires. Quand une croyance établie ne règne pas, mille sectes acharnées à la dispute comme en Amérique, mille superstitions honteuses comme en Chine, agitent ou dégradent l'esprit humain. Ou bien, si, comme en France en 93, une commotion passagère a emporté l'antique religion du pays, l'homme, à l'instant même où il avait fait vœu de ne plus rien croire, se dément, après quelques jours, et le culte insensé de la déesse Raison, inauguré à côté de l'échafaud, vient prouver que ce vœu était aussi vain qu'il était impie.

» A en juger donc par sa conduite ordinaire et constante, l'homme a besoin d'une croyance religieuse... On n'avait rien à inventer en 1800. Cette croyance pure, morale, antique, existait : c'était la vieille religion du Christ, ouvrage de Dieu, suivant les uns, ouvrage des hommes, selon les autres, mais, suivant tous, œuvre profonde d'un réformateur sublime, réformateur commenté pendant dix-huit siècles par les conciles, vastes assemblées des esprits éminents de chaque époque, occupés à discuter sous le titre d'hérésies, tous les systèmes de philosophie, adoptant successivement sur chacun des grands problèmes de la destinée de l'homme les opinions les plus plausibles, les plus sociales, les adoptant pour ainsi dire à la majorité du genre humain, arrivant enfin à produire ce corps de doctrine invariable, souvent attaqué, toujours triomphant, qu'on appelle UNITÉ CATHOLIQUE et au pied duquel sont venus se soumettre les plus beaux génies (1). »

(1) *Histoire du Consulat et de l'Empire*, t. III, liv. XII : le Concordat.

Comme je l'ai dit au début de ce travail, je ne prétends pas soutenir une doctrine particulière au détriment d'une autre, le catholicisme plus qu'une croyance différente ; ce que je défends, d'accord avec tous les philosophes et les hommes d'État autorisés, dont j'ai cité l'opinion, c'est l'idée religieuse.

Il faut bien constater pourtant, afin de rester impartial, qu'on s'est plu, qu'on se plaît aujourd'hui encore à attaquer systématiquement cette religion catholique à laquelle les plus grandes intelligences ne cessent de rendre hommage. On en fait la personnification de l'intolérance. Nous avons vu cependant que rien n'était plus contraire à l'esprit de son fondateur.

Ecoutons ce que dit à notre époque le Pape, son chef suprême, dans une de ses récentes encycliques :

« Dès qu'on enlève la religion, on ébranle en effet nécessairement ces principes sur lesquels repose d'abord le salut public, et qui tirent leur plus grande force de la religion ; en voici les principaux : commander avec justice et modération, obéir par conscience du devoir, soumettre ses passions au joug de la vertu, rendre à chacun ce qui lui est dû, et ne pas mettre la main sur le bien d'autrui.

» *Comme on doit éviter cette erreur impie, on doit d'autre part fuir l'opinion de ceux qui mêlent la religion à un parti politique et les confondent ensemble, au point de regarder ceux qui sont d'un autre parti comme des hommes ne méritant presque plus le nom de catholiques. C'est introduire les factions politiques dans le domaine auguste de la religion; c'est vouloir rompre la concorde entre les frères et ouvrir la porte à une multitude de funestes inconvénients.*

. . . .

» L'Église ne condamne en rien les partis politiques pourvu qu'ils ne soient opposés ni à la religion ni à la justice.

. . . .

» Que ceux surtout qui appartiennent au clergé et dont la parole et l'exemple exercent une grande influence, s'appliquent scrupuleusement à pratiquer la modération et l'obéissance.

. . . .

» Les conseils que Nous avons donnés aux sociétés, Nous les adressons donc également aux écrivains, en les exhortant à éloigner toute discorde par leur modération et leur douceur et à conserver entre eux et parmi le peuple l'union des esprits. Les écrivains peuvent, en effet, exercer dans l'un et l'autre sens une grande influence. Comme rien n'est plus contraire à la concorde que les paroles acerbes, les soupçons téméraires, les insinuations perfides, il faut fuir avec le plus grand soin et avoir en horreur tout ce qui y ressemble. Une discussion dans laquelle il s'agit des droits sacrés de l'Église et des doctrines de la religion catholique doit être, non pas acrimonieuse, mais calme et modérée : *C'est le poids des raisons, et non la violence et l'âpreté du langage qui doit donner la victoire à l'écrivain* (1). »

Il est impossible d'être plus libéral que ne se révèle ici le pontife romain. Il ne faut pas, dit-il, mêler la question politique à la question religieuse ; c'est par le poids des raisons, et non par l'âpreté du langage que la vérité doit finir par triompher.

(1) Lettre encyclique de Léon XIII aux archevêques et évêques d'Espagne, datée du 8 décembre 1882.

N'est-ce pas absolument le but de nos réclamations?

Sans doute, on peut reprocher à l'Église catholique d'être intraitable sur la question de ses dogmes, mais y a-t-il lieu de lui en vouloir pour cela?

Croyant à sa mission divine, son strict devoir, comme celui de tous les individus qui sont dans le même cas, n'est-il pas de défendre les vérités dont elle a la garde, de les empêcher d'être entamées et de chercher à leur faire des prosélytes?

Qu'elle soit dans le vrai ou dans l'erreur, n'est-elle pas fondée à répéter le mot si souvent cité : « L'orthodoxie, c'est ma doxie à moi? » Peut-on lui faire un grief de l'aimer, de souhaiter son triomphe?

Dès qu'elle reconnaît que la religion ne saurait être une question de parti, qu'elle ne doit s'imposer que par la démonstration, c'est admettre la tolérance à l'égard de ceux qui professent des opinions contraires, la seule qui puisse se concilier avec des convictions sincères, de quelque nature soient-elles.

En agissant ainsi, elle se dégage de la politique qui trop souvent avait voulu s'en servir comme d'auxiliaire, pour ne plus songer qu'à l'accomplissement de sa mission spirituelle : la conversion des intelligences et des cœurs. Il reste entendu naturellement que les pouvoirs publics ne lui doivent, de leur côté, qu'une liberté bienveillante ; à moins d'être souverainement maladroits ils ne peuvent la lui refuser.

Aussi est-ce avec un regret profond que nous constatons, en suivant l'historique que nous avons entrepris, les mesures d'ordre général que la Restauration avait imposées, conformément aux préceptes de la croyance qui lui était chère.

L'article 5 de la Charte de 1814 disait bien que : « Chacun professe sa religion avec une égale liberté et obtient pour son culte la même protection ; » mais la loi du 18 novembre de cette même année, sur l'observation des fêtes et dimanches, prescrivit bientôt après :

Art. 1er. — Les travaux ordinaires seront interrompus les dimanches et jours de fêtes reconnus par la loi de l'État.

Art. 2. — En conséquence, il est défendu les dits jours :

1° aux marchands d'étaler et de vendre, les ais et volets des boutiques ouverts ;

2° aux colporteurs et étalagistes, de colporter et d'exposer en vente leurs marchandises dans les rues et places publiques ;

3° aux artisans et ouvriers, de travailler extérieurement et d'ouvrir leurs ateliers ;

4° aux charretiers et voituriers, employés à des services locaux, de faire des chargements dans les lieux publics de leur domicile, etc.

Cette loi violait évidemment la liberté de conscience, en imposant à toute la nation l'observance des prescriptions d'un culte particulier.

Les ordonnances de 1828 furent également des plus anti-libérales; elles ne faisaient d'ailleurs que refléter le caractère d'absolutisme du gouvernement d'alors, imbu des traditions du passé et destiné à disparaître dans un nouveau changement de dynastie, en 1830.

Maintenant que nous entrons complétement dans le domaine de l'actualité, nous nous bornerons à constater que les révolutions de 1830 et de 1848 ne justifièrent pas les appréhensions qu'elles avaient fait concevoir au point de vue religieux.

Tout resta en somme dans le *statu quo*.

C'est ce *statu quo* qui est aujourd'hui encore la base du régime auquel sont soumis les différents cultes reconnus dont nous allons bientôt parler.

L'État, avons-nous dit, est tenu à respecter la liberté de conscience en ce qui concerne ses manifestations extérieures : les rites et la propagande.

Car c'est un besoin instinctif pour notre nature de faire aimer ce que nous aimons, et plus nous sommes épris, plus nous cherchons à faire apprécier l'objet de notre affection. Nous voudrions que chacun partageât nos sentiments à son égard. Et quand, à notre portée, se trouve une intelligence susceptible de se développer à notre contact, ne sommes-nous pas ardemment désireux de lui apprendre ce qu'elle doit préférer avec nous, de lui communiquer nos goûts et en quelque sorte de lui inoculer nos jugements? Il en va ainsi des opinions politiques, ce terrain où si rarement l'on peut rester calme et froid, car sur lui reposent nos principes de patriotes et parfois nos plus chères illusions sociales. A combien plus forte raison les questions religieuses sont-elles entraînantes! Je ne conçois pas un homme, à quelque Église appartienne-t-il, qui ne désire répandre ses croyances, quand elles reposent sur une conviction profonde. C'est l'amour même du prochain qui nous porte à agir ainsi. A l'honneur de l'humanité, je suis convaincu qu'il n'y a pas un seul d'entre nous qui, se croyant en possession de la vérité, voudrait la garder pour lui seul et ne chercherait pas à la faire connaître. Aucun gouvernement n'a le droit d'empêcher cette propagande, pas plus qu'il n'y a intérêt. C'est ce que nous allons établir en nous bornant à faire nôtre, et en la généralisant, l'opinion d'un économiste des plus distingués, qui s'exprime à ce sujet dans les termes suivants :

» La ligne de conduite à tenir par l'État moderne est toute tracée. Nous avons dit que l'État manque au plus haut degré de la faculté d'invention. Ce n'est certes pas lui qui fait les religions, qui les conserve ou qui les détruit. A certains moments, il a pu constater officiellement, comme sous Constantin, le triomphe d'une religion, vieille déjà de plusieurs siècles. A d'autres heures de l'histoire, lors de la Réforme, il a pu aider à certaines modifications, d'ailleurs de détail, que favorisaient le tempérament des peuples et le courant populaire. Mais nulle part on n'a vu un Etat, soit créer une religion de toutes pièces, soit en détruire une, soit substituer aux idées positives enfermées dans des dogmes, aux sentiments intimes et traditionnels, un simple ensemble de sèches et abstraites négations. L'État doit donc respecter cette force qu'il ne réussirait pas, le voulût-il, à entamer. Il est d'autant plus tenu à ce respect, à ces bons rapports, que la religion, en dehors de son objet principal de soulagement des âmes, concourt à un objet, pour elle accessoire, mais, pour l'Etat, d'une importance capitale, la conservation sociale. Il n'y a plus actuellement d'homme assez irréfléchi, parmi ceux dont l'opinion a quelque autorité, pour croire que l'homme naisse originairement bon, que ses heureux instincts s'épanouissent naturellement, quand on ne cultive pas artificiellement les mauvais.

. . . .

» La tâche de l'État moderne, au point de vue du maintien de la paix sociale, de la simple conservation de la société, est devenue de plus en plus ardue ; il n'a pas trop de tous les concours. L'État est assailli par tant de passions, par tant de haines, tant d'impatiences, tant d'illusions, la morale publique et privée souffre de tant d'attaques de théories désespérantes et dégradantes, qu'on ne comprend pas par quelle folie l'Etat moderne si menacé, si ébranlé, va déclarer la guerre à la puissance moralisatrice qui a conservé le plus d'empire sur les âmes. On a écrit que la barbarie frémit au sein de nos sociétés civilisées, et certains publicistes ont cru pouvoir indiquer l'heure où elle viendrait à triompher. Sans aller jusqu'à ces alarmes, peut-être excessives, la religion chrétienne, qui, quelque opinion qu'on ait de ses dogmes, prêche la modération dans les désirs, la lutte contre la concupiscence, l'assistance du prochain, l'espérance indéfinie au moment des épreuves et des souffrances, qui cherche à réconcilier l'homme avec la dureté de son sort, peut être considérée comme une sorte de ciment social qu'il sera singulièrement malaisé de remplacer. N'eût-elle d'influence que sur les femmes, elle rendrait encore à l'Etat de précieux services; car les femmes dans la vie civile, dans l'éducation, par les premières notions qu'elles donnent à l'enfant, par l'influence qu'elles conservent dans tous les actes du ménage, contribuent, pour une bonne part, à la direction réelle d'une société (1). »

(1) Paul Leroy-Beaulieu : *L'État moderne et ses fonctions*. (*Revue des Deux-Mondes* du 15 janvier 1889, p. 286 et 287.)

CHAPITRE III

LIBERTÉ DES CULTES

Le culte, avons-nous dit, est la conséquence de la conviction religieuse, fondée sur le raisonnement ou la croyance aveugle. « Il est : 1° privé, s'il s'exerce librement en famille ; 2° il commence à devenir relativement public et est dit toléré, s'il est pratiqué librement dans un lieu commun, mais sans publicité extérieure. C'était, pour le judaïsme et le protestantisme, le degré de tolérance admis dans les anciens États du Pape ; 3° il est public et toléré, quand il s'y joint des signes extérieurs ; 4° il est dominant, lorsqu'il est juridiquement entouré de la pompe et des solennités officielles en dehors des temples. Si plusieurs cultes jouissent des mêmes droits publics, civils et politiques, ils sont dits libres et égaux ; c'est le système admis en France (1). »

(1) *Traité des rapports de la religion et de la politique, de l'Église et de l'État dans les sociétés modernes*, par M. Pierre Pradié, p. 634.

Au point de vue gouvernemental, la liberté des cultes qui n'est, nous l'avons démontré, que la conséquence de la liberté de conscience, ne saurait jouir de prime abord, en l'état actuel de la société, de prérogatives aussi étendues que la liberté de conscience considérée au point de vue abstrait. Celle-ci est en effet, dans ce cas, essentiellement individuelle, au même titre que la conscience elle-même, tandis que la liberté des cultes en est la manifestation extérieure ou sociale.

Or, il y a des rites qu'aucun gouvernement, si libéral fût-il, ne saurait tolérer, ceux par exemple qui vont à l'encontre de la morale naturelle et des lois existantes.

Je prévois dès à présent l'objection qu'on va me faire, c'est que cette théorie suppose, dans une certaine limite, le droit pour les pouvoirs publics de connaître et d'examiner la religion de leurs nationaux.

Cette objection est fondée, je le reconnais, soit qu'on envisage l'État comme une abstraction, soit qu'on le considère dans le sens concret du mot. Pris dans le sens abstrait, l'État est impersonnel et ne peut par conséquent être juge d'aucune question religieuse; pris dans le sens concret, il n'est pas autorisé davantage à se prononcer, car des deux éléments dont se compose la société : la multitude et l'autorité, le premier comprend les administrés, et le second le ou les dépositaires du pouvoir; si le gouvernement donne force de loi aux vœux des représentants de la nation, c'est l'oppression de la minorité par la majorité. C'est l'anéantissement de la liberté de conscience.

On ne peut certainement nier la logique de cette conclusion, mais puisque, dans notre législation religieuse actuelle, tout est absolument arbitraire et en opposition avec le plus vulgaire bon sens, il nous faut bien continuer à la subir et à vivre d'expédients, tant que la séparation complète des Églises et de l'État ne sera pas réalisée.

Je consacrerai un chapitre spécial à l'étude de cette solution, la seule conforme au principe de la liberté de conscience : c'est pour établir sa nécessité que j'ai entrepris ce travail.

Voyons, en attendant, quelle est actuellement en France la situation respective des différents cultes, qui prête à tant de critiques de notre part, et, pour mieux montrer les contradictions dont elle offre le frappant témoignage, reportons-nous aux nombreuses promesses qui garantissent soi-disant les conquêtes sociales de ce dernier siècle :

La déclaration des droits de l'homme et du citoyen de 1789 proclama que :

« Nul ne doit être inquiété pour ses opinions, même religieuses! pourvu que leur manifestation ne trouble pas l'ordre public établi par la loi. »

La Constitution de 1791 garantit, comme « un droit naturel à tout homme, la liberté d'exercer le culte auquel il est attaché. » Celle de 1793 confirma que « le libre exercice des cultes ne peut être révoqué en doute. » En fait, malgré ces belles assurances, on guillotinait ou on noyait les prêtres qui refusaient de prêter serment à la constitution civile du clergé, et on imposait ceux qui avaient accepté les lois de la Révolution aux victimes qui souhaitaient remplir leurs derniers devoirs de catholiques avant d'aller verser leur sang sur l'échafaud! C'est ainsi que dans l'application s'exerçait alors la liberté de conscience qu'on se plaisait à proclamer si haut. Mais nous ne pouvons entrer dans l'étude de toutes les contradictions qui seraient à relever entre les différentes professions de foi officielles, imposées par la force de la justice humaine, et les mesures qui les suivaient en réalité à brève échéance, car nous n'en finirions pas. Il y a lieu seulement d'en prendre acte, afin qu'instruits par les exemples du passé, nous nous défiions de nos entraînements naturels et nous attachions à mettre plus de logique entre nos formules et nos actes.

La Charte de 1814 définit plus nettement encore le droit public en cette matière, en déclarant :

« Art. 5. — Chacun professe sa religion avec une égale liberté et obtient pour son culte la même protection. »

Celle de 1830 ne crut pas pouvoir mieux faire que de reproduire textuellement cet article.

Quant à la Constitution de 1848, elle renouvela les garanties précédemment données, en ces termes :

« Art. 7. — Chacun professe librement sa religion et reçoit de l'Etat pour l'exercice de son culte une égale protection. Les ministres, soit des cultes actuellement reconnus par la loi, soit de ceux qui seront reconnus à l'avenir, ont le droit de recevoir un traitement de l'État. »

Enfin, nous lisons dans celle de 1852 :

« Article 1er. — La Constitution reconnaît, confirme et garantit les grands principes proclamés en 1789 et qui sont la base du droit public français.

« Art. 26. — Le Sénat s'oppose à la promulgation des lois qui porteraient atteinte à la Constitution, à la morale, ou à la liberté des cultes. »

En principe, notre législation religieuse suppose donc le pouvoir spirituel et le pouvoir temporel réciproquement indépendants l'un de l'autre. Elle consacre, d'autre part, la démarcation entre les cultes reconnus et ceux qui ne le sont pas; les ministres des premiers sont inscrits au budget et doivent, en conséquence, sauf l'exception du casuel faite en faveur des prêtres catholiques, exercer leurs fonctions gratuitement, tandis que les ministres des cultes non reconnus ne reçoivent aucune indemnité de l'État.

Tout est anomalie dans ces dispositions étranges. Comment justifier raisonnablement la distinction qu'elles énoncent entre les cultes salariés et ceux qui ne sont pas admis à semblable faveur? L'Etat, nous l'accordons, a le droit d'interdire les manifestations qui outrageraient la morale publique et, par mesure d'ordre général, celles qui pourraient provoquer des troubles dans la rue; mais à quel titre s'arroge-t-il le droit d'établir cette démarcation entre les doctrines qu'il approuve et celles à qui il crée cette situation absolument inférieure de ne pas même paraître soupçonner leur existence, ou de ne pas vouloir la consacrer en les traitant avec la même bienveillance que les autres?

C'est en même temps assimiler aux fonctionnaires publics les ministres rémunérés des différentes communions officielles; c'est leur interdire notamment l'accès des fonctions municipales dans la commune où ils exercent leur ministère. Il est impossible de pousser plus loin la confusion entre les deux pouvoirs, civil et spirituel : c'est contrevenir de la manière la plus flagrante au principe de l'abstention du gouvernement en ce qui touche aux croyances religieuses.

Les cultes reconnus en France sont au nombre de trois : 1° le culte catholique ; 2° le culte protestant, qui comprend l'Église de la confession d'Augsbourg ou luthérienne, réorganisée depuis la perte de notre chère Alsace par une loi en date du 1er août 1879, et l'Église réformée ou calviniste ; 3° le culte israélite.

Il y en a de plus un quatrième, spécial à l'Algérie : le culte musulman, dont les crédits sont prévus au budget pour une dépense totale de deux cent et quelques mille francs.

Les cultes non reconnus sont tous ceux dont l'État ne salarie pas les ministres, et dans l'administration desquels il n'intervient en aucune manière. Telle est la situation des différentes communautés presbytériennes qui se sont formées depuis un certain nombre d'années. Elles sont complétement indépendantes. L'État considère les cérémonies nécessitées par leurs rites comme n'importe quelle autre réunion publique et les astreint seulement à la règle commune, c'est-à-dire à la formalité de l'autorisation préalable.

Ne nous appesantissons pas ; sans cela nous demanderions encore pourquoi une simple déclaration ne suffit pas, au lieu de cette autorisation, que le décret du 19 mars 1859 impose aux cultes non reconnus, s'ils veulent éviter les dispositions répressives sur les réunions et autorisations illicites, dans les termes suivants :

« Si une autorisation est demandée pour l'exercice public d'un culte non reconnu par l'État, cette autorisation sera donnée par nous en conseil d'Etat, sur le rapport de notre ministre de l'intérieur, après avis de notre ministre des cultes. Les réunions ainsi autorisées pour l'exercice public d'un culte non reconnu par l'État sont soumises aux règles générales consacrées par les articles 4, 32 et 52 de la loi du 18 germinal an X (articles organiques du culte catholique), et 2 de la même loi (articles organiques des cultes protestants). Nos préfets continueront de donner, dans le même cas, les autorisations qui seront demandées pour des réunions accidentelles de ces cultes (art. 3). — Lorsqu'il y aura lieu de révoquer les autorisations données dans les cas prévus par les articles 1 et 3, § 1 du présent décret, cette révocation sera prononcée par nous en conseil d'Etat. Toutefois, les ministres compétents, pourront, en cas d'urgence et pour cause d'inexécution des conditions ou de sûreté publique, suspendre provisoirement l'effet des dites autorisations. La suspension cessera de plein droit à l'expiration du délai de trois mois, si dans ce délai la révocation n'a été définitivement prononcée (art. 4). »

Comme dernières différences entre les uns et les autres, nous ajouterons encore que l'État et les municipalités ne supportent aucune charge relativement aux édifices consacrés à l'exercice des cultes non reconnus et que leurs adhérents n'ont droit dans les cimetières communaux qu'à l'emplacement collectif affecté indistinctement à toutes les communions qui n'émargent pas au budget. (Décisions ministérielles de 1857, 1861, etc.).

I. — *Des cultes reconnus.*

§ 1. — CULTE CATHOLIQUE

Le culte catholique est le plus généralement professé en France. Il a été réglementé en dernier lieu par le Concordat intervenu entre le Pape Pie VII et le Premier Consul pour rassurer les consciences, après les bouleversements qui n'avaient rien laissé debout des croyances passées. Cette convention hâtive a encore aujourd'hui force de loi et lie par conséquent, jusqu'à ce qu'elle soit modifiée, l'Église catholique et la République française, héritières des parties contractantes d'alors.

Mainte fois on en a constaté les inconvénients, sans jamais oser affronter les difficultés que présente son abrogation. Elles ne sont pas à dissimuler d'ailleurs, pas plus que les services que rendit le Concordat à l'époque où il fut promulgué.

Il ramena la paix religieuse, à laquelle on aspirait depuis si longtemps, et rassura les détenteurs des biens provenant de la fortune du clergé. Le Pape souscrivit à toutes les concessions qui lui furent demandées et se lia les mains. Le Premier Consul, en salariant le clergé, fit acte, lui, de haute politique, mais toute personnelle; il alla contre le principe même de la liberté de conscience proclamé par l'Assemblée nationale, en mêlant l'autorité du pouvoir civil à celle de l'Église de Rome. Tant il est vrai qu'en France nous ne savons jamais être logiques jusqu'au bout!

Quant à Pie VII, voici en quels termes il exposait au commencement de la Bulle concordataire les motifs qui avaient inspiré sa ligne de conduite : « Celui qui a été constitué ici-bas, pour remplir la mission de Notre-Seigneur Jésus-Christ et pour gouverner l'Église de Dieu, doit saisir toutes les circonstances et s'en servir avec toute l'opportunité possible, dans le but de ramener les fidèles au sein de l'Église et d'éviter de redoutables périls : il doit craindre, en effet, que l'occasion venant à disparaître, il n'y ait plus désormais d'espoir d'obtenir les avantages qui peuvent servir la religion catholique. » « Ainsi tout ce qui ne se rattache pas directement aux intérêts de la Religion, remarque M. l'abbé Frémont, dans son étude sur les rapports de l'Église et de l'État (1), est de nul prix aux yeux du pontife romain. Ne lui parlez pas de dynastie royale à restaurer ; il ne voit que les autels en deuil, et c'est aux autels qu'il pense lorsqu'il traite avec la démocratie française et avec le Premier Consul, chef militaire de cette démocratie. Là est la grandeur du Concordat, il relie l'ancien monde au nouveau, la France du présent à celle de l'avenir. L'article premier du Concordat vise immédiatement la publicité du culte catholique en France ; les articles suivants traitent de la nouvelle circonscription qui sera faite des diocèses français et invitent les évêques qui se trouveront ainsi dépossédés à faire ce sacrifice sans murmures ; ils déterminent la formule du serment de fidélité à la Constitution et de la prière qui doit être récitée à la fin de l'office divin dans toutes les églises catholiques de France ; ils pré-

(1) Page 252.

voient également la nouvelle répartition des cures, la création des chapitres cathédraux et des séminaires avec subvention facultative de la part du gouvernement, la mise à la disposition des évêques de toutes les églises métropolitaines, cathédrales, paroissiales et autres, non aliénées, nécessaires au culte.

» Sa Sainteté, pour le bien de la paix et l'heureux rétablissement de la religion catholique, déclare que ni elle ni ses successeurs ne troubleront en aucune manière les acquéreurs des biens ecclésiastiques aliénés, et qu'en conséquence la propriété de ces mêmes biens, les droits et revenus y attachés demeureront incommutables entre leurs mains ou celles de leurs ayants-cause (1). Le gouvernement assurera un traitement convenable aux évêques et aux curés dont les diocèses et les paroisses seront compris dans la circonscription nouvelle (2).

» Enfin, l'article dix-sept prévoit le cas où quelqu'un des successeurs du Premier Consul ne serait pas catholique; la nomination aux évêchés devrait, si cette circonstance se présentait, faire l'objet d'une nouvelle convention. »

L'article premier du Concordat accordait, nous l'avons dit, la publicité au culte catholique, sous la réserve qu'il se conformerait aux règlements de police que le gouvernement jugerait à propos d'édicter pour garantir la tranquillité publique.

Ces règlements ont fait l'objet d'articles organiques, qui sont devenus par le fait de véritables corol-

(1) Art. 13.
(2) Art. 14.

laires du Concordat. C'est là que se révèle dans toute leur splendeur les inconvénients de l'empiétement des pouvoirs civil et religieux l'un sur l'autre, conséquence fatale des rapports créés entre eux par la question financière; l'un donnant, et l'autre recevant du premier, que ce soit d'ailleurs à titre de rétribution pour un service public ou d'arrérages d'une dette antérieurement contractée. Ces fameux articles, si souvent invoqués, sont au nombre de 77, divisés en quatre titres : le premier traite du régime de l'Église catholique dans ses rapports généraux avec les droits et la police de l'État; le second, des ministres; le troisième, du culte, et le quatrième, de la circonscription des archevêchés, des évêchés et des paroisses, des édifices destinés à la célébration des cérémonies religieuses et du traitement des ministres.

Plusieurs de ces articles violent manifestement la liberté de conscience: le premier, tout d'abord, qui se rattache davantage à la liberté de l'enseignement religieux ou dogmatique qu'à l'observance des rites, mais dont nous ferons cependant la critique à cette place, pour éviter la confusion entre la liberté de l'enseignement religieux donné dans les édifices spécialement affectés aux cultes et celle de ce même enseignement dans les écoles, à laquelle nous consacrons le chapitre suivant.

Voici ce que dit l'article premier : « Aucune bulle, bref, rescrit, décret, mandat, provision, signature servant de provision, ni autres expéditions de la cour de Rome, même ne concernant que les particuliers, ne pourront être reçus, publiés, imprimés, ni autrement mis à exécution, sans l'autorisation du gouvernement. »

Or, s'il est absolument légitime que l'État prenne ses précautions contre les doctrines politiques qui pourraient chercher à troubler l'ordre et à lui susciter des embarras, il n'en est pas moins vrai que, n'ayant aucun titre pour juger les questions religieuses, il ne devrait pas logiquement être ainsi l'intermédiaire obligé des interprétations et des obligations qu'elles entraînent. Et qu'on ne nous dise pas que les pouvoirs publics, en conservant cette tradition d'un autre âge, entendent se mettre en garde par ce moyen contre des théories susceptibles de les battre en brèche; les documents qui émanent du Chef de l'Église omaine ont un caractère d'universalité qui est le plus garant pour les gouvernants qu'aucun d'eux ne ut être pris spécialement à parti. Allons même plus loin, si ce cas se présentait par impossible, eh bien! mais, il y a la répression judiciaire qui doit être la même pour les conspirateurs et fauteurs de désordre, quels qu'ils soient. Pourquoi appliquer au clergé catholique un régime d'exception? Vous vous désintéressez, soi-disant, ministres et hommes politiques, de la question religieuse, et vous conservez, lorsque vous ne les créez pas, des mesures spéciales à son égard.

Ah! je le sais, vos partisans me répondront, s'ils sont francs, que c'est pour de bons motifs que vous prenez de telles précautions, que vous craignez l'influence trop grande que pourrait prendre cette puissante organisation catholique si profondément implantée dans notre pays. A cela je répliquerai qu'il faut être, quelques prétextes qu'on ait à invoquer, conséquent avec ses principes : si vous êtes libéraux, appliquez le régime de la liberté, ou bien alors, ayez franchement le courage de votre opinion et traquez au grand jour l'ennemi commun. Faites une seconde révocation de l'édit de Nantes; vous devez savoir quels heureux résultats nous a donnés la première.

Ou plutôt, en bonne foi, soyez honnêtes et bas les masques! Notre tâche, à nous, philosophes, défenseurs de la liberté de conscience, sera rendue d'autant plus facile que nous connaîtrons mieux le but que vous poursuivez. Notre devoir, en attendant, est de chercher à découvrir vos desseins pour que justice en soit faite une fois pour toutes. Pourquoi voulez-vous d'ailleurs que l'épiscopat, issu comme vous de la démocratie, soit hostile à vos vues, si vous ne le persécutez pas? Laissez-lui sa place, bien franche, bien loyale, au soleil, comme aux représentants des autres doctrines philosophiques ou religieuses, et ces fils du peuple, qui forment la grande majorité du clergé français, ne demanderont pas mieux que de considérer tous ceux au milieu desquels ils sont appelés à vivre, républicains, radicaux, royalistes, impérialistes, possibilistes et autres, comme des frères, ainsi que le leur commandent les préceptes de leur maître, le Christ.

Pour justifier cette digue opposée par le pouvoir civil aux envahissements redoutés de la religion catholique et de ses ministres, on a tiré argument de ce fait, que tous les gouvernements n'avaient jamais cessé de prendre jusqu'au Premier Consul, et nous pouvons même ajouter jusqu'à nos jours, leurs précautions contre cette éventualité; que les principaux points litigieux ne sont que l'énumération des libertés de l'Église gallicane reconnues depuis si longtemps et

6

la reproduction des fameux quatre articles de la déclaration de 1682, imposés au clergé; qu'est-ce que cela prouve, sinon qu'on a toujours créé pour cette religion catholique, ou gallicane, un régime spécial? Est-ce là, ô législateurs actuels, votre désintéressement de la question religieuse, est-ce ainsi que, successeurs des généreux patriotes de 1789, vous continuez leur tradition, que vous appliquez la loi de l'émancipation intellectuelle pour laquelle ils ont combattu, est-ce ainsi que vous comprenez la liberté des cultes?

Libres dans la limite du bon plaisir, cela vous paraît-il bien sincèrement répondre à la grande idée que nous aimons à nous faire de l'indépendance?

Nous retrouvons effectivement une réminiscence de cette fameuse déclaration de 1682 à l'article 24 des organiques. Je le cite, afin de montrer combien peu il respecte la liberté de conscience : « Ceux qui seront choisis pour l'enseignement dans les séminaires souscriront la déclaration faite par le clergé de France en 1682, et publiée par un édit de la même année; ils se soumettront à enseigner la doctrine qui y est contenue ; et les évêques adresseront une expédition en forme de cette soumission au conseiller d'État chargé de toutes les affaires concernant les cultes ? »

Et l'article 26, tombé en désuétude au point de vue de la fortune exigée, va-t-il assez contre la doctrine de l'Évangile et les principes même de la démocratie! « Les évêques ne pourront, dit-il, ordonner aucun ecclésiastique, s'il ne justifie d'une propriété produisant au moins un revenu annuel de trois cents francs, s'il n'a atteint l'âge de vingt-cinq ans, et s'il ne réunit les qualités requises par les canons reçus en France.

Ils ne feront aucune ordination avant que le nombre des personnes à ordonner ait été soumis au gouvernement et par lui agréé. »

L'article 52 est aussi absolument arbitraire et contraire à la liberté de la discussion, qui est le seul moyen de convaincre les intelligences. « Les curés, dit-il en effet, ne se permettront, dans leurs instructions, aucune inculpation directe ou indirecte, soit contre les personnes, soit contre les autres cultes autorisés dans l'État. »

Deux inconséquences sautent immédiatement aux yeux, en lisant cette mise en demeure, limitative de leur mission, adressée par l'État, agissant de sa seule autorité cette fois, car le Pape Pie VII protesta dès l'apparition des articles organiques, aux dispensateurs de la doctrine catholique. Tout d'abord, la démarcation établie entre les cultes reconnus et ceux qu'on n'a pas jugés dignes de semblable faveur! L'État, qui se désintéresse de la question religieuse, qui ne saurait se prononcer entre les différentes doctrines auxquelles il accorde la consécration officielle, en sait cependant assez pour abandonner à la discussion et aux critiques des cultes en possession d'état ceux qui ne comptent qu'un nombre trop restreint d'adhérents pour qu'il en soit tenu compte, ou ceux qui pourraient se créer dans l'avenir par suite de l'évolution intellectuelle spéciale à l'humanité. Ces derniers, on les abandonne; on peut écraser dans l'œuf ces embryons de gêneurs; mais quant aux autres, n'y touchez pas! Décidément, notre civilisation a beaucoup à faire encore pour approcher de la perfection, et ce n'est pas seulement en Allemagne que la force prime le droit. Allons, messieurs nos mandataires, un bon mouvement, travaillez cette question de la liberté religieuse, et faites-la aboutir ; ce sera dignement fêter le centenaire de la grande œuvre commencée par vos immortels ancêtres ! Mais, il y a fort à supposer que vous ne le ferez pas !

La seconde absurdité qu'énonce cet article, c'est l'interdiction de discuter les différents cultes autorisés. Si le mot *culte* est considéré comme la pratique extérieure des prescriptions d'une doctrine, interdire la discussion du culte, c'est en même temps interdire la discussion de la doctrine, car ces deux questions sont tellement connexes, et la distinction tellement subtile, qu'il est presque impossible d'effleurer l'une sans toucher en même temps à l'autre. C'est donc, en fait, astreindre les curés à borner leur enseignement au simple exposé des préceptes de leur religion. Mais le moyen de la rendre forte, cette religion, n'est-ce pas de montrer que tous les arguments qu'on lui oppose ne portent pas, que les autres pêchent par quelque endroit, enfin qu'elle est la seule vraie, car, se croyant en possession de la vérité, ses prêtres ne peuvent admettre de partage, ni la laisser attaquer sans la défendre?

Revenons-en donc au principe, cela vaudra mieux. Prêchons à temps et à contre-temps la tolérance pour les personnes, au besoin tenons-y la main, mais ne demandons pas semblable indulgence pour les doctrines qui sont forcément exclusives, et qui, dès qu'elles se produisent, s'offrent d'elles-mêmes à la discussion.

Voici dans son entier le Titre III des articles organiques qui concerne spécialement le culte :

Art. 39. — Il n'y aura qu'une liturgie et un catéchisme pour toutes les églises catholiques de France.

ART. 40. — Aucun curé ne pourra ordonner des prières publiques extraordinaires dans sa paroisse, sans la permission spéciale de l'évêque.

ART. 41. — Aucune fête (à l'exception du dimanche) ne pourra être établie sans la permission du gouvernement.

ART. 42. — Les ecclésiastiques useront, dans les cérémonies religieuses, des habits et ornements convenables à leur titre ; ils ne pourront, dans aucun cas, ni sous aucun prétexte, prendre la couleur et les marques distinctives réservées aux évêques.

ART. 43. — Tous les ecclésiastiques seront habillés à la française et en noir. Les évêques pourront joindre à ce costume la croix pastorale et les bas violets.

ART. 44. — Les chapelles domestiques, les oratoires particuliers, ne pourront être établis sans une permission expresse du gouvernement, accordée sur la demande de l'évêque.

ART. 45. — Aucune cérémonie religieuse n'aura lieu hors des édifices consacrés au culte catholique, dans les villes où il y a des temples destinés à différents cultes.

ART. 46. — Le même temple ne pourra être consacré qu'à un même culte.

ART. 47. — Il y aura, dans les cathédrales et paroisses, une place distinguée pour les individus catholiques qui remplissent les fonctions civiles et militaires.

ART. 48. — L'évêque se concertera avec le préfet pour régler la manière d'appeler les fidèles au service divin par le son des cloches. On ne pourra les sonner pour toute autre cause sans la permission de la police locale.

Art. 49. — Lorsque le gouvernement ordonnera des prières publiques, les évêques se concerteront avec le préfet et le commandant militaire du lieu, pour le jour, l'heure et le mode d'exécution de ces ordonnances.

Art. 50. — Les prédications solennelles appelées sermons, et celles connues sous le nom de stations de l'Avent et du Carême, ne seront faites que par des prêtres qui en auront obtenu une autorisation spéciale de l'évêque.

Art. 51. — Les curés, aux prônes des messes paroissiales, prieront et feront prier pour la prospérité de la République française et pour les Consuls.

Art. 52. — Ils ne se permettront, dans leurs instructions, aucune inculpation directe ou indirecte, soit contre les personnes, soit contre les autres cultes autorisés par l'État.

Art. 53. — Ils ne feront au prône aucune publication étrangère à l'exercice du culte, si ce n'est celles qui seront ordonnées par le gouvernement.

Art. 54. — Ils ne donneront la bénédiction nuptiale qu'à ceux qui justifieront en bonne et due forme avoir contracté mariage devant l'officier civil.

Art. 55. — Les registres tenus par les ministres du culte, n'étant et ne pouvant être relatifs qu'à l'administration des sacrements, ne pourront, dans aucun cas, suppléer les registres ordonnés par la loi pour constater l'état civil des Français.

Art. 56. — Dans tous les actes ecclésiastiques et religieux, on sera obligé de se servir du calendrier d'équinoxe établi par les lois de la République ; on désignera les jours par les noms qu'ils avaient dans le calendrier des solstices.

Art. 57. — Le repos des fonctionnaires sera fixé au dimanche.

Nous n'avons pas à examiner l'organisation intérieure de l'Église catholique, non plus que celle des autres religions reconnues. Cette affaire leur est personnelle.

Ajoutons seulement pour compléter la législation introduite par les articles organiques, en ce qui concerne plus spécialement la pratique du catholicisme, qu'outre le dimanche choisi comme jour de repos pour les fonctionnaires, Noël, l'Ascension, l'Assomption et la Toussaint sont les seules fêtes officiellement conservées. Celles de Pâques et de la Pentecôte ne figurent pas dans cette nomenclature, parce qu'elles tombent toujours un dimanche.

Lorsqu'un édifice public a été régulièrement affecté au service d'un culte, sa destination ne peut être changée sans l'autorisation des pouvoirs établis. La commune, bien qu'elle en soit propriétaire, n'a pas le droit d'en disposer pour d'autres usages sans cette permission.

Les cérémonies de la religion catholique peuvent être célébrées dans les bâtiments connus sous le nom d'églises, dans les chapelles des établissements publics ou particuliers autorisés par le gouvernement, dans les rues et sur les places des villes où il n'existe pas d'église consistoriale légalement reconnue, sur les chemins des différentes communes de France, et enfin dans les cimetières.

L'autorité civile, représentée par les préfets et les

maires, a toujours cependant le droit d'interdire les manifestations religieuses en dehors des édifices spécialement affectés à leur usage, lorsqu'elle a des motifs de craindre que l'ordre public puisse en être troublé.

Pour assurer l'exécution de ces conventions et maintenir ses prérogatives de police, le gouvernement a le recours pour abus de pouvoir devant le Conseil d'État. Celui-ci juge de la faute commise et le décret, qui clôt la procédure, punit le prêtre coupable par voie de saisie du temporel.

Le droit de suspendre ou de supprimer les traitements ecclésiastiques par mesure disciplinaire s'applique indistinctement à tous les ministres des doctrines salariées par l'État (1).

Les autres cultes, en dehors du catholicisme, subventionnés par le gouvernement français, sont, nous l'avons dit, les cultes protestants, israélite et musulman.

§ 2. — CULTES PROTESTANTS

Parmi les nombreuses Églises engendrées par le protestantisme, deux seulement sont reconnues en France : l'Église réformée ou calviniste, et l'Église de la confession d'Augsbourg ou luthérienne.

Les rapports de ces deux variétés de la même religion avec l'État sont établis et réglés dans la troisième partie de la loi du 18 germinal de l'an X, sous le titre d'ar-

(1) Avis du Conseil d'État (23 avril 1883).

ticles organiques du culte protestant. Ils furent sanctionnés le même jour que le Concordat intervenu entre le Pape et le gouvernement consulaire. Cette réglementation ayant été reconnue insuffisante, fut complétée par le décret législatif du 26 mars 1852, et par les articles 1, 2 et 4 du décret du 19 mars 1859 sur les autorisations et révocations relatives à l'ouverture de nouveaux temples, chapelles ou oratoires destinés à l'exercice public des cultes protestants admis par la loi de l'an X.

Voici, pour donner une idée d'ensemble sur le régime qu'ils imposent, les plus importants de ces articles organiques, particuliers aux Églises protestantes, et les principales dispositions du décret-loi du 26 mars 1852 qui les a complétés :

« Nul ne pourra exercer les fonctions du culte s'il n'est Français (articles organiques des cultes protestants de la loi du 18 germinal, an X, art. 1er). — Aucune décision doctrinale ou dogmatique, aucun formulaire, sous le titre de confession ou sous tout autre titre, ne pourront être publiés ou devenir la matière de l'enseignement avant que le gouvernement en ait autorisé la publication ou la promulgation (art. 4). — Aucun changement dans la discipline n'aura lieu sans la même autorisation (art. 5). — Il sera pourvu au traitement des Églises consistoriales (art. 7). — Les professeurs de toutes les académies ou séminaires seront nommés par le premier Consul (art. 11).

» Chaque paroisse ou section d'église consistoriale a un conseil presbytéral, composé de quatre membres laïques au moins, de sept au plus, et présidé par le pasteur ou par l'un des pasteurs; il y a une paroisse partout où l'État rétribue un ou plusieurs pasteurs. Les conseils presbytéraux administrent les paroisses sous l'autorité des consistoires; ils sont élus par le suffrage paroissial et renouvelés par moitié tous les trois ans; sont électeurs les membres de l'église portés sur le registre paroissial (Décret du 25 mars 1852, art. 1er). — Les conseils presbytéraux des chefs-lieux de circonscriptions consistoriales recevront du gouvernement le titre de consistoires et les pouvoirs qui y sont attachés. Dans ce cas, le nombre des membres du conseil presbytéral sera doublé; tous les pasteurs du ressort consistorial seront membres du consistoire, et chaque conseil presbytéral y nommera un délégué laïque (art. 2). — Les protestants des localités où le gouvernement n'a pas encore institué de pasteur seront rattachés administrativement au consistoire le plus voisin (art. 4). »

Des deux cultes protestants reconnus, le premier, d'après l'ordre suivi dans les lois de l'an X et de 1852, l'Église réformée, a pour caractère essentiel d'être régi par le gouvernement presbytérien synodal, comprenant des pasteurs, des consistoires locaux et des synodes. Le décret législatif du 26 mars 1852 (art. 6 et 7) a complété son organisation civile par l'institution à Paris d'un conseil central des églises réformées de France, destiné à servir d'intermédiaire influent entre l'administration et le synode, d'organe sincère et efficace des intérêts collectifs. L'autorité publique, par un arrêté ministériel du 10 septembre 1852, a déterminé les conditions civiles et administratives de l'électorat qui lui est spécial; mais c'est aux églises seules qu'il appartient de régler et de reconnaître les justifications et les garanties religieuses exigées pour l'exercice du droit électoral des membres adhérents au calvinisme (1).

« Un décret du 28 février 1874, qui donna lieu à de nombreuses discussions, a autorisé la publication d'une déclaration de foi votée par le synode général des Églises réformées de France et d'Algérie. Il était destiné à compléter les dispositions législatives concernant les attributions des consistoires qui suivent :

» Les consistoires veilleront au maintien de la discipline, à l'administration des biens de l'Église et à celle des deniers provenant des aumônes (articles organiques des cultes protestants de l'an X, art. 20). — Les assemblées extraordinaires des consistoires ne pourront avoir lieu sans l'autorisation du sous-préfet, ou du maire en l'absence du sous-préfet (art. 22). — Les membres des consistoires seront élus par la réunion des vingt-cinq chefs de famille protestants les plus imposés au rôle des contributions directes ; cette réunion n'aura lieu qu'avec l'autorisation et en présence du préfet ou du sous-préfet (art. 24). — Les pasteurs ne pourront exercer qu'après avoir prêté entre les mains du préfet le serment exigé des ministres du culte catholique (art. 26). — Les synodes veilleront sur tout ce qui concerne la célébration du culte, l'enseignement de la doctrine et la conduite des affaires ecclésiastiques ; toutes les décisions qui émaneront d'eux, de quelque nature qu'elles soient, seront soumises à l'approbation du gouvernement (art. 30). — Les synodes ne pourront s'assembler que lorsqu'on en aura rapporté la permis-

(1) Conseil d'État (3 août 1866).

sion du gouvernement ; l'assemblée sera tenue en présence du préfet ou du sous-préfet (art. 31). — Les pasteurs de l'Église réformée sont nommés par le consistoire ; le conseil presbytéral de la paroisse intéressée pourra présenter une liste de trois candidats classés par ordre alphabétique (Décret du 26 mars 1852, art. 7).

» L'Église luthérienne ou de la Confession d'Augsbourg est astreinte, relativement à la circonscription et au régime des églises et des consistoires, aux mêmes règles que celles prescrites pour les églises réformées; ce sont les bases presbytériennes communes aux deux cultes protestants reconnus par l'État. Mais au-dessus des églises et des consistoires locaux, cette Confession a pour caractère particulier de posséder une hiérarchie mixte, où se trouvent combinés les principes d'élection et d'autorité; cette hiérarchie comprend les inspections, un consistoire supérieur qui, avant les mutilations imposées à la France en 1871, siégeait à Strasbourg et à Colmar, et un directoire entre les mains duquel se concentrent les pouvoirs de toutes les églises. Le décret du 26 mars 1852 a eu pour objet, dans ses dispositions spéciales à ce culte, de donner au principe d'autorité sur le principe électif, une action plus forte et plus soutenue que ne l'avait fait la loi de l'an X.

» Les églises et les consistoires de la Confession d'Augsbourg sont placés sous l'autorité du consistoire supérieur en général, et du directoire (décret du 26 mars 1852, art. 8). Le consistoire supérieur est convoqué par le gouvernement, soit sur la demande du directoire, soit d'office; il se réunit au moins une fois par an (art. 10). — Le directoire est composé du président, d'un membre laïque et d'un inspecteur ecclésiastique, nommés par le gouvernement, de deux députés nommés par le consistoire supérieur. Le directoire exerce le pouvoir exécutif; il nomme les pasteurs et soumet leur nomination au gouvernement (art. 11). — Les inspecteurs ecclésiastiques sont nommés par le gouvernement, sur la présentation du directoire (art. 12) (1). »

Le contrôle de l'autorité civile sur l'administration intérieure des religions protestantes est, on le voit, plus direct encore que celui qu'elle exerce sur l'Église catholique. On a donné comme motif que ces confessions, étant de leur nature souverainement indépendantes, pourraient dans certains cas créer davantage obstacle à l'action gouvernementale. Cette explication ne saurait justifier, en principe, cette défiance perpétuelle de l'Etat à l'égard de doctrines qui ne concernent que l'être intime, et les ministres d'un culte quelconque ne sont pas assimilables à des fonctionnaires publics, obligés de prêter serment au représentant du pouvoir que le suffrage universel investit de sa confiance. Ils ne lui doivent obéissance qu'en tant que citoyens. Enfin, si l'on admet que la raison est le grand inspirateur qui doit nous guider dans la vie, cette prestation du serment ne choque-t-elle pas, de prime abord, l'idée que nous aimons à nous faire de l'indépendance morale, garantie par nos différentes constitutions? Comment, à notre époque, où les idées les plus hardies au point de vue social, ont le droit de se produire, maintenir des réserves de ce genre dans

(1) *Cours de Droit administratif*, par M. Th. Ducrocq, t. I, p. 611 et suiv.

l'ordre religieux, où l'Etat n'a pas qualité pour intervenir : « Toutes les décisions qui émaneront des synodes, de quelque nature qu'elles soient, seront soumises à l'approbation du gouvernement; ceux-ci ne pourront s'assembler que lorsqu'on en aura rapporté la permission du gouvernement, en présence du préfet ou du sous-préfet; le consistoire supérieur de la Confession d'Augsbourg peut être convoqué d'office par le gouvernement ? » Ne voit-on pas quelle contradiction flagrante existe entre cette manière de comprendre la liberté de conscience et la notion que nous en donne le simple bon sens, auquel les pontifes du jour prétendent cependant laisser libre carrière et qu'ils déclarent reconnaître comme souverain juge dans le domaine des idées philosophiques et religieuses? Ne voit-on pas quels obstacles le gouvernement pourrait opposer, avec de telles armes, à une doctrine qui n'aurait pas sa faveur ?

Mais poursuivons notre étude, en parlant maintenant du culte israélite. Aussi bien devrons-nous revenir sur toutes ces anomalies dans notre chapitre final, pour justifier nos conclusions.

§ 3. — CULTE ISRAÉLITE

Nous avons vu que l'Assemblée nationale, lorsqu'elle s'inquiéta de la capacité civique à reconnaître aux protestants, avait cru devoir réserver la question en ce qui concerne les Juifs, dans leur intérêt même, pour ne pas les exposer aux rancunes populaires.

« L'organisation actuelle du culte israélite dans ses rapports avec l'État a pour point de départ un règlement délibéré par les Juifs eux-mêmes, en assemblée générale, à Paris, le 10 décembre 1806, et approuvé par décret impérial du 17 mars 1808. Il a d'abord été modifié, en ce qui concerne les mesures pour subvenir au traitement des rabbins, par la loi du 8 février 1841, qui leur appliqua le principe du salaire accordé par l'État aux ministres des cultes reconnus. Plus tard, une ordonnance royale du 25 mai 1844, rendue conformément à un règlement élaboré avec la participation de tous les consistoires israélites de France, est venue réglementer plus complètement leur organisation nationale, qui comporte : 1° un consistoire central résidant à Paris, et un grand rabbin du consistoire central, seul chef suprême de la religion juive en France, désigné par l'élection soumise à l'approbation du gouvernement ; 2° des consistoires départementaux et des grands rabbins des consistoires départementaux ; 3° des rabbins communaux, des ministres officiants, et 4° un corps de notables.

» La composition et les attributions de ce corps de notables sont actuellement réglées par un décret du 29 août 1872 ; il est spécialement chargé d'élire : 1° le grand rabbin consistorial ; 2° quatre membres laïques du consistoire départemental ; 3° un membre laïque du consistoire central ; 4° deux délégués pour participer à l'élection du grand rabbin du consistoire central.

» Aux termes des articles 7 et 24 de l'ordonnance de 1844, l'élection du grand rabbin et des membres laïques des consistoires central et départementaux est soumise à l'agrément du pouvoir exécutif ; mais s'il s'élève des réclamations touchant les opérations électorales, elles sont portées, par la voie administrative, devant le ministre des cultes, qui prononce définitivement, en vertu de l'article 34 de l'ordonnance (1). »

L'idée dominante qui a présidé à notre législation des cultes, la haute-main mise sur leurs ministres, continue à prévaloir ici encore. L'État se réserve l'investiture! En ce qui concerne la doctrine, il s'en préoccupe moins vis-à-vis de la religion juive, immuable par essence et ne prêtant pas, comme le catholicisme, au développement de ses dogmes.

Mais, est-il possible de comprendre ici plus qu'ailleurs cette ingérence du pouvoir civil, intervenant dans les opérations d'administration intérieure d'une Église complétement hors du ressort de l'État, qui se déclare lui-même neutre et incompétent en semblable matière?

§ 4. — CULTE MUSULMAN

Enfin, nous le savons, le gouvernement français salarie de plus, en Algérie, les ministres de la religion musulmane; le décret du 26 août 1881 reconnaît les deux rites *maléki* et *hanéfi*, dont les prêtres portent indistinctement le nom de *muphtis*. Les cultes protestants et israélite ont également dans notre colonie africaine des consistoires, mixtes en raison du petit nombre de leurs adhérents, sur lesquels l'État exerce son contrôle, tout comme en France. Quant à l'Église catholique, son organisation est partout la même; les membres du clergé, aux différents degrés de la hié-

(1) *Cours de Droit administratif*, par M. Th. Ducrocq, t. I, p. 613.

rarchie, sont rémunérés comme leurs confrères de la mère-patrie et soumis, comme eux, à suivre les prescriptions du Concordat et des articles organiques.

II. — *Des communautés religieuses.*

La question des communautés religieuses se rattache intimement à celle de la liberté de conscience.

De quel droit donc, un gouvernement peut-il empêcher des individus, hommes ou femmes, de se réunir, de vivre en commun, de faire vœu de chasteté, si cela leur plaît, tant que l'hommage qu'ils prétendent rendre ainsi à leur dieu, ne trouble pas l'ordre social ?

Et, en parlant de l'ordre social, j'entends cette harmonie de la société humaine, telle que nous la fait concevoir notre sens intime, et non ces règlements qui peuvent être édictés par un gouvernement unipersonnel ou multiple, peu importe sa forme, à l'encontre précisément de l'ordre véritable.

Les droits de l'homme, en effet, destiné par sa nature même à vivre en société, non pas ces fameux droits proclamés par les quatre ou cinq déclarations élaborées par nos différentes assemblées depuis un siècle, mais bien ceux inhérents à son être et à sa nature, sont antérieurs et supérieurs aux législations successives. Tout ce qui porte atteinte à leur libre exercice, est acte despotique, quelle que soit la majorité nationale qui prétende l'imposer par les votes de ses représentants. Cette tyrannie de la majorité, si versatile, si influençable, est le plus dangereux ennemi de la liberté, parce qu'elle défend, soi-disant, les revendications du grand nombre et que jusqu'à présent on s'est complu à croire que l'univers était peuplé de plus d'opprimés que d'oppresseurs, et aussi que ces victimes, généreuses dans leur infortune, avaient principalement à cœur de défendre la dignité de l'existence humaine, dont l'affranchissement individuel est la meilleure garantie.

S'il en était ainsi, nous n'aurions même pas à nous occuper de la question si délicate de la liberté de conscience sous ses différents aspects, parce que des droits de l'homme, celui-là est le plus sacré et qu'un gouvernement équitable doit avoir pour premier souci de l'assurer à tous. Malheureusement le monde ne marche pas, comme on l'a dit, il tourne et ne cesse de nous représenter successivement les mêmes faces déjà connues; ces faces, pour ce qui concerne la liberté en particulier, ne nous l'ont encore jamais fait voir véritablement appliquée; il y a toujours eu, jusqu'à présent, abus de part ou d'autre. Une réaction a constamment précédé et suivi une réaction dans un sens contraire. C'est à cette série ininterrompue d'injustices criantes qu'il faut arriver à mettre fin. En y réfléchissant, quel est celui d'entre nous qui ne se révolterait pas à la pensée qu'il puisse y avoir, à notre époque, à la fin du dix-neuvième siècle, des opprimés pour la conviction religieuse qu'il leur plaît d'avoir, si restreint qu'en soit le nombre?

Et de quel droit, pour rentrer dans la question des communautés religieuses, un gouvernement représentant la majorité d'un pays, viendrait-il interdire à certaines gens de se grouper et de faire vie commune tant qu'ils ne sont pas un objet de scandale et ne contreviennent pas aux lois primordiales de l'honnêteté naturelle, dont nous avons tous les préceptes nettement fixés dans nos cœurs?

Ce serait de l'oppression, de la tyrannie, et n'y eût-il qu'une seule victime de ces mesures arbitraires, nous aurions le devoir de protester en sa faveur. Car, il y a lieu de faire une grande distinction entre les pratiques d'une religion observées en commun, à l'ombre d'un monastère, et les manifestations extérieures de cette même religion, qui peuvent amener des désordres publics là où il y a des cultes dissidents. L'État, à ce point de vue, ayant pour mission d'assurer le calme de la rue, a le droit de prendre certaines précautions contre ce qu'il prévoit devoir y porter atteinte. Mais les communautés religieuses, dont l'essence est la réunion de plusieurs adeptes pour s'encourager au bien, dans un local particulier, ne sont pas assimilables à ces manifestations extérieures et collectives. Un but politique seul peut les faire dénoncer comme dangereuses. C'est au nom de la liberté qu'il est urgent de les défendre.

En dehors des ordres catholiques, les Juifs, dans les villes où ils forment une société à part, désignent également leur confrérie sous le nom de communauté; mais ce mot, dans le langage usuel, s'applique surtout aux collectivités d'hommes ou de femmes, qui font profession de suivre la doctrine du Christ. On divise celles-ci en communautés régulières et séculières, enseignantes et non enseignantes.

On appelle communautés régulières les institutions composées de chanoines, de moines ou de religieuses soumis à des vœux solennels; les séculières sont les séminaires, les réunions de prêtres et autres ecclésiastiques, qui ne se lient pas pour toute leur vie et ne sont astreints à aucune règle particulière.

Pour avoir une existence légale, ces corporations doivent être autorisées par le gouvernement; encore ne peuvent-elles l'être, dans l'état de la législation actuelle, en ce qui concerne les communautés religieuses d'hommes, que dans des limites fort restreintes et dans la forme de reconnaissance comme établissements d'utilité publique. L'Assemblée constituante, en effet, a supprimé les ordres monastiques dans lesquels on fait des vœux perpétuels, qu'au nom de la liberté individuelle, inaliénable pour toujours, elle ne pouvait approuver; et aucune déclaration officielle n'est venue depuis abroger ces dispositions.

Un décret du 3 messidor an XII a confirmé la prohibition collective prononcée par la loi de 1790; mais, admettant une exception fondée sur l'intérêt qui s'attache aux classes malheureuses, il autorisait cependant les congrégations de Sœurs de charité, à la charge par elles de faire vérifier leurs statuts en Conseil d'Etat. Un autre décret, en date du 18 février 1809, conçu dans le même esprit, a rétabli, par une disposition plus générale et pour le même motif, les congrégations hospitalières de femmes, dont l'objet serait de desservir les hospices ou de porter secours aux pauvres. Dans l'intervalle de ces deux décrets, visant les communautés religieuses de femmes seulement, celui du 17 mars 1808, sur l'organisation de l'Université de France, excepta (art. 109) les Frères des Écoles chrétiennes de la prohibition relative aux congrégations d'hommes, en raison des services qu'ils rendaient à l'enseignement populaire.

Semblable mesure avait été déjà prise à l'égard des Lazaristes, en l'an XII.

Les lois du 2 janvier 1817 et du 24 mai 1825 ont abrogé cet ensemble de dispositions restrictives de la liberté d'association, sous certaines réserves néanmoins, en ce qui concerne les confréries religieuses de femmes; mais l'ancienne législation a conservé toute sa vigueur, relativement à celles formées par des hommes. Sauf le cas où elles seraient reconnues par une loi, l'interdiction générale prononcée en 1790 et renouvelée en l'an XII, leur est toujours applicable.

Un décret du 31 janvier 1852, sans anéantir complètement la règle posée en 1825, est venu atténuer les formalités de procédure, en substituant, dans des circonstances assez nombreuses, l'autorisation par décret, pour les communautés religieuses de femmes, à l'autorisation législative, dont le principe continue de subsister pourtant.

Les congrégations, quelles qu'elles soient, peuvent d'ailleurs toujours être dissoutes dans la forme dont on a usé pour leur reconnaître l'existence légale.

Quant à celles qui ne sont pas autorisées, tout en échappant aux peines édictées par le code pénal sur les réunions illicites de plus de vingt personnes, puisque leurs membres sont domiciliés dans l'établissement où se tiennent les séances de l'association, elles ne subsistent que par le fait de la tolérance du gouvernement, et peuvent, du jour au lendemain, être dispersées par son ordre.

C'est cette ancienne législation, toujours en vigueur, qui permit à M. Jules Ferry de faire signer les décrets du 29 mars 1880, en réponse au rejet par le

Sénat de l'article 7 de son projet de loi sur l'enseignement supérieur.

Eh bien ! Il est indiscutable que ces vieilles dispositions sont injustes ; elles doivent être abrogées. Pour les communautés religieuses, comme pour toutes les associations, de quelque nature qu'elles soient, c'est le respect de la liberté de chacun de leurs membres qui doit être assuré avant le despotisme du gouvernement. Celui-ci ne peut être logiquement fondé à intervenir que si l'ordre social est compromis par leur existence, qu'elles vivent en commun ou qu'elles n'y vivent pas, peu importe, et non pour réglementer leur régime intérieur et les préceptes auxquels il plaît à leurs adhérents de se conformer. Enfin, si la formalité d'une déclaration pure et simple à l'autorité civile paraît admissible, afin qu'elle n'ignore rien de ce qui se passe sous son administration, on ne saurait comprendre que dans un pays où fleurit soi-disant la liberté, sous la République, le gouvernement oblige des citoyens à venir solliciter de lui l'autorisation de se réunir et de vivre ensemble, si tel est leur bon plaisir.

Je trouve dans le « Dictionnaire français illustré et Encyclopédie universelle par M. Dupiney de Vorepierre, » à l'article « Législation des cultes exercés en France (1), un résumé de l'ensemble de la question que je crois utile de citer, comme conclusion :

« Tant que le culte est simplement intérieur, y lisons-nous, et ne consiste que dans la pensée qui

(1) T. I, p. 856 et suiv.

s'élève vers l'Être suprême, il n'est soumis à aucune loi humaine, car nul, pour nous servir de l'expression de Portalis, « ne peut forcer le retranchement impénétrable de la liberté du cœur. » Mais, lorsque le culte devient extérieur, et surtout public, le législateur peut et doit intervenir pour veiller, soit à ce que la morale privée et publique ne souffre aucune atteinte de la pratique d'une religion quelconque, soit à ce que la diversité des cultes qui peuvent exister dans un même pays n'y devienne pas une cause de trouble ou de désordre, par suite des animosités et des passions dangereuses que peuvent soulever ces dissidences, ainsi que pour régler, de concert avec l'autorité spirituelle, ces questions mixtes qui prennent naissance aussitôt qu'un culte quelconque se manifeste et se réalise extérieurement; parmi ces matières, l'entretien des temples et les intérêts temporels des ministres du culte et des établissements ecclésiastiques figurent au premier rang. »

C'est bien là l'exposé de la théorie moderne relative au régime des cultes, considérés au point de vue de leurs manifestations extérieures. Nous ne saurions, toutefois, l'admettre que sous réserves en ce qui concerne l'entente entre les deux autorités, civile et spirituelle, parce qu'elle n'est que trop souvent le prélude soit d'un accord plus complet, dont la liberté de conscience devient la victime, soit de l'empiétement de l'un de ces deux pouvoirs sur les prérogatives de l'autre, d'où résultent toujours les plus funestes conséquences pour la dignité humaine.

CHAPITRE IV

LA LIBERTÉ D'ENSEIGNEMENT

La question de la liberté d'enseignement est plus difficile à traiter et à résoudre que celle des communautés religieuses, parce qu'elle concerne, non plus une faible minorité d'individus, mais la nation tout entière. C'est l'instruction donnée dans les écoles qui forme les jeunes générations dont dépendent l'avenir et la future législation des peuples. Aussi sa direction, que se disputent les différents partis, a-t-elle donné lieu aux plus violentes polémiques : les libéraux, d'une part, voulant soustraire la jeunesse à l'enseignement religieux obligatoire, et les catholiques, arguant de la neutralité de l'école, pour réclamer le droit de faire élever leurs enfants dans des établissements de leur choix auxquels le gouvernement devrait reconnaître la même capacité qu'à ceux qui portent son estampille. Il était réservé à notre époque de voir développer outre mesure l'enseignement officiel, non dans l'intention véritable de protéger la liberté de conscience, mais pour se servir de toutes les forces et ressources financières dont dispose l'élasticité budgétaire, afin de rendre de plus en plus difficile le moyen de donner l'instruction religieuse à la jeunesse, en dehors des cours imposés par le programme scolaire actuel. L'État athée veut faire des élèves à son image : c'est ainsi qu'il comprend la liberté, c'est ainsi qu'il prétend élever des générations ayant conscience de ces grands mots : liberté, égalité, fratèrnité, qui figurent pourtant sur nos monuments publics, sans aucune exception, en tête de tous nos documents officiels, et dont il n'est pas un homme politique qui ne se serve aujourd'hui pour enflammer ses auditeurs et augmenter sa popularité.

Non, mille fois non, ce n'est pas ainsi qu'on préparera notre généreuse adolescence à la grande tâche de la vie qui doit lui incomber un jour. Quand vous lui aurez appris à ne croire qu'aux démonstrations de la science, à calculer froidement le moindre de ses actes, à ne se déterminer que suivant le plus ou moins d'avantages qui doit en résulter pour elle, comment voulez-vous lui demander un jour de sacrifier ses biens, sa famille, sa vie, pour une idée grandiose, magnanime, mais qui ne lui rapportera rien, pour la Patrie par exemple? Ces appréhensions peuvent paraître exagérées; j'ai cependant l'intime conviction qu'elles ne sont malheureusement que trop vraies.

Aujourd'hui qu'on a détruit, ou cherché à détruire toutes les idées religieuses, on veut grouper la nation autour de cette grande image : la Patrie.

L'amour de la patrie, disait-on jadis, est avec l'amour de l'Église le sentiment le plus sacré du cœur de l'homme.

La patrie et l'Église, le sentiment national et le sentiment religieux, loin de s'exclure, se fortifient l'un par l'autre, s'élèvent l'un par l'autre.

La patrie est notre église du temps, comme l'Église est notre patrie de l'éternité (1).

Certes, le patriotisme est un culte, une religion, lui aussi, à qui l'on doit être constamment prêt à faire tous les sacrifices : c'est le dernier rempart qui s'oppose à l'envahissement des sentiments d'égoïsme et de personnalité qui tendent à envahir les différentes classes sociales sous l'influence des exemples qu'elles ont perpétuellement sous les yeux.

Malheureusement, avec les doctrines nouvelles, ils pénétreront plus que jamais, si nous n'y prenons garde, dans les veines de notre jeunesse, l'avenir de la nation française, si chevaleresque de son naturel cependant !

Après avoir détruit la place forte où s'abritaient les idées de Dieu et de religion, cet obstacle suprême, l'amour de la famille et du sol natal, sera le plus facile à anéantir, et je le dis avec la douleur d'une conviction profonde, si tous les honnêtes gens ne s'attachent pas à lutter contre ce courant de matérialisme dans lequel on nous plonge, bientôt nous ne croirons pas plus à la patrie qu'à l'éternité. Nous serons une nation finie, dont l'histoire ne fera mention avec éloge qu'en se reportant à l'époque où avait cours le vieil adage : *Gesta Dei per Francos*, dont nous étions autrefois si fiers et que nous semblons aujourd'hui chercher à oublier comme un souvenir importun.

Le danger que nous signalons n'a pas manqué de

(1) Le Père Lacordaire.

frapper les esprits éclairés que n'aveugle pas la recherche d'une popularité malsaine.

Pour appuyer notre dire sans abuser des citations, nous nous bornerons à rappeler l'opinion d'un de nos ministres de la guerre dont personne ne suspectera la loyauté et le discernement, le général Berthaut, qui l'a consignée dans son testament, pour lui donner ainsi plus de poids :

« De tous les sentiments qui honorent le cœur de l'homme, écrit-il, le plus puissant est incontestablement le sentiment religieux où le soldat puise l'espérance qui le soutient et le fortifie... Plus qu'aucun autre, l'homme de guerre se sent sous la main de Dieu; il a besoin de croire à une autre vie pour accepter virilement l'idée du sacrifice...

» C'est avant leur entrée au service, c'est dans les écoles, qu'on doit enseigner aux jeunes gens leurs devoirs envers la patrie et les idées fondamentales de la religion, sources de toutes les idées morales élevées, où ils puiseront plus tard l'esprit de renoncement et de sacrifice. »

Au moyen âge l'instruction portait principalement sur les questions religieuses : les curés choisissaient des clercs pour enseigner les notions primordiales et recommandaient aux parents de ne pas laisser leurs enfants dans l'ignorance. Mais c'est surtout à partir du seizième siècle que les écoles commencèrent à être régulièrement suivies. Un ambassadeur vénitien déclarait, à cette époque, qu'il n'y avait personne en France qui ne sût lire et écrire (1).

(1) *Relations des Ambassadeurs vénitiens*, I, 48.

Cette assertion était exagérée sans doute ; mais ce qui est indiscutable, c'est que le développement intellectuel n'était pas aussi négligé qu'on l'a bien voulu dire ; on parlait dès alors « d'escholes et de colléges espanduz par toutes les villes et villages du royaume » ; malheureusement, cette instruction devait s'inspirer exclusivement des notions puisées aux sources catholiques, et la liberté de conscience se trouvait violée par ce fait même.

Quant au clergé, il songeait moins à accroître le nombre des écoles qu'à obtenir des réduction[illegible]r le prix exagéré des pensions qu'exigeaient les « principaux et les précepteurs. » Il demandait aussi que leurs cours fussent soumis à la surveillance ecclésiastique ; mais cela ne doit pas surprendre, puisqu'à cette époque l'Église et l'État se prêtaient un appui réciproque, et que l'enseignement était considéré comme un droit régalien appartenant à l'État, et conséquemment à l'Église.

« A la veille des guerres de religion, le clergé craignit de perdre la suprématie qu'il avait jusqu'alors exercée sur l'enseignement. Il s'adressa au pouvoir royal pour la conserver. Un édit de 1551 prescrivit aux maîtres d'école de se faire approuver, avant d'exercer, par ceux à qui il appartenait de le faire. Cette ordonnance fut renouvelée par Henri IV, en 1606 ; par Louis XIV, en 1698. L'enseignement primaire, qui avait souffert des guerres civiles, se releva vers le milieu du dix-septième siècle, sous l'influence de la rénovation religieuse du moment. Il profita même de la propagande qui fut dirigée contre les protestants et l'on peut dire que le seul résultat bienfaisant de la révocation de l'édit de Nantes fut d'attirer plus que par le passé la sollicitude du gouvernement sur les écoles.

Louis XIV, pour faire élever les enfants des protestants dans les principes du catholicisme, n'hésita pas à décréter pour tous l'instruction primaire obligatoire. « Enjoignons, dit-il, dans la déclaration du 13 décembre 1698, à tous pères, mères, tuteurs et autres personnes qui sont chargées de l'éducation des enfants, et nommément de ceux dont les pères et mères ont fait profession de la religion prétendue réformée, de les envoyer aux dites écoles et au catéchisme, jusqu'à l'âge de quatorze ans... » Le roi ne se contenta pas d'enjoindre aux parents de faire instruire leurs enfants; il voulut leur en fournir les moyens, en provoquant l'établissement de maîtres et de maîtresses d'école dans les paroisses où il n'y en avait pas. Il prescrivit à cet effet aux communautés de s'imposer pour leur fournir la somme qui manquerait pour leur subsistance, jusqu'au chiffre de 150 livres par an pour les maîtres et de 100 livres pour les maîtresses (1). C'était le principe de la dépense obligatoire pour l'instruction mise à la charge des communes. « Les écoles, ainsi imposées par la volonté royale, paraissent avoir été plus nombreuses dans les régions de l'Est que dans les autres. En Lorraine, en 1779, on affirme que « les bourgs et les villages fourmillent d'une multitude d'écoles. Il n'y a pas de hameau, dit-on, qui n'ait son grammairien. » Il en est de même en Franche-Comté. En Champagne, on peut affirmer que toutes les paroisses étaient pourvues d'écoles. Il y en avait moins

(1) *Anciennes lois françaises*, XX, 317. — Des arrêts du Conseil, de 1665 et de 1741, forcent des paroisses à payer des maîtres. (Maggiolo : *Du Droit public et de la législation des petites écoles, de 789 à 1808*, p. 27.)

aux environs de Paris. Le zèle des évêques et l'esprit public avaient plus contribué à leur développement que les ordonnances royales.

» Au milieu du dix-huitième siècle, l'Église, l'État, la Communauté concourent à la nomination des recteurs d'école. L'Église approuve et surveille ; l'intendant autorise et sanctionne ; mais c'est la communauté d'habitants qui choisit le recteur et qui traite avec lui. On ne peut imposer aux pères de famille un maître qu'ils ne connaissent pas, et les pères de famille sont appelés à fixer les honoraires qu'ils paieront à l'homme chargé d'instruire leurs enfants. Lorsqu'en 1787 on établit des municipalités dans les villages, on crut d'abord qu'il faudrait leur attribuer la nomination des maîtres. Telle ne fut pas l'opinion de la commission intermédiaire de l'assemblée provinciale de Champagne. Nous la reproduisons en entier, parce qu'elle nous semble affirmer des principes justes sur cette question : « Les gages des maîtres d'école, dit la commission, sont généralement payés par chaque chef de famille ; tout habitant a un droit personnel pour voter sur la conservation, le renvoi ou le remplacement de ces hommes publics, et nous pensons que les délibérations des municipalités relatives à ces questions doivent être prises et confirmées dans une assemblée générale des habitants... Ces assemblées, ajoute la commission en parlant des municipalités, ne sont pas assez nombreuses ni assez éclairées pour traiter des affaires les plus importantes, et il serait dangereux de confier à trois ou à six personnes les intérêts généraux et particuliers de tous les habitants (1). »

(1) Lettre du 17 juin 1788. (*Arch. de l'Aube*, c. 1183.)

» Dans beaucoup de pays, l'école était ouverte seulement pendant les mois d'hiver. Aussi les enfants y restaient-ils souvent jusqu'à seize ou dix-huit ans. Le *nec plus ultra* de l'instruction primaire, c'était la lecture des vieux manuscrits. Les paysans voulaient que le recteur sût les déchiffrer, afin qu'il pût leur faire connaître, en cas de besoin, le texte des anciennes chartes de la communauté.

» Pour les différentes fonctions qu'ils avaient à remplir, les recteurs d'école recevaient, à défaut de fondations, des gages payés par la communauté ou par les habitants, à raison d'une somme déterminée par feu et d'ordinaire plus élevée pour les laboureurs que pour les manouvriers. L'assistance aux mariages et aux enterrements était rémunérée séparément. La rétribution scolaire variait suivant l'enseignement donné, les localités et les époques.

» Les ordonnances avaient également prescrit l'ouverture d'écoles de filles; les conciles et les évêques avaient interdit les écoles mixtes; mais il n'y a pas de loi contre la force des choses, et les évêques ne furent pas plus écoutés que les rois, parce qu'il était impossible à la plupart des communautés de payer des maîtresses d'école. Les évêques même autorisèrent, au XVIIIe siècle, sous certaines conditions, les écoles mixtes qu'avaient proscrites leurs prédécesseurs (1). »

« La liberté d'enseignement proprement dite n'existait pas dans notre ancienne société française, écrit M. de Montalembert, mais le monopole de l'instruction publique ne fut jamais connu de nos ancêtres. Des

(1) Babeau : *Le Village sous l'ancien régime*, p. 285 et suiv.

universités indépendantes les unes des autres, des corporations religieuses rivales, enseignaient avec tout le bénéfice de la liberté des méthodes ; la concurrence entretenait et accroissait la force des études. L'enseignement se trouvait presque partout alors entre les mains du clergé : l'histoire ne lui reprochera pas d'avoir mal gardé parmi nous le dépôt des connaissances humaines.

» Il y eut un projet de loi sur la liberté de l'enseignement proposé par une commission de l'Assemblée constituante. Ce projet ne put être discuté, mais il déclarait en propres termes qu'il serait libre à tout particulier de former des établissements d'instruction, sous la condition d'en instruire les municipalités et de publier leurs réglements. Dans son exposé des motifs, M. de Talleyrand disait : « Si chacun a le droit de recevoir les bienfaits de l'instruction, chacun a réciproquement le droit de concourir à la répandre ; car c'est du concours et de la rivalité des efforts individuels que naîtra toujours le plus grand bien. La confiance seule doit déterminer le choix pour les fonctions instructives. Tous les talents sont appelés de droit à disputer le prix de l'estime publique. Tout privilége est par sa nature odieux ; en matière d'instruction publique, il serait plus odieux et plus absurde encore. »

« Sous le Consulat, voici ce que disait dans son rapport au premier consul, Chaptal, alors ministre de l'Instruction publique : « Tout privilége est odieux de sa nature ; il serait absurde en matière d'instruction. L'autorité n'a que le droit d'exiger de celui qui exerce la profession d'instituteur les obligations qu'elle impose à tous les citoyens dévoués à une profession quelconque. Elle a sur lui une surveillance qui doit être d'autant plus active que l'exercice de cette profession intéresse plus spécialement la morale publique : là se bornent tous les pouvoirs du gouvernement. Ainsi, il dérive de la nécessité d'associer l'instruction publique et de la rendre générale et accessible à tous, que le gouvernement doit créer partout des écoles publiques. Mais il appartient aux droits d'un chacun d'ouvrir des écoles et d'y admettre les enfants de tous ceux qui n'auraient pas pour l'instituteur public le degré de confiance nécessaire. De la liberté d'enseignement doit naître cette rivalité précieuse entre les instituteurs, qui concourra toujours au profit de la morale de l'instruction. »

« Plus loin, Chaptal ajoutait qu'un système contraire aurait les plus affreuses conséquences, car : « Le gouvernement, maître absolu de l'instruction, pourrait tôt ou tard la diriger au gré de son ambition ; ce levier, le plus puissant de tous, deviendrait entre ses mains le premier mobile de la servitude ; toute émulation serait éteinte, toute pensée libre serait un crime. »

« Quand Napoléon mit la main à l'œuvre pour relever tant de débris, il pensa tout de suite, avec ses grands instincts de gouvernement, que le clergé devait être l'instituteur de la jeunesse française ; « Napoléon, dit l'abbé de Pradt (1), n'a jamais balancé sur la nécessité de remettre l'instruction publique au clergé. J'ignore si c'est un bon système, mais je suis bien sûr que c'était le sien. C'est là son métier ; cela leur appartient, disait-il. « Les démêlés de Bonaparte avec l'Église

(1) *Les quatre Concordats.*

l'arrêtèrent dans cet ordre d'idée; mais lorsqu'il organisa son vaste monopole de l'Université, il décréta que « toutes les écoles de l'Université impériale prendraient pour base de leur enseignement les préceptes de la religion catholique. » C'était l'article 38 du décret constitutif de 1808 : on y trouvait une garantie, une sauvegarde (1). »

« Avant la Révolution, écrit de son côté M. Jules Simon (2), il y avait un grand nombre de corps enseignants, parmi lesquels les jésuites et les oratoriens dont les doctrines étaient fort loin de s'accorder. Lorsque l'Empereur entreprit de remettre les études en honneur, il fonda, sous le nom d'Université, une sorte de corporation laïque, gouvernée par un grand maître, ayant ses règlements, sa discipline, sa pénalité, ses récompenses honorifiques, comprenant tous les degrés et toutes les matières de l'enseignement, et réunissant toutes les écoles sous son autorité. Cette Université, d'après la définition même de son organisateur, M. de Fontanes, n'était autre chose que l'Etat enseignant. Elle laissa subsister à côté d'elle des écoles d'enseignement primaire et secondaire, mais en leur imposant des conditions onéreuses et un véritable vasselage. Ces écoles furent astreintes à obtenir de l'Université l'autorisation d'exister; elles durent lui payer un tribut pécuniaire, accepter d'elle leurs livres et leurs méthodes, subir l'inspection de ses agents, reconnaître sa juridiction en matière disciplinaire, et présenter leurs élèves à ses jurys d'examen pour l'ob-

(1) Montalembert, *passim*.
(2) *La Liberté de conscience*, p. 371.

tention des grades. L'Université ainsi privilégiée et dominante, fut pour l'enseignement ce qu'est pour les cultes une religion d'Etat. A partir de ce moment, et jusqu'à la révolution de 1848, il n'y eut plus en France de liberté d'enseignement. »

Les citations qui précèdent montrent surabondamment combien peu l'esprit libéral qui animait les réformateurs de 1789 a laissé de trace dans notre législation. A peine Napoléon est-il arrivé au pouvoir qu'une de ses premières préoccupations est d'asservir l'enseignement au joug de son Université, à laquelle il impose comme base de l'instruction les préceptes de la religion catholique. C'était tyrannique et arbitraire, c'était porter ouvertement atteinte à la liberté de conscience.

Les législateurs de l'Assemblée constituante avaient voulu que tout individu fût à même de faire profiter son semblable des connaissances qu'il avait acquises, que tout père de famille qui n'aurait pas pour l'instituteur public le degré de confiance nécessaire pût ouvrir une école, ou mettre ses enfants dans celle qui posséderait davantage ses sympathies.

Napoléon, lui, impose son enseignement. Il tolère bien, il est vrai, des écoles libres, mais il en fait des vassales de l'Université ; il exige qu'elles lui paient un tribut pécuniaire. C'est la doctrine régalienne redevenue toute-puissante.

Sous quel régime vivons-vous aujourd'hui ? Il n'est pas un homme de bonne foi qui ne soit frappé de cette anomalie : alors qu'on ne cesse d'évoquer les immortels principes sur lesquels reposent les droits de l'homme, nous constatons avec douleur que c'est le moment qu'on choisit pour leur porter la plus grave atteinte.

Comme Bonaparte, certains ministres ont voulu imposer l'enseignement d'État. Après avoir prétendu supprimer à jamais le règne odieux des Césars, notre troisième République n'a-t-elle donc rien de mieux à faire que de les copier dans leurs mesures arbitraires, et cela sous le masque le plus abhorré, celui de l'hypocrisie, en prétendant sauvegarder la liberté des consciences ?

Triste est-elle, cette liberté qu'on accorde à la nation dont les sentiments intimes sont restés déistes, quoiqu'on en dise. La liberté de ne pas croire ; c'est vrai, celle-là est complète. Mais celle de faire donner à la chair de notre chair, à l'âme de notre âme, à nos enfants enfin, cette instruction religieuse, que nous-mêmes avons pu recevoir, qui est la suprême consolation dans les épreuves qui abreuvent la vie, et qui laisse seule l'espérance aux déshérités de ce monde, qu'en avez-vous fait, ô grands politiques, faux plagiaires des ancêtres de 1789 que vous ne cessez d'évoquer ?

Ah ! oui, je le sais, il est toujours loisible aux pères de famille de donner chez eux l'instruction religieuse à leurs enfants ou de leur faire suivre les cours de catéchisme à l'église. N'est-ce pas, à cette intention, qu'un jour de congé est accordé chaque semaine ? Eh ! c'est précisément cette explication que je trouve odieuse, parce qu'elle n'est qu'un leurre et une fourberie. Vous savez fort bien que la masse de la population, cette masse qui travaille, qui peine toute la journée, n'est pas capable d'enseigner ce qu'elle ne sait que vaguement elle-même, qu'après une journée de labeur l'ouvrier des villes ou des champs est las, qu'il a besoin de repos.

Vous vous rendez parfaitement compte aussi que c'est l'infime minorité qui se décidera à envoyer ses enfants écouter d'autres instructions dans un local différent de celui de la classe, qui lui paraîtra faire double emploi, tandis que le plus grand nombre aurait souhaité que cet enseignement religieux, qui apprend en même temps le respect de la famille, fût comme autrefois donné à l'école. Vous avez compté sur la négligence, sur l'apathie naturelle à l'égard de tout ce qui ne se rapporte pas aux besoins immédiats de l'existence, pour supprimer au sein de la nation française toute croyance étrangère à ce qui n'est pas conforme à vos nouveaux dogmes. En invoquant la liberté pour ce faire, vous avez commis une mauvaise action. C'est plus qu'une mauvaise action, c'est un sacrilége, c'est un crime de lèse-humanité, parce que c'est précisément à la foule des malheureux, auxquels vous prétendez porter tant d'intérêt, que vous avez enlevé ces grandes instructions de l'enseignement immatériel et divin, où ils puisaient le courage de supporter les maux de cette vie dans l'espoir d'une autre plus heureuse.

La Restauration, ayant trouvé l'instruction à ses différents degrés parfaitement monopolisée, n'eut garde d'y toucher. Qu'y aurait-elle changé d'ailleurs ? L'enseignement s'inspirait des doctrines du catholicisme, et le souverain, qui avait toujours vécu en dehors du courant du siècle, en reprenant conformément aux traditions passées, le titre de « Roi très chrétien », croyait fermement faire le bien de son peuple en ne portant à sa connaissance que les doctrines acceptées par Rome : le droit d'instruire continuait ainsi d'être regardé comme un droit régalien, et cette erreur explique, sans les justifier, les regrettables ordonnances de 1828 relatives aux petits séminaires.

Lorsque survint la Révolution de 1830, il fallut nécessairement promettre à la nation une destinée meilleure que sous les régimes précédents. Ces engagements furent consignés dans la Charte, où la grande question de la liberté de l'école ne pouvait être passée sous silence.

L'article 69 était ainsi conçu : « Il sera pourvu successivement par des lois séparées et dans le plus bref délai possible, aux objets qui suivent :..... § 8. L'instruction publique et la liberté d'enseignement. »

On comprenait, en effet, que de tous les droits que donne à l'homme sa personnalité indépendante et responsable, celui à cette liberté est un des plus imprescriptibles parce qu'il touche à l'essence même de son être, la conscience.

C'est pénétré de cette conviction que le duc d'Orléans, alors lieutenant-général du royaume, déclarai le jour de l'ouverture de la session parlementaire, le 3 août 1830 : « Tous les droits doivent être solidement garantis ; toutes les institutions nécessaires à leur plein et libre exercice doivent recevoir les développements dont elles ont besoin. »

Et c'est également avec pleine connaissance de cause, que par respect pour ces prérogatives primordiales que l'on ne songeait pas à contester alors, ni surtout à traîtreusement violer, il prononçait, le 9 août de cette même année, la formule solennelle du serment suivant : « En présence de Dieu, je jure d'observer fidèlement la Charte constitutionnelle avec les modifications exprimées dans la déclaration. »

Il est vrai qu'aujourd'hui on nous objecterait que promettre devant Dieu, qu'on n'admet même plus comme hypothèse, n'engage absolument à rien.

C'est inouï comme un peuple qui se laisse distraire de ses devoirs envers la divinité, qui ne cherche qu'à se procurer des jouissances matérielles, arrive promptement à perdre la notion de ses droits et les sentiments de justice les plus élémentaires.

Qui songe à protester contre le procédé actuel de laïcisation et d'enseignement matérialiste à outrance? Quelques éloquents orateurs et leurs clients, c'est vrai. Mais ne devrait-elle pas soulever une indignation générale et disparaître engloutie sous la réprobation universelle?

Comment admettre de bonne foi, en effet, « qu'un gouvernement puisse ôter de la série des idées et des faits à enseigner: une idée comme Dieu, un fait comme Jésus-Christ, ni qu'il en vexera cent pour ménager un, ni qu'il aura dans 15,000 communes de 500 âmes autant d'écoles que d'opinions, ni qu'il abandonnera à tous les terrassiers la tradition religieuse et historique d'un pays (1). »

Mais, revenons à 1830. Aussi bien, c'est une époque plus agréable à étudier que la nôtre.

Après avoir prêté le serment dont nous avons fait connaître le texte, le duc d'Orléans fut proclamé roi et, monté sur le trône, confirma ses promesses précédentes dans les termes que voici: « Messieurs les pairs et Messieurs les députés, je viens de consommer

(1) Henry Cochin : *Les Espérances chrétiennes*.

un grand acte ; je sens profondément toute l'étendue des devoirs qu'il m'impose ; j'ai la conscience que je les remplirai... Les sages modifications que nous venons de faire à la Charte garantissent la sécurité de l'avenir. »

L'avenir! on croyait encore, en 1830, à l'avenir! Comme si un pays qui a rompu avec toutes les traditions du passé, qui ne veut se laisser guider que par ses inspirations du moment, ses entraînements, ses sympathies plus ou moins vives et plus ou moins raisonnées, peut permettre de préjuger l'avenir!

Louis-Philippe, s'étant engagé à rendre l'instruction libre, crut devoir, comme premier acheminement dans cette voie, affranchir les instituteurs du décret de 1808, qui les obligeait à prendre pour base de leurs cours les préceptes de la religion catholique. Mais il n'alla pas plus loin, il n'eut pas l'énergie de provoquer la réforme complète, qui s'imposait pourtant après la demi-mesure à laquelle il s'était décidé, et la liberté d'enseignement, qui était reconnue un droit rigoureux, qui avait été solennellement garantie par la Charte, ne fut pas proclamée sous son règne. A la seconde République revient l'honneur de nous l'avoir accordée.

Ce ne furent pas cependant les nobles initiatives en faveur des plus légitimes revendications qui manquèrent sous la monarchie constitutionnelle.

« Avant de commencer le siège de la place universitaire, qui dura autant que le siège de Troie, lisons-nous dans *Montalembert*, on attendit et on se tut pendant dix ans. La promesse de la liberté de l'enseignement tombée dans la Charte de 1830, on ne sait d'où ni comment, demeurait au cœur des catholiques; c'était une grande espérance ; il paraissait juste de donner du temps pour l'accomplissement d'une telle œuvre. Le projet de loi de 1836, présenté par M. Guizot, s'inspirait des engagements constitutionnels : « Aux maximes du monopole, disait le ministre, nous substituons celles de la concurrence... L'Etat accepte la nécessité, le devoir de soutenir avec succès, avec éclat, une concurrence infatigable ». La discussion de ce projet, en 1837, offrit un remarquable caractère d'élévation... Il disparut, emporté par la tourmente des révolutions ministérielles... Un autre fut présenté en 1841 ; mais l'Université avait tenu la plume ; menacée en 1837, elle prenait ses mesures pour ne rien perdre de sa domination. Elle s'était trop cramponnée à son monopole: la Chambre ne voulut pas d'une pareille loi ; il n'y eut même pas de discussion ; le projet fut rejeté de prime abord par la commission. »

C'est à ce moment que les plaintes des évêques commencèrent à se faire entendre, profondes, répétées, souverainement légitimes.

« Il est incroyable, écrivait l'évêque de Chartres, dans un mandement, en date du 22 mai 1843, qu'après les preuves actuelles, flagrantes, incomparables, par leur force et leur évidence, de l'esprit anti-chrétien et anti-catholique que l'Université communique à ses élèves, on force des millions de catholiques à conduire eux-mêmes leurs enfants à cette source où ils s'abreuvent de doctrines directement contraires à leur foi. »

Et ce prélat n'était pas le seul à gémir sur de tels abus. La grande majorité du clergé protesta près du ministère. Il ne lui fut répondu que d'une manière évasive, et les démarches personnelles n'eurent pas plus de succès. Tandis qu'on laissait toujours entrevoir aux catholiques une satisfaction prochaine, on interdisait aux maîtrises des cathédrales d'enseigner à plus de douze enfants à la fois le latin et le chant ecclésiastique (1).

En dehors de l'épiscopat, les pères de famille ne restaient pas désintéressés de la lutte engagée pour la défense d'une de leurs plus précieuses prérogatives.

Durant la session parlementaire de 1843, on vit les promesses de la Charte et les garanties, que la religion demande à la liberté seule, généreusement réclamées par des opportunistes d'alors, tels que : MM. de Golbéry, Baude et Janvier, et par des membres de l'opposition convaincus et vraiment libéraux, comme MM. de Tracy, de Corcelles, Larabit, etc. Malheureusement, la grande masse de la génération de ce temps, qui avait vu bien d'autres iniquités se commettre à l'époque de sa jeunesse, sous la Révolution, ne se rendit pas suffisamment compte des dangers de l'enseignement exclusivement officiel, et se contenta de juger des coups que se portaient les partis adverses. Son insouciance explique la défaite des défenseurs de la justice et de la liberté.

Les exhortations chaleureuses ne lui firent pourtant pas défaut. Le comte de Montalembert était à la tête de ce grand mouvement d'opinion qui réclamait la concurrence accessible à tous. Il consacra sa vie à la défense de cette cause sacrée : c'était un patriote dans

(1) Lettre de M. Danjeu, organiste de la Métropole de Paris, dans l'*Univers* du 15 juillet 1843.

la véritable acception du mot, à cause de son caractère libéral. C'est pour cela qu'on ne saurait trop invoquer son autorité. « Conserver le catholicisme en France, disait-il en 1843, fortifier l'empire purement moral de la religion sur les individus et sur les familles qui la professent encore, c'est un devoir impérieux pour les catholiques, et ils ne peuvent l'accomplir qu'en obtenant la destruction du monopole de l'Université. »

Le monopole, retenons le mot, car il ne s'agissait évidemment pas plus à cette époque qu'à la nôtre de la suppression de l'Université elle-même, mais de son privilége exorbitant d'instruire la jeunesse, conformément au programme officiel. N'est-ce pas, en effet, revenir aux plus mauvais jours de l'histoire des peuples qu'admettre cette doctrine étrange qui supprime les droits sacro-saints de la famille pour les remplacer tyranniquement par l'autorité exclusive de l'Etat? « N'est-ce pas, ainsi que le dit si justement Montalembert, comme une conscription des âmes qu'on enrôle avec un uniforme et un numéro; elles doivent obéir au commandement, et comme celui qui commande n'est pas chrétien, on sait ce que deviennent les âmes. » De plus, ne pas admettre la liberté d'enseignement, n'est-ce pas ouvrir, à un moment donné, la porte à tous les excès, et peut-être un jour aux pires réactions!

Agir ainsi, sous le couvert de la liberté de conscience, c'est véritablement juger les masses populaires, qu'on déclare ignorantes aujourd'hui après avoir sollicité leurs suffrages pour arriver au pouvoir, plus dépourvues de bon sens qu'elles ne le sont en réalité. Pour moi, qui crois à leur intelligence native, je ne doute pas qu'un jour elles se rendront compte de l'exploitation dont elles sont l'objet et renverront à leur cabinet ou à leur comptoir les parvenus du suffrage universel qui se sont imaginés que c'est avec de l'audace et des mots qu'on s'improvise législateur.

Ce que devenaient les jeunes âmes dans le milieu sceptique que nous critiquons, il est facile de s'en faire une idée par les rapports qu'adressaient à l'archevêque de Paris les aumôniers des colléges royaux en 1829, à l'époque où le gouvernement faisait tous ses efforts pour introduire l'esprit catholique dans l'Université. Nul n'osait affirmer que, sur l'ensemble des colléges de Paris, on pût compter plus d'un seul élève par année et par collége ayant conservé la foi jusqu'à la fin de ses études.

Si je parle ainsi des résultats moraux constatés, ce n'est pas que je prétende qu'il faille imposer des doctrines religieuses; mais en dehors des pères de famille qui entendaient donner à leurs enfants une instruction portant de semblables fruits, il est naturel de rechercher quel moyen d'éviter cet écueil était mis à la disposition de ceux qui voulaient qu'on les respectât, en ne tenant pas comme négligeables leurs convictions les plus chères. Aucun, et comme la question, en définitive, se résumait en ceci : « Soyez ce que vous voulez mais ne nous obligez pas, nous catholiques, protestants, israélites ou autres, à être ce que vous êtes, » la liberté de conscience se présentait, sous le règne de Louis-Philippe, comme de nos jours, avec les plus légitimes revendications. C'est ainsi que s'explique le développement que présenta la lutte, si différente de celle à laquelle nous avons tout récemment assisté ; on se préoccupait encore alors de la justice et de l'équité, tandis qu'aujourd'hui, sauf de rares et d'autant plus honorables exceptions, ce ne sont plus que les questions d'intérêt politique qui guident nos faiseurs de lois.

Nous allons, pour mieux faire juger l'ampleur du débat que souleva cette grande discussion, citer quelques passages des discours que prononça à cette occasion M. de Montalembert à la Chambre des Pairs, parce qu'ils résument, selon nous, admirablement la situation. « Il se trouve, dit-il, dans la Constitution, à laquelle nous avons tous prêté serment et qui est le lien social du pays, un droit triple, en vertu duquel la religion catholique peut et doit intervenir dans l'éducation publique. Elle le peut d'abord en vertu de sa qualité de religion de la majorité, reconnue telle par l'article 6 de la Charte, et ajouterons-nous par le texte même du Concordat qui continue à avoir force de loi tant que nous n'aurons pas adopté des dispositions meilleures. Elle le peut également en vertu de la liberté religieuse garantie par l'article 5, et qui serait dérisoire sans liberté d'enseignement. Elle le peut enfin, en vertu de la promesse solennelle de cette liberté d'enseignement que contient l'article 69 et qui couronne l'œuvre de la Charte. C'est donc à l'abri d'un triple droit que la religion réclame cette liberté. Elle n'en exclut personne.

« L'Université ne pourrait pas, sans violenter un sentiment qui a été si souvent proclamé en France, et qui semble profondément enraciné dans le cœur du peuple français, imposer des pratiques ou des croyances religieuses à l'armée de fonctionnaires qu'elle renferme dans son sein...

« Qu'en résulte-t-il? C'est que beaucoup de familles

françaises envoient leurs enfants à l'étranger pour y trouver la liberté que la patrie leur a refusée...

« Mais, répondra-t-on peut-être : vous avez la liberté de l'enseignement domestique et personne n'empêche l'emploi des précepteurs. N'y aurait-il donc de liberté possible que pour les gens riches? Ce serait leur créer un privilége plus odieux que tout ce qu'on a pu imaginer jusqu'à présent. Et d'ailleurs, pour avoir des précepteurs du goût des pères de famille religieux, il faudrait qu'ils pussent se former ailleurs que dans les colléges de l'Université (1). »

« Chaque fois qu'un prêtre, qu'un catholique élève la voix et proteste au nom de son opinion, de sa conscience, aussitôt une meute acharnée de journalistes, d'avocats, de procureurs généraux, de conseillers d'État, se déchaîne contre lui; on cherche à présenter, soit comme un forfait, soit comme une grave inconvenance, chez lui, ce qui est le droit naturel et habituel des autres citoyens. Comme si l'épiscopat, le sacerdoce, constituaient en France une obligation de mutisme et de servilité; comme si la profession franche et sincère du catholicisme devait entraîner l'obéissance passive à tout ce que veut ou à tout ce que pense le gouvernement; comme si ce grand corps catholique de quatre-vingts évêques, de cinquante mille prêtres, de plusieurs millions de fidèles, qui existe dans ce pays depuis quinze siècles, devait être exclu de cette liberté de la plainte qui est le droit commun et l'apanage de tous les Français.

« Ce n'est jamais l'Église catholique qui a le plus

(1) Chambre des Pairs. — Séance du 6 juin 1842.

souffert des violences dont elle a été la victime. Partout ce sont les catholiques qui sont les opprimés et nulle part ils n'oppriment.

« Laissez-moi vous le dire, Messieurs, vous allez recommencer dans un autre sens les fautes de la Restauration, celles qui l'ont conduite à l'abîme. Vous vous aliénez, vous contraignez à l'hostilité des hommes qui, sans être de la même origine que vous, ne demandaient pas mieux, dans l'intérêt de la chose publique, que de vous prêter le concours de leur adhésion et de leur moralité politique.

« Et moi j'ajoute, au nom des catholiques laïques comme moi, catholiques du dix-neuvième siècle : Au milieu d'un peuple libre, nous ne voulons pas être des ilotes; nous sommes les successeurs des martyrs, et nous ne tremblons pas devant les successeurs de Julien l'Apostat (1). »

« Il ne s'agit pas de faire une nation de dévots ou de saints, d'anéantir les faiblesses inhérentes à notre nature déchue; il ne s'agit pas de l'impossible, mais il s'agit de déposer dans les jeunes âmes certaines semences que les passions pourront bien étouffer un temps, mais qui ne soient pas oblitérées complétement par un scepticisme précoce. A cette œuvre-là, la science la plus raffinée ne suffira jamais. Les peuples comme les individus peuvent être très savants au sein de la plus grande corruption et du plus profond abaissement.

« La religion seule, vous le savez, peut redonner au cœur humain ces deux principes essentiels à toute

(1) Chambre des Pairs. — Séance du 16 avril 1844.

société, qui disparaissent graduellement parmi nous : la discipline et l'abnégation.

« En résumé, nous voulons la liberté, et vous nous donnez l'arbitraire; nous voulons arriver par la liberté à la religion, et vous nous conduisez par l'arbitraire au scepticisme (1). »

Ces paroles si vraies ne s'adaptent-elles pas exactement à la situation actuelle?

« Vous faites de l'ultramontanisme retourné, s'écriait avec raison M. de Pressensé, un protestant cependant, lorsqu'on discutait au Sénat la loi de 1886 sur l'enseignement primaire, et vous êtes les tristes plagiaires du vieux monde que vous condamnez (2). »

Défendant la cause de la liberté, il était assuré d'être battu d'avance. Il partagea effectivement le sort qu'avait eu Montalembert pendant toute la durée de la monarchie constitutionnelle, et succomba sous le nombre des médiocrités incapables de comprendre sa largeur de vues.

En ce qui concerne spécialement les articles de la loi présentée en 1844, on peut dire qu'ils furent l'effort le plus hardi de l'Université pour maintenir sa prépondérance exclusive. Ils ne pouvaient pas aboutir à cette époque où commençaient à se faire hautement entendre les revendications de la conscience nationale, et l'on ne saurait s'étonner de la défaveur avec laquelle ils furent accueillis. Après deux ans de trêve et de silence, une autre tentative fut faite pour réaliser les promesses de la Charte : nous voulons parler du projet de M. de Salvandy, alors ministre de l'Instruction pu-

(1) Chambre des Pairs. — Séances des 6 et 7 mai 1844.

(2) Séance du Sénat du 23 février 1885.

blique. La solution proposée par lui en 1847 n'était pas acceptable pour les catholiques; mais les amis de la liberté d'enseignement pouvaient cependant considérer l'exposé des motifs comme une véritable victoire, car le ministre reconnaissait l'impérieuse nécessité de donner satisfaction aux droits de la famille « dont les sources sont plus haut que la Charte de 1830 ».

Il n'appartenait toutefois qu'à la République de 1848 de donner à la France l'émancipation intellectuelle. La troisième la lui a retirée. Ainsi va le monde.

Mais il faut rendre justice à chacun. Sans les luttes généreuses de Montalembert pendant dix-huit ans, la question de la liberté d'enseignement n'aurait pas été mûre en 1848 ; sans M. de Falloux, elle n'aurait pas été adoptée par le gouvernement et présentée sous forme de lois ; sans M. l'abbé Dupanloup et son éloquence persuasive, conciliante et ferme, l'accord ne se serait pas fait dans la commission préparatoire de 1849 ; sans M. Thiers et son admirable lutte dans l'Assemblée de 1850, la loi n'aurait pas passé.

« L'enseignement est libre », avait dit à son tour la Constitution de 1848, sous la réserve qu'une loi interviendrait ultérieurement pour régler ce droit et le légitime contrôle de l'État. M. de Falloux, ministre de l'Instruction publique, s'occupa de la préparer sans retard, et nomma deux commissions pour en poser les bases; l'une concernait spécialement l'enseignement primaire, l'autre l'enseignement secondaire. Toutes deux se fondaient parfois en une seule pour délibérer en commun au ministère.

« M. Thiers, dès les premières séances de la commission plénière, frappé du mal produit par la loi de 1833 sur l'instruction primaire, dénonça les 37,000 instituteurs laïques, véritables anti-curés dans les communes, et demanda une grande influence du clergé dans l'enseignement primaire. Mais il tendait à exclure le clergé de l'enseignement secondaire. Il n'y avait pas loin de là à déclarer que la philosophie suffit aux classes élevées, que le peuple doit être chrétien et le bourgeois philosophe, comme si en religion on voulait être peuple !

« Mais il finit par se rendre à l'éloquence de M. l'abbé Dupanloup, et en vint même à dire un jour : « La société vaut bien l'Université. »

« Nul plus que M. Thiers ne contribua à l'adoption de la loi du 15 mars 1850 (1). »

Quant à M. de Falloux, gravement malade et déjà démissionnaire, il ne put soutenir devant l'Assemblée le projet de loi auquel il avait tant travaillé pour sa part. Mais l'honneur de l'avoir préparé ne lui en demeure pas moins. « La gloire de ce concordat, dit M. de Montalembert à la tribune, doit revenir à M. de Falloux, au jeune et éminent ministre dont nous regrettons tous l'absence, et dont le nom est devenu en France et dans l'histoire contemporaine le synonyme de la droiture, de l'éloquence et du courage. »

Dans la commission préparatoire, M. l'abbé Dupanloup prit une large part aux débats, et les arguments qu'il invoquait eurent une influence décisive sur la solution finale. Après une lutte très vive contre MM. Thiers et Cousin, il les convainquit de la justice de sa cause et les gagna à la liberté de l'enseignement secondaire, la seule qui fut sérieusement discutée.

(1) Poujoulat : *Vie du P. de Ravignan*, p. 356 et suiv.

M. Thiers, de prime abord partisan si tenace du monopole universitaire, devint ainsi un des champions les plus convaincus du droit sacré des pères de famille. Il y était préparé d'ailleurs par ses réflexions antérieures sur les événements dont il avait rédigé l'éloquente histoire. Ce sont elles qui lui avaient déjà fait écrire dans son *Histoire du Consulat et de l'Empire* les remarquables pages, dont nous croyons utile de citer l'extrait suivant : « Il faut une croyance religieuse, il faut un culte à toute association humaine. L'homme jeté au milieu de cet univers, sans savoir d'où il vient, où il va, pourquoi il souffre, pourquoi même il existe, quelle récompense ou quelle peine recevront les longues agitations de sa vie ; assiégé des contradictions de ses semblables, qui lui disent, les uns qu'il y a un Dieu, auteur profond et conséquent de toutes choses, les autres qu'il n'y en a pas ; ceux-ci qu'il y a un bien, un mal, qui doivent servir de règle à sa conduite ; ceux-là, qu'il n'y a ni bien ni mal, que ce sont là les inventions intéressées des grands de la terre : l'homme, au milieu de ces contradictions, éprouve le besoin impérieux, irrésistible, de se faire sur tous ces objets une croyance arrêtée. Vraie ou fausse, sublime ou ridicule, il s'en fait une. Partout, en tout temps, en tout pays, dans l'antiquité comme dans les temps modernes, dans les pays civilisés comme dans les pays sauvages, on le trouve au pied des autels, les uns vénérables, les autres ignobles ou sanguinaires. Quand une croyance établie ne règne pas, mille sectes acharnées à la dispute comme en Amérique, mille superstitions honteuses comme en Chine, agitent ou dégradent l'esprit humain. Ou bien si, comme en France en 93, une commotion passagère a emporté l'antique religion du pays, l'homme, à l'instant même où il avait fait vœu de ne plus rien croire, se dément après quelques jours, et le culte insensé de la déesse Raison, inauguré à côté de l'échafaud, vient prouver que ce vœu était aussi vain qu'il était impie.

» A en juger donc par sa conduite ordinaire et constante, l'homme a besoin d'une croyance religieuse... On n'avait rien à inventer en 1800. Cette croyance pure, morale, antique, existait : c'était la vieille religion du Christ, ouvrage de Dieu suivant les uns, ouvrage des hommes suivant les autres, mais suivant tous, œuvre profonde d'un réformateur sublime, réformateur commenté pendant dix-huit siècles par les conciles, vastes assemblées des esprits éminents de chaque époque, occupés à discuter sous le titre d'hérésies tous les systèmes de philosophie, adoptant successivement sur chacun des grands problèmes de la destinée de l'homme les opinions les plus plausibles, les plus sociales, les adoptant pour ainsi dire à la majorité du genre humain, arrivant enfin à produire ce corps de doctrine invariable, souvent attaqué, toujours triomphant, qu'on appelle UNITÉ CATHOLIQUE et au pied duquel sont venus se soumettre les plus beaux génies. »

M. Thiers, dont les études si profondes et si variées avaient assuré l'impartialité, n'hésita jamais, d'ailleurs, à reconnaître les services rendus au monde par la religion chrétienne.

» Cette puissante religion, écrivait-il, qu'on appelle le christianisme, exerce sur le monde une action continue, et elle le doit, entre autres motifs, à un avantage que seule elle a possédé entre les religions. Cet avantage, savez-vous quel il est? C'est d'avoir seule donné un sens à la douleur. L'esprit humain a eu plus d'une contestation avec elle sur ses dogmes, mais aucune sur sa morale, c'est-à-dire sur sa manière d'entendre le cœur humain. Le paganisme ne put pas résister au premier regard de Socrate et de Cicéron, car cette religion consistant en légendes fabuleuses, gracieuse poésie plutôt que religion, histoire des passions, des amours, des plaisirs, des chagrins des dieux, n'était qu'une histoire de rois placés dans les cieux. Comme histoire, elle n'était qu'une fausse chronique, comme morale, un scandale. Mais celle qui vint et qui dit : Il n'y a qu'un Dieu, il a souffert lui-même, souffert pour vous! celle qui le montra sur une croix, subjugua les hommes, en répondant à leur raison par l'idée de l'unité de Dieu, en touchant leur cœur par la déification de la douleur. Et, chose admirable, le Dieu souffrant, présenté sur une croix dans les angoisses de la mort, a été mille fois plus adoré des hommes que le Jupiter calme, serein et majestueusement beau de Phidias (1). »

Gagné à la cause de la liberté de l'enseignement secondaire par M. l'abbé Dupanloup, M. Thiers justifiait ainsi son évolution devant la Commission, en 1849: « Quand l'Université représentait la bonne et sage bourgeoisie française, enseignait nos enfants selon la méthode de Rollin, donnait la préférence aux saines et vieilles études classiques sur les études physiques et toutes matérielles des prôneurs de l'enseignement pro-

(1) *De la Propriété*, par M. Thiers, liv. IV, *in fine*.

fessionnel; oh! alors, je lui voulais sacrifier les libertés de l'enseignement. Aujourd'hui, je n'en suis plus là, et pourquoi? Parce que rien n'est où il était. L'Université tombant aux mains des phalanstériens, prétend enseigner à nos enfants un peu de mathématiques, de physique, de sciences naturelles et beaucoup de démagogie, je ne vois de salut, s'il y en a, que dans la liberté de l'enseignement. »

La justice triompha donc avec la loi sur l'instruction publique votée par 450 voix, au mois de mars 1850. Tous ses défenseurs en furent ravis, car ils y trouvaient la récompense des longues années de lutte qu'il leur avait fallu soutenir pour arriver à cet heureux résultat.

Mais, pour la clarté des phases par lesquelles la liberté d'enseignement a passé depuis lors, une distinction est nécessaire. Aussi allons-nous la suivre successivement dans les trois grandes divisions qui composent le programme de l'instruction publique; l'enseignement primaire, l'enseignement secondaire et l'enseignement supérieur.

I. — *Enseignement primaire.*

En 1831, M. Cousin avait écrit dans son livre sur l'*Instruction publique en Allemagne*: « Le christianisme doit être la base de l'instruction du peuple... En France, nos meilleures écoles de garçons sont celles des Frères de la doctrine chrétienne. »

Partisan de cette opinion, lui aussi, M. Guizot, avait placé un ecclésiastique dans les commissions exécutives, et la loi de 1833 sur l'enseignement primaire cita au premier rang des matières obligatoires l'instruction morale et religieuse.

Les plus chauds défenseurs de l'Université, qui, du haut des chaires officielles, en répandaient les doctrines, proclamaient à cette époque la nécessité d'inculquer les principes du christianisme dans les écoles primaires

« Faire des maîtres, disait Jouffroy, qui enseignent bien certaines choses, et seulement certaines choses, est un problème aisé à résoudre : la vraie difficulté est d'en former qui donnent à la patrie des enfants moraux et religieux qui l'aiment et la servent.....

» La religion étant la base de la morale, le succès de l'instituteur moral exige non seulement la neutralité mais la bienveillance, et, s'il se peut, l'appui et le concours du prêtre.

» Le christianisme renferme une éducation d'une profondeur inépuisable, qui s'est faite petite quand il fallait, qui s'est développée à mesure que par elle se développaient les sociétés, qui a grandi avec elles, toujours constante dans son but... »

Et il arriva que ce furent les hommes les plus religieux de la commission de 1849 qui firent surtout preuve de libéralisme, en déclarant qu'il ne fallait de monopole pour personne, pas même pour le clergé, et en se maintenant sur le terrain légitime de la libre concurrence. C'est le sentiment dont M. de Montalembert se fit l'interprète, lorsque, répondant à M. Thiers dans la commission, il prononça ces paroles qui devraient être notre ligne de conduite à tous :

« Il est un point sur lequel je ne saurais être d'accord avec certains de mes honorables collègues, c'est sur l'influence exclusive à donner au clergé, car je ne veux en aucune façon abdiquer le principe de la liberté d'enseignement. » A quoi M. Thiers répondit qu'il y avait malentendu en ce qui le concernait, et qu'il était aussi partisan d'une règle uniforme et commune.

Quant à M. Cousin, ancien ministre de l'Instruction publique, il se montra moins libéral : « Je veux, déclara-t-il, l'état de choses qui a duré de 1808 à 1832, et qu'avaient établi l'empereur Napoléon et ce conseil de l'Université si injustement attaqué. » C'était prétendre au maintien du monopole.

Mais, sauf quelques rares exceptions, comme celle que nous venons de signaler, on peut dire que la pensée de la commission de 1849 fut de rendre religieuse l'instruction populaire et, pour y arriver, de proclamer libre l'enseignement primaire, sous la surveillance de la société et de la loi.

MM. Laurentie et de Riancey, catholiques fervents, exprimèrent la même manière de voir à l'égard de la liberté de l'Église, en affirmant à mainte reprise qu'ils ne voulaient aucune faveur, mais la justice et l'égalité. « La protection ne vaudra jamais la liberté, » disaient-ils.

Et M. Dubois, ancien directeur de l'Ecole normale supérieure, universitaire convaincu aux idées impartiales, abondait dans leur sens, en déclarant : « qu'il voudrait, pour sa part, voir l'Église dans le plein exercice de sa liberté religieuse, avec des institutions plus larges, même avec ses conciles... »

Le frère Philippe, supérieur général des Frères de la doctrine chrétienne, fut convoqué par la commission, désireuse d'avoir son avis sur cette importante question. Il demanda surtout que l'usage, en vertu duquel un seul brevet de capacité était exigé par école, fût confirmé par la loi, car celle de 1833 n'en faisait pas mention. « Si l'Institut en a joui, dit le frère Philippe, c'est grâce à la tolérance de l'Université dont la protection a été pour nous constante, les inspecteurs bienveillants, et qui toujours nous a témoigné la satisfaction qu'elle éprouvait de nous. »

Enfin, après s'être entourée de tous les éléments d'information puisés aux sources les plus autorisées, la sous-commission de l'enseignement primaire formula un projet que, sauf quelques modifications, la commission plénière adopta dans son ensemble.

L'objet de l'instruction primaire, tel que la loi de 1833 l'avait défini, était maintenu. Mais on fixait deux degrés dans cet enseignement, dont la liberté était hautement proclamée, afin de mieux répondre aux besoins des populations. Tout individu pouvait désormais professer en France, à condition : 1° d'être âgé de vingt-et-un ans ; 2° de présenter un brevet de capacité et un certificat de stage de trois ans.

La commission reconnaissait également ce droit aux ministres des cultes et aux bacheliers ès-lettres, sous réserve de l'autorisation des conseils académiques.

Lorsque le projet vint en discussion devant la Chambre, l'Assemblée compléta ces dispositions en ajoutant que le certificat d'admission dans une des écoles spéciales de l'État équivaudrait au brevet de capacité. De même, pour ce qui concerne les écoles de filles, elle assimila à ce diplôme les lettres d'obédience, comme l'avait d'ailleurs établi déjà l'ordonnance royale du 23 juin 1836.

La nomination des maîtres d'écoles communales fut attribuée au conseil municipal, malgré l'opposition des universitaires; le recteur conserva seulement le droit d'investiture.

La loi de 1833 avait proclamé l'inamovibilité de l'instituteur; celle de 1850 lui retira ce privilége exorbitant, mais en lui laissant toutefois certaines garanties. Elle porta à 500 francs le minimum de son traitement, tandis que celle de 1830 l'avait fixé au chiffre dérisoire de 200.

Le point qui souleva les discussions les plus vives fut la création et la composition des comités départementaux. Les combinaisons de la loi de 1833, pour assurer au moyen d'autres plus restreints, le contrôle et la surveillance de l'instruction primaire, ayant été reconnues insuffisantes, ceux-ci qui ne se recrutaient pas en dehors de l'arrondissement furent remplacés par un grand comité départemental, dit conseil académique du département, où se trouvaient réunis les représentants des différentes autorités sociales : délégués du Ministère de l'Intérieur, conseillers généraux, professeurs, magistrats, ecclésiastiques, etc.

Outre l'inspecteur d'arrondissement, l'inspecteur départemental et l'inspecteur général, le maire et le curé furent investis dans chaque commune d'un droit de surveillance personnel et distinct.

Il s'agissait, suivant M. l'abbé Dupanloup, de s'opposer à l'action subversive d'une armée de quarante mille pédagogues, parmi lesquels le socialisme n'avait que trop d'adeptes. La création du conseil départemental était l'œuvre capitale du projet.

Quant aux écoles normales primaires, elles furent maintenues, mais sans obligation de s'y adresser pour le recrutement du personnel des instituteurs.

Le travail de la commission terminé, M. de Falloux rédigea son projet de loi qu'il eut de prime abord assez de peine à faire adopter par ses collègues.

Mais c'est devant l'Assemblée qu'eut lieu la grande discussion ; nous avons vu déjà quel éclatant succès elle assura aux partisans de la liberté. M. de Montalembert, M. Thiers, M. Fresneau se multiplièrent en cette circonstance et montrèrent autant d'habileté que de modération pour faire prévaloir la cause à laquelle ils s'étaient consacrés. Grâce à eux, la loi fut votée.

« Conservatrice sans réaction et libérale sans mensonge, elle était, avant tout, sociale (1) ».

Le second Empire, fidèle à ses traditions césariennes, substitua le corps administratif à l'élément électif dans la direction de l'enseignement. Malgré cela, les heureux effets de cette loi, considérée aujourd'hui comme réactionnaire et cléricale, n'en continuèrent pas moins à se faire sentir. Elle protégeait, en effet, les intérêts respectables sans distinction ni privilége d'aucun genre. Et Mgr Dupanloup, qui avait tant contribué à la préparer, pouvait dire avec justesse en 1864, au congrès de Malines : « Quant à la partie de la loi qui concerne l'enseignement primaire, je me borne à constater qu'elle a fait cinq choses vraiment libérales, dans le grand sens du mot :

« 1° elle a doublé le minimum du traitement des instituteurs, et elle a bien fait... ;

(1) H. de Lacombe : *Les Débats de la Commission de 1849*, p. 140.

» 2° elle a prescrit, en leur faveur, la création d'une caisse de retraite;

» 3° elle a rendu obligatoire la fondation d'écoles de filles;

» 4° elle a permis la concurrence, dans une large mesure;

» 5° j'ajoute qu'elle a placé l'enseignement primaire en dehors de la politique... »

Dès que M. Victor Duruy fut nommé ministre de l'Instruction publique par l'empereur Napoléon III, en 1863, il s'occupa de préparer diverses réformes en vue de développer l'enseignement national, tout en le gardant dans sa main. Pour réunir les éléments d'information nécessaires, il procéda par enquêtes et par l'établissement de statistiques qui prouvèrent, qu'en 1864, les écoles gratuites avaient donné des résultats favorables dans huit départements, médiocres dans dix-neuf et mauvais dans soixante. C'est une chose du reste bien facile à comprendre. Un père qui verse une certaine allocation tient naturellement à ce que ses enfants bénéficient des frais qu'il s'impose, tandis que tel autre est moins fondé à étudier et à critiquer la valeur d'une instruction qui ne lui coûte rien.

Toujours est-il que les questions scolaires prêtaient à ce moment aux plus vives controverses, et les projets du nouveau ministre n'étaient pas faits pour y mettre un terme. Il s'agissait, en effet, de modifier la loi de 1850, dont le libéralisme avait été déjà singulièrement atténué par les décrets de 1854.

Frappé des succès obtenus par les institutions libres, M. Duruy s'ingénia à fortifier la concurrence de l'Université.

Outre la loi de 1867 sur l'enseignement secondaire spécial, dont nous aurons à nous occuper en son lieu et place, il fit voter de nouvelles dispositions relatives à l'enseignement classique du premier degré, d'une importance plus considérable, « pour propager de plus en plus l'instruction primaire, » comme le souhaitait l'Empereur. Son intention était d'augmenter la latitude des municipalités en ce qui concerne la gratuité scolaire. Il voulait aussi organiser l'instruction élémentaire des filles d'une manière particulière.

L'article 36 de la loi de 1850 autorisait les communes à entretenir une ou plusieurs écoles à leurs frais. M. Duruy fit un pas de plus, et la réforme législative de l'enseignement primaire, dont il prit l'initiative, permit aux conseils municipaux de voter la gratuité absolue des leçons de l'instituteur, en imposant trois centimes extraordinaires additionnels au principal des contributions directes. Comme il y en avait déjà trois autres d'autorisés à cet effet, on considéra ce chiffre de six comme un maximum, à partir duquel devaient commencer les subventions du département et celles de l'Etat.

En outre, pour subvenir aux fournitures scolaires, une caisse des écoles, obligatoire sous la loi qui nous régit aujourd'hui, pouvait, d'après celle de 1867, être créée dans les différentes municipalités.

L'article 4 de la loi Duruy accordait à l'instituteur libre un droit d'appel au conseil impérial de l'instruction publique contre les décisions du conseil départemental et se montrait, sur ce point, plus libéral que l'article 28 de la loi de 1850. D'après l'article 5, il ne lui était pas permis d'ouvrir sa classe aux jeunes filles, sans autorisation.

L'article 6 prescrivait à toute école privée, recevant une subvention communale, de se soumettre aux règlements de l'inspection administrative, et l'article 8 portait que toute commune d'au moins cinq cents habitants, était tenue d'avoir une salle spéciale pour les filles.

Telles étaient les grandes lignes de la loi de 1867 sur l'enseignement primaire.

Survint l'année terrible. Après nos désastres sans nom, il fallait refaire, non seulement la puissance matérielle, mais l'âme même de la France. Dès le 15 décembre 1871, M. Jules Simon, comprenant la lourde tâche qui lui incombait comme ministre de l'Instruction publique, présenta à l'Assemblée nationale un nouveau projet de loi sur l'instruction primaire qu'il ne trouvait pas encore suffisamment développée. Dans l'exposé des motifs, il constatait que la population scolaire montait à trois millions et demi, mais qu'il restait, d'après la statistique de 1866, la plus récente à invoquer alors, 663,360 enfants de sept à treize ans, ne fréquentant aucune école. Sur ce nombre, il y en avait sans doute qui recevaient l'instruction dans leur famille; mais à tout prendre, plus de cinq cent mille d'entre eux restaient privés des notions classiques les plus élémentaires, par la faute de ceux qui auraient dû se préoccuper davantage de les leur procurer.

C'est pour remédier à cette regrettable indifférence que M. Jules Simon demandait qu'on rendît l'instruction primaire obligatoire. A son avis, le principe en avait été posé dans l'article 203 du Code civil et développé dans la loi de 1841 sur le travail des enfants dans les manufactures. Il s'appuyait également sur l'exemple de la plupart des États de l'Europe qui avaient adopté ce régime, depuis un certain temps déjà. « Respecter les droits du père de famille, disait-il justement, c'est très bien ; mais le père, qui n'instruit pas son enfant, est un mauvais père, un coupable. »

Toutefois, pénétré de déférence pour les opinions religieuses de tous, le ministre déclarait qu'en aucun cas il n'y serait porté atteinte. Si des raisons de conscience éloignaient un enfant d'une école, si la famille, d'autre part, ne pouvait ni enseigner, ni prendre un précepteur, l'État n'aurait pas à sévir, car en semblable occurrence, qui ne pouvait qu'être fort rare, c'est lui qui serait fautif de ne pas l'avoir prévue et de n'avoir pris ainsi que des mesures incomplètes.

Mais si M. Jules Simon posait le principe de l'obligation, il faisait des réserves en ce qui concerne la gratuité, qui n'en est pas la conséquence nécessaire, comme on a l'habitude de le croire. En Prusse notamment, l'obligation existe, et la gratuité n'est pas générale. Si le père peut payer, il paie; s'il en est incapable, ses enfants n'en sont pas moins instruits sans qu'il en résulte aucune charge pour lui. Partant de cet exemple, le ministre ne soutenait, ni ne combattait dans son projet le système de la gratuité absolue, qui devait entraîner une dépense de trente millions pour le budgêt déjà si chargé ; et encore trente millions lui paraissaient-ils insuffisants. Il se bornait simplement à laisser les communes libres de l'appliquer chez elles, à leur gré.

Le personnel de l'enseignement primaire devait être recruté d'une manière nouvelle. Le décret de 1854, dans un intérêt exclusivement politique, avait mis les écoles entre les mains des préfets. M. Jules Simon proposait de faire nommer à l'avenir les instituteurs par l'inspecteur d'Académie, sous le contrôle du recteur; encore cette nomination ne devait-elle être que provisoire. Pour donner aux chefs de famille toutes les garanties de capacité désirables, le stagiaire devait passer, après deux ans d'exercice, un examen professionnel devant un jury d'inspecteurs et recevoir seulement ensuite du recteur son brevet définitif, le nommant titulaire.

Jusqu'à cette époque, nous l'avons vu, les différentes législations sur la matière avaient fait dépendre les instituteurs de toute une hiérarchie administrative, compliquée et excessive; à l'avenir ils n'auraient plus relevé que de l'inspecteur et du conseil départemental.

Le même motif, qui avait empêché M. Jules Simon de se prononcer sur la question de gratuité absolue, l'obligeait également à une grande réserve à l'égard de l'augmentation des émoluments accordés aux dispensateurs de l'enseignement primaire. Sans proposer de majoration immédiate, il promettait cependant que le minimum de leur traitement, qui était alors de sept cent cinquante francs, serait porté à mille, dès que la situation financière le permettrait.

Plus exigeant que l'article 25 de la loi du 15 mars 1850, l'article 16 du projet exigeait, dans un délai donné et avec certains ménagements d'ailleurs, le brevet de capacité chez toute personne qui aspirait à la direction d'une école. Cette condition avait surtout en vue de réduire la tolérance accordée depuis de longues années aux congrégations enseignantes et était en même temps une garantie pour l'État que l'instruction reçue chez elles atteignait un niveau suffisant.

Quant au choix des maîtres, laïques ou congréganistes, M. Jules Simon le conférait, sauf appel au conseil supérieur de l'instruction publique, au conseil départemental qui statuait après une enquête de l'inspecteur, dont le but principal était de s'assurer du désir de la majorité des pères de famille.

D'après ce programme, les grandes règles de la religion naturelle devaient être la base de toutes les leçons. « Il n'y aura pas, disait-il, d'enseignement dogmatique de la morale dans les écoles, mais les maîtres devront enseigner chaque jour, et dans chacun des exercices de la classe, la nécessité de remplir son devoir envers les hommes, envers la patrie et envers Dieu. L'éducation importe encore plus que l'instruction... L'enseignement régulier de la morale tiendra désormais le premier rang dans les écoles normales. »

Ces formules étaient trop vagues pour les catholiques, qui formaient la majorité de l'Assemblée nationale et qui refusèrent de s'en contenter. Leurs protestations se firent entendre surtout contre l'obligation qu'on voulait imposer, contre l'absence de tout enseignement religieux et le trop grand pouvoir donné à l'inspecteur d'académie, au détriment des droits du père de famille.

Le projet de M. Jules Simon fut donc rejeté, et la société nationale d'éducation et d'enseignement en rédigea un autre qu'elle soumit à la commission parlementaire présidée par Mgr Dupanloup « L'administration de l'instruction primaire enlevée au pouvoir central pour être donnée au département, l'action du père de famille et du ministre de la religion assurée »; tel était son but nettement avoué.

Pour atteindre ce résultat, la commission nationale d'éducation et d'enseignement proposait d'établir des bureaux scolaires dans les communes, des comités cantonaux dans les chefs-lieux de canton, et des conseils départementaux dans les chefs-lieux de département. C'était le système appliqué dans le grand-duché de Bade à la suite de la loi du 29 juillet 1864. Ce projet n'eut pas plus de succès que celui dont M. Jules Simon avait pris l'initiative.

La question de la réforme de l'enseignement primaire ne pouvait pas être abandonnée cependant, et une nouvelle proposition, dont M. Paul Bert assuma la tâche d'être le rapporteur, fut déposée en 1879 sur les bureaux de la Chambre. C'est elle qui aboutit finalement à la législation qui nous régit depuis le 28 mars 1882, époque mémorable qui ouvre chez nous l'ère de l'instruction primaire obligatoire.

Le vote des deux lois en date du 16 juin 1881, dont l'une imposait la gratuité et l'autre les titres de capacité pour pouvoir répandre chez la jeunesse les connaissances élémentaires, marque le premier succès de la campagne engagée. Toutes deux avaient manifestement pour but de donner au corps universitaire le monopole de façonner à sa guise les générations nouvelles et de porter des coups décisifs à l'enseignement libre. La lutte entre eux était engagée désormais; était-ce bien du moins en faveur de la liberté de conscience, ainsi qu'on l'a prétendu?

En imposant la gratuité absolue dans les écoles primaires et les salles d'asile publiques, on offrait au peuple l'instruction officielle avec tant d'avantages qu'elle semblait pouvoir défier toute concurrence à l'avenir.

En supprimant les lettres d'obédience des congrégations enseignantes, on cherchait à restreindre le nombre de leurs professeurs et à paralyser, par le fait même, leurs moyens d'action. Hâtons-nous de reconnaître d'ailleurs, pour être juste, que la loi admit certaines équivalences au titre de capacité, en faveur des maîtres, qui avaient en quelque sorte des droits acquis (art. 4). Mais toutes les autres furent supprimées par le paragraphe 2 de l'article 1er, qui n'en laissa subsister aucune de celles qu'avait admises le second paragraphe de l'article 25 de la loi du 15 mars 1850.

Ces deux lois de 1881 ne furent pas votées, comme bien on le suppose, sans soulever des protestations. A la Chambre et au Sénat, les catholiques les combattirent avec énergie et parvinrent à obtenir ainsi quelques faibles concessions.

Au Sénat, M. Chesnelong fit remarquer avec la sûreté de logique qui le caractérise, que l'exonération qu'on prétendait imposer n'était qu'un leurre, puisque les charges scolaires devaient être supportées par l'ensemble des contribuables. Les parents qui préféreraient l'école libre, même payante, seraient donc imposés deux fois : comme contribuables d'abord, pour les enfants des autres; puis comme pères de famille, pour leurs propres enfants. La véritable gratuité devait s'appliquer, selon lui, aux cas particuliers et aux situations spécialement intéressantes, et elle ne saurait humilier personne, si l'on en juge par le nombre des demandes de cette nature qui ne cesse d'augmenter chaque jour.

M. Ribière, rapporteur de la commission, maintint toutefois le principe de la gratuité, en ajoutant, ce qui ne demandait pas de longues démonstrations, que, n'étant plus imposés qu'au prorata de leurs contributions, les chefs de famille seraient moins grevés qu'ils ne l'étaient auparavant par la rétribution scolaire. Malheureusement, cet avantage est loin de profiter à l'universalité des parents; il ne constitue, en définitive, qu'un privilége en faveur d'une certaine catégorie d'entre eux, une atteinte à la liberté et une inégalité dans les charges pour les autres. Voilà le fait précis, indéniable, qui ne saurait être sérieusement contesté.

Ces dispositions préliminaires ne faisaient que préparer une mesure plus générale. M. Jules Ferry, dont l'ambition dominante, comme ministre de l'Instruction publique, fut de retirer au clergé, par tous les moyens possibles, l'enseignement national, tenait également à ce qu'il fût rendu obligatoire. La question de gratuité devait être résolue au préalable ou du moins simultanément. Il n'hésita pas à commencer par elle.

Cette première bataille gagnée permit d'engager, avec plus de chance de succès, le grand débat sur l'instruction obligatoire et laïque qui se termina par le vote de la loi du 28 mars 1882. M. Jules Ferry, qui en était le promoteur, avait trouvé la question mûrie depuis que M. Jules Simon avait appelé l'attention sur elle. Aussi fut-il plus heureux que son prédécesseur et réussit-il à la faire aboutir. Mais il faut reconnaître que cette victoire fut la première et une des causes principales de l'hostilité violente à laquelle il est en butte aujourd'hui.

Ce n'est pas qu'en fait la loi, dont il peut réclamer la paternité, porte directement atteinte à la liberté d'enseignement; on lui a surtout reproché de violer les droits de la conscience en obligeant, dans les communes où il n'y a qu'une école publique, les parents trop pauvres pour donner chez eux l'instruction à leurs enfants, à les envoyer en recevoir une qui ne tient aucun compte des principes de leur religion.

Tant il est difficile, comme l'a dit ce bon La Fontaine, de pouvoir contenter tout le monde et son père !

L'article 1er de la loi du 28 mars 1882 impose l'instruction morale et civique, sans parler de l'enseignement religieux. C'est ce qu'on appela sauvegarder la neutralité de l'école. En vain M. Jules Simon avait-il proposé au Sénat d'introduire un amendement où il était dit qu'on apprendrait à l'enfant « ses devoirs envers Dieu et envers la Patrie. »

L'interprétation des motifs qui firent rejeter cette motion permit aux catholiques de dire, avec quelques semblants de raison, que ce n'était pas seulement l'école neutre, mais l'école sans Dieu qu'on prétendait imposer, et cela, malgré les affirmations réitérées du ministre, protestant que l'enseignement ne devait pas être hostile à la religion, qu'il serait respectueux de tous les cultes.

L'article 2 ordonne effectivement un congé par semaine, outre le dimanche, pour que les enfants puissent recevoir l'instruction religieuse, en dehors de l'école publique. Mais pourquoi en dehors de l'établissement communal, et ne pas se borner à dire, comme le fait si justement la législation américaine, dans la classe même, une fois les cours obligatoires terminés?

Toute liberté est laissée d'autre part à l'enseignement des différentes doctrines dans les établissements particuliers.

L'article 3 supprime la prérogative, accordée par la loi de 1850 aux ministres des cultes, d'inspecter et de surveiller les écoles publiques et privées. Néanmoins les institutions libres restent maîtresses de continuer à recevoir leurs visites et leurs conseils.

C'est l'article 4, établissant l'obligation de l'instruction primaire pour les enfants de 6 à 13 ans révolus, qui est le point capital de la loi. Il laisse d'ailleurs la latitude de faire donner cette instruction obligatoire dans tout autre établissement que les écoles communales et même dans la famille, sous réserve d'un examen annuel imposé par l'article 16 dans ce dernier cas.

Faute de se conformer à ces prescriptions, les pères de famille s'exposent à la réprimande, à l'affichage infamant, à l'amende et à la prison.

C'est aux commissions municipales scolaires qu'est confié le soin de faire des prosélytes à l'enseignement officiel.

L'article 7 impose aux parents, tuteurs et à toutes personnes responsables en général, l'obligation de déclarer où l'enfant dont ils ont la garde reçoit les notions élémentaires prescrites par la loi ; à défaut de cette formalité, on le considère comme élève de l'école publique (art. 8). Cette déclaration toutefois peut être faite, même après l'inscription d'office, ce qui ménage la liberté des pères de famille, à qui est ainsi toujours réservé le choix de l'institution à laquelle ils préfèrent confier les leurs. En théorie, naturellement, car il est évident que, dans la pratique, cette facilité est absolument illusoire, puisque le plus souvent elle ne saurait exister, faute d'établissement concurrent à proximité.

Si les écoles libres, de leur côté, reçoivent des enfants pour lesquels ne serait pas remplie la formalité de la déclaration, elles s'exposent à être poursuivies.

L'article 10 décide qu'il appartient aux commissions scolaires de juger des motifs d'absence. En donnant à ce texte son interprétation la plus large, elles seraient donc fondées à tempérer, au profit des pères de famille, le principe de l'instruction obligatoire; dans le cas, par exemple, où la neutralité promise en matière religieuse viendrait à être violée dans une école, jusqu'à porter manifestement atteinte au respect de la liberté de conscience.

L'article 15 autorise également ces mêmes commissions à accorder d'assez larges dispenses d'assiduité aux leçons des instituteurs, en cas d'excuses justifiées. C'est encore un adoucissement au principe de l'obligation générale.

L'article 11 a trait à l'enseignement libre, et se montre particulièrement rigoureux à son égard : avertissement, censure, suspension jusqu'à trois mois par le conseil départemental, sans recours possible : telles sont les pénalités qu'il prononce contre les infractions aux dispositions précitées.

Quant à l'article 16, il s'applique aux enfants élevés dans leur famille. Ceux qui sont dans cette situation doivent, d'après lui, passer un examen chaque année. S'il est constaté que leurs connaissances sont insuffisantes, sans qu'un motif plausible puisse être légitimement invoqué, ils sont envoyés dans une école publique ou privée, dont le choix est d'ailleurs laissé aux personnes qui ont la responsabilité de leur éducation.

L'article 17 rend la caisse des écoles obligatoire dans

toutes les communes, sans cependant obliger celles-ci à se grever au delà des ressources dont elles disposent. Il en résulte que les répartitions de secours se faisant par les commissions scolaires, celles-ci peuvent en distribuer aux écoles libres, congréganistes ou laïques, à leur choix, et combattre le gouvernement avec les armes qu'il met lui-même entre leurs mains.

L'article 1er de la loi du 28 mars 1882 imposant dans les écoles primaires l'instruction morale et civique, il y avait lieu d'en rédiger le programme officiel. C'est ce dont s'empressa de s'occuper le conseil supérieur de l'instruction publique dans sa session de juillet 1882. MM. Paul Bert, Mézières et Compayré, tous trois membres de l'Université, en ont donné, sous la forme de manuels, les commentaires les plus justement appréciés : en ce qui concerne spécialement celui de M. Paul Bert, les orages que souleva son apparition eurent un tel retentissement qu'ils sont encore présents à toutes les mémoires.

La loi de 1882 avait déchristianisé le programme de l'instruction primaire; cette réforme ne paraissant pas encore une garantie de neutralité suffisante, le gouvernement de la République jugea qu'il était de son devoir de laïciser également le personnel enseignant de nos trente-six mille communes. C'est à cette intention qu'il rédigea la loi qui porte la date du 30 octobre 1886. Un tel scrupule était fort honorable sans doute, mais fallait-il y satisfaire dans un moment où les charges des constructions scolaires pesaient déjà si lourdement sur tous les budgets locaux?

Désormais, disait le projet qui fut adopté, aucun cours public ne peut plus être confié à des hommes ou des femmes ayant un caractère confessionnel. Les institutions tenues par des particuliers, des religieux ou religieuses, perdent le nom d'écoles libres pour ne plus porter que celui d'écoles privées. Je me rappelle à ce sujet avoir entendu railler tristement ce mot qu'on complétait en disant : privées de liberté. Mais ce n'était qu'un jeu d'esprit, et ce n'est pas ici le lieu d'en faire, puisque nous nous bornons à rappeler les phases par lesquelles a passé l'instruction primaire dans notre pays.

L'article 17 de la loi de 1886 est absolu : « L'enseignement, porte-t-il, est exclusivement confié à un personnel laïque. » Aucun individu appartenant à un ordre religieux, si capable soit-il, ne pourra donc plus, passé le délai de cinq ans fixé par l'article 18 pour le renouvellement du personnel enseignant dans les écoles publiques de garçons, instruire la jeunesse au même titre que les autres citoyens. Les enfants, à qui leurs parents tiendront à inculquer des croyances pieuses, seront obligés d'aller dans des établissements spéciaux, que la loi qualifie du nom d'écoles privées et qu'heureusement la police tolère encore. Quant à leurs professeurs, ce sont des parias. Des religieux ! Allons donc ! Pour un peu on les priverait de leurs droits civiques. Il est probable qu'au train dont nous marchons dans cette voie d'améliorations progressives, on ne tardera pas à y arriver d'ailleurs. Si du moins on s'occupait auparavant d'autres réformes plus urgentes qui intéressent, elles, l'universalité de la nation et qui sont réclamées par tous depuis un temps immémorial. Mais c'est que pour les faire, celles-là, il faudrait travailler, étudier les lois économiques qui gouvernent le monde, bien peser le pour et le contre des différents intérêts en cause, tandis qu'il est si facile au moyen de quelques articles de mettre hors la loi des individus auxquels leur caractère a toujours appris l'humilité et l'obéissance !

C'est après de telles campagnes, des législatures si bien employées, qu'on se représente, la tête haute et la conscience tranquille devant ses électeurs, auxquels on cherche à persuader qu'il n'y avait rien de mieux à faire pour leur donner satisfaction que d'augmenter encore les charges qui les écrasent.

Mais revenons-en à notre loi de 1886.

Aux termes de l'article 11 : « Toute commune doit être pourvue au moins d'une école primaire publique. »

L'article 14 rend les dépenses scolaires obligatoires plus nombreuses et plus lourdes pour les budgets municipaux qu'elles ne l'étaient jusqu'alors.

En 1886 il y avait, pour occuper les chaires communales, 3,463 instituteurs congréganistes et 14,958 institutrices laïques ou religieuses. La crainte de tout désorganiser et d'être pris au dépourvu, en décrétant le remplacement immédiat de ce nombreux personnel, inspira le délai de cinq ans prévu pour la laïcisation complète des écoles de garçons. Quant à celles de filles, les institutrices laïques, malgré la multiplicité des brevets accordés, étant encore plus difficiles à recruter et surtout à faire accepter que les instituteurs imposés par l'État, il n'a pas été fixé d'époque extrême pour l'application des mesures qui font l'objet de la législation nouvelle à leur égard.

Il fallait éviter jusqu'à la possibilité de comparaisons regrettables et en même temps de mécontenter les communes, en leur imposant un surcroît de dépenses.

C'est absolument sans bruit, par simple arrêté préfectoral, qu'est signifiée la désaffectation d'une école.

Telles sont les grandes lignes de cette loi de laïcisation du personnel enseignant : toute d'exception, quoiqu'on en dise, et tendant comme l'autre, celle de 1881 sur la gratuité, à créer une catégorie de citoyens privilégiés dans l'État : ceux qui ne savent pas ce que c'est que prier.

Subsidiairement, l'article 19 reconnaît pourtant que les libéralités faites pour l'établissement de maisons d'éducation, avec clause spéciale que celles-ci seront dirigées par des congréganistes, doivent être acceptées dans leur forme et teneur. Jusqu'ici, la jurisprudence qu'il établit est conforme à la règle ordinaire et au Code civil, mais où elle cesse de l'être, c'est dans la situation spéciale qu'elle crée à ce genre de donation par la fin de ce même article. Tandis que d'après le droit commun, les héritiers d'un bienfaiteur quelconque disposent de la prescription de trente ans pour exercer une action en révocation contre le donataire qui n'exécuterait pas les conditions imposées à la remise de son legs, la loi innove pour ce cas spécial une prescription toute courte et toute nouvelle : deux ans seulement, à laquelle on ajoute, il est vrai, une certaine publicité, mais dans des proportions restreintes à l'excès. Escobar n'eût pas mieux fait.

D'autres restrictions et formalités déclarées obligatoires seraient à signaler comme abusives dans les soixante-huit articles de la loi de 1886, si le cadre de cette étude nous le permettait. Nous nous bornerons à faire remarquer que l'article 35 confirme les dispositions antérieures sur la liberté des méthodes, des programmes et des livres dans l'enseignement privé, sous la seule réserve que les ouvrages dont il sera fait usage n'aient pas été interdits par le Conseil supérieur de l'instruction publique. Hâtons-nous d'ajouter que ce Conseil ne peut défendre que les livres contraires à la morale, à la Constitution et aux lois, et qu'il n'a jamais publié la liste des livres interdits.

Les catholiques, c'était non seulement leur droit, mais aussi leur devoir, puisqu'ils se croient en possession de la vérité à l'exclusion de tous les autres, ont naturellement jugé cette loi avec la dernière sévérité et lui ont adressé leurs plus formidables anathèmes. Ils l'ont appelée : « une œuvre de tyrannie » parce qu'elle viole les droits et la volonté du père de famille ; « une œuvre de persécution », parce qu'elle vise à la suppression de l'école religieuse ; « une œuvre d'iniquité », parce qu'elle ne dispense du service militaire que les instituteurs officiels ; « une œuvre de confiscation », parce que ses règles étroites menacent de porter atteinte à la la propriété ; enfin, « la violation flagrante du droit », parce qu'elle soumet les écoles privées à l'arbitraire de juridictions manquant d'indépendance et d'impartialité.

Malgré ces multiples colères, elle est appliquée journellement et acceptée sans murmures dans la généralité des communes, tant on est las de lutter en vain pour la liberté promise depuis si longtemps. En dehors de tout parti pris, il est impossible de n'être pas frappé des contradictions que cette loi présente avec le principe même qu'elle entend sauvegarder et de ne pas s'effrayer des embarras financiers que crée son application. La législation scolaire en vigueur dans les pays étrangers, aux États-Unis, en Belgique et dans les Pays-Bas, notamment, sait allier autrement que la nôtre l'obligation avec la liberté. Pourquoi ne pas nous inspirer de son exemple? En ce qui concerne cette question d'enseignement, comme en ce qui touche presque toutes les autres, notre infatuation nous aveugle. Nous nous croyons à la tête du mouvement intellectuel du monde, alors que tant d'autres puissances nous ont depuis bien longtemps devancés.

Cet orgueil de race achèvera de nous perdre, si nous n'y prenons garde. A nous tous appartient de signaler l'écueil pour que l'esquif des destinées de notre patrie n'aille pas s'y broyer. A nous de renseigner les pilotes qui nous conduisent sur les brisants dont ils ne semblent pas soupçonner l'existence. Mais alors, se demandera-t-on peut-être, n'est-il donc pas possible de confier la barre du bâtiment national à des mains plus expérimentées?

Pour en revenir à la question d'enseignement primaire que nous traitons actuellement, il y lieu de remarquer en effet, et non sans appréhension, la tendance de plus en plus accentuée que manifestent les pouvoirs publics, et qui consiste à substituer l'enseignement national à l'enseignement communal.

Telle est bien la déclaration formelle qu'a faite au mois de juillet de l'an dernier M. Lockroy, ministre de l'Instruction publique, interprète autorisé par le fait de la politique scolaire du gouvernement, au banquet des instituteurs de la Seine, auquel il avait été convié: «Soustraire, leur dit-il, l'instituteur aux caprices, aux fantaisies des municipalités, faire en un mot de l'enseignement une fonction d'État, voilà notre but.»

Cette théorie, pour tout homme de bonne foi, n'est pas plus à l'abri des critiques que toutes celles qui l'ont précédée, que probablement aussi la plupart de celles qui sont appelées à la suivre. Elle est même plus à blâmer que d'autres, parce qu'elle tend à monopoliser l'instruction publique, dans l'intérêt du parti en possession du pouvoir, au moment précis où chacun se plaint de la centralisation excessive de tous les rouages administratifs.

Vouloir faire en effet de l'enseignement une fonction d'État, c'est évidemment travailler à fortifier la puissance du régime politique sous lequel nous avons le bonheur de vivre, mais alors, voyez cette contradiction : si le peuple, au suffrage duquel nous sommes tous assujettis, s'en lasse de ce régime, s'il s'imagine d'essayer d'un autre, quelle trace aura laissé derrière lui le gouvernement déchu : l'Université et l'école, derniers défenseurs d'un pouvoir tombé, dernière forteresse d'un passé désormais odieux, et cette institution dont les agents paieront vos fautes, sera votre œuvre, à vous, républicains sincères pourtant, qui ne reconnaissez que le vote si variable des électeurs pour guide, qui êtes tout prêts, dites-vous, à accepter le mandat impératif pour permettre à ceux que vous représentez de choisir immédiatement un nouveau favori qui saura mieux que vous se faire le porte-voix de leurs réclamations. Mais cette citadelle, que vous aurez élevée, restera malgré votre chute. Elle sera une force pour ceux qui vous succéderont.

Vous ne voyez donc pas que c'est le plus mauvais service que vous puissiez rendre aux instituteurs, au sort desquels vous vous intéressez pourtant.

Ou bien, avez-vous des yeux pour ne pas voir ?

N'était la question de principe, il n'y aurait pas lieu d'ailleurs de regretter ces deux lois de 1882 et de 1886, parce qu'elles ont provoqué l'émulation, la rivalité des partis religieux et matérialiste, et que la concurrence est le meilleur moyen d'arriver au progrès dans tous les genres.

Avant la nouvelle réglementation, il y avait à Paris 136 écoles communales congréganistes qui étaient fréquentées par 41,000 élèves ; depuis la laïcisation, il y a 193 institutions, privées c'est vrai, mais qui n'en comptent pas moins près de 75,000 élèves.

Et ce résultat est d'autant plus significatif que lui du moins n'est dû qu'à la manifestation des sympathies individuelles, malgré que la pression gouvernementale n'ait négligé aucun expédient pour rendre alléchante la fréquentation de ses classes. Elle en a fait le meilleur moyen, pour une famille pauvre, de s'assurer actuellement les secours de la bienfaisance publique ; de gratuite que devait être primitivement l'école, elle est devenue presque lucrative, puisque les enfants y reçoivent, sous forme de bons scolaires, une grande partie de leur nourriture et de leurs vêtements. Il est facile d'être généreux lorsque, pour payer ses libéralités, on n'a qu'à voter des augmentations d'impôts. Mais ces majorations sont autant d'injustices et d'inégalités. Si vous êtes les plus forts aujourd'hui, demain vous pouvez être en minorité, et alors craignez la revanche. Pourquoi donc toujours tant de luttes ? Ne vaudrait-il pas mieux vivre en bon accord et respecter les droits de tous pour que jamais on ne soit autorisé à essayer d'attenter aux vôtres !

« En ce moment, la laïcisation, après avoir exercé ses ravages dans les villes, où, à raison de la population, il y a des enfants pour toutes les écoles, s'abat sur les campagnes où il n'y a guère, dans chaque commune, place que pour une école. Savez-vous ce qui arrive? Sur beaucoup de points, les écoles chrétiennes qui, après avoir été laïcisées, se survivent comme écoles libres, gardent leurs 50, leurs 60, leurs 100, leurs 150 élèves; quant aux nouvelles écoles publiques, — j'en connais beaucoup qui sont dans ce cas, et je suis loin de les connaître toutes, — elles ont 15, 10, 6, 2 élèves, et il y a même des communes où les écoles attendent encore le premier élève, qui ne vient pas!

» Et ces écoles vides ou presque vides coûtent à l'État 2,000 francs par an d'entretien, sans parler même des fastueuses dépenses qu'on fait souvent pour construire et installer le local, véritable gaspillage financier, dont le scandale s'ajoute à l'odieux d'une proscription imméritée (1). »

Sans doute, nous l'avons reconnu, il est absolument légitime qu'un gouvernement, soucieux d'élever le niveau intellectuel et moral d'une nation, se préoccupe des moyens de répandre l'instruction qui en est le principal facteur; mais où il devient illogique, inconséquent avec lui-même, c'est lorsqu'il apporte des entraves à la propagation de cet enseignement par quelques maîtres que ce soit, et qu'il exige, aux termes de ses lois, une école et un instituteur publics pour

(1) Discours de M. Chesnelong, président du Comité diocésain des écoles chrétiennes libres de Paris, au Cirque d'Été, le 14 mars 1888.

toutes les communes indistinctement, n'eussent-elles, comme celle de Morteau (Haute-Marne), que je prends au hasard comme exemple, pas plus de douze habitants.

Et c'est malheureusement le spectacle auquel il ne nous est que trop souvent donné d'assister.

En signalant les défectuosités de la législation qui règle l'enseignement primaire gratuit, obligatoire et laïque, en faisant remarquer les injustices auxquelles dans la pratique donne lieu son application, nous n'avons pas entendu prétendre que le système que nous pourrions proposer soit lui-même à l'abri de tout reproche. Il en est ainsi des différentes institutions humaines, toutes pèchent par quelque endroit, et le but de notre ambition doit être de chercher modestement à les rendre les moins imparfaites possible.

Aussi pardonnerais-je volontiers les préférences marquées du gouvernement pour les établissements qui sont son œuvre, si du moins il laissait aux autres la liberté qu'il leur a promise, l'indépendance à laquelle ils ont droit ; mais non, après leur avoir garanti l'existence, il ne cesse de leur faire une guerre sourde avec des armes d'une loyauté douteuse, qui se retournent contre lui d'ailleurs et le marquent d'un stigmate difficile à dissimuler.

Combien de fois ne nous a-t-il pas été donné de gémir sur les piteuses péripéties de cette campagne d'un nouveau genre !

Voici ce qu'en pense de son côté M. le duc de Broglie, qui la suit particulièrement de près :

« Pour bien comprendre le caractère de cette lutte,

dit-il (1), et ce que l'enseignement libre a eu à souffrir, ce n'est pas à Paris qu'il faut en suivre tous les incidents. A Paris, les abus administratifs de tout genre se donnent moins librement carrière. La presse est là toujours prête à les signaler, et l'opinion publique à s'en émouvoir. Puis l'étendue même du lieu semble donner une certaine largeur aux idées; il y a tant de place à Paris qu'on passe à côté les uns des autres sans se connaître; il y a tant d'enfants à élever, ne fût-ce que ceux qu'on peut ramasser errants dans les rues, qu'écoles publiques et écoles libres peuvent être également pleines et se développer à côté les unes des autres, sans se nuire et presque sans se rencontrer.

» C'est dans les localités plus restreintes, dans de petites communes rurales, par exemple, qu'entre l'école publique, chrétienne naguère, laïcisée la veille, et l'école libre qui vient s'ouvrir en face d'elle, s'engage un véritable duel dont toutes les conditions sont faussées d'avance par la partialité de l'administration.

» A tout prix, il faut empêcher l'école libre de venir au jour, et si on ne peut tout à fait s'y opposer, en retarder au moins l'ouverture. En gagnant du temps, en effet, l'école publique restera, quelques mois au moins, seule en exercice dans la commune; de gré ou de force, les enfants seront bien obligés de la suivre, les parents devant veiller à des travaux nécessaires et ne pouvant les garder chez eux, ni les laisser errer sans surveillance.

» On pourra faire aussi un usage discret de cette loi d'obligation, dont un maire peut à volonté ou ne pas se

(1) Discours de M. le duc de Broglie à l'Assemblée générale de l'Œuvre diocésaine des écoles chrétiennes libres de Paris, au Cirque d'Été, le 14 mars 1888.

servir du tout, s'il tient à ménager sa popularité, ou serrer les écrous pour vexer des parents déplaisants ou récalcitrants. On espère donc que pendant ces jours d'attente, les enfants apprendront le chemin de l'école publique, prendront l'habitude de s'y rendre, et que, quand l'école libre reviendra, elle trouvera la place prise et sera comme une maison de commerce qui a perdu sa clientèle.

» Voilà le calcul; il consiste à épuiser tous les moyens, tous les prétextes de retard et ils sont nombreux. D'abord, aucune école libre ne peut s'ouvrir sans une déclaration faite un mois à l'avance. Un mois, c'est déjà quelque chose, surtout si on a soin de faire arriver le décret de laïcisation à l'improviste, la veille, par exemple, de l'époque habituelle de l'ouverture des classes, quand le temps des vacances est écoulé. C'est un coup d'État qui surprend désagréablement les parents, et on peut tirer parti de leur surprise.

» Puis, pendant ce mois d'attente, opposition peut être faite à l'ouverture, par deux autorités différentes, le maire ou l'inspecteur primaire, et les motifs de cette opposition peuvent être aussi de deux sortes: l'intérêt de l'*hygiène* ou celui des *bonnes mœurs*. Il faut préserver d'une fâcheuse influence, soit la santé, soit la moralité des enfants.

» L'*hygiène* et les *bonnes mœurs*, voilà les deux termes dont la loi se sert. Mais vous n'imagineriez jamais ce qu'on peut faire avec ces deux mots. L'Académie française, dont je parlais tout à l'heure, a pour principale occupation de faire le dictionnaire de la langue, et son travail consiste à rechercher quelles acceptions on peut donner à un mot, à combien de sens il se prête, et, en quelque sorte, de quelle élasticité le temps et l'usage l'ont doué. Eh bien! je ne crois pas que jamais l'Académie ait deviné combien de choses on peut exprimer avec ces deux mots: l'*hygiène* et les *bonnes mœurs*, et à combien d'emplois divers ces deux termes ont la complaisance de servir.

» Partez de là d'abord : une école libre, quelle qu'elle soit, est toujours malsaine; elle serait construite depuis des années qu'elle est toujours humide; elle serait exposée en plein midi et au grand soleil, qu'il y règne toujours un mauvais air; ce serait un sujet d'étude à proposer aux savants que cette relation intime et constante qui existe entre la liberté d'une école et son humidité!

» Ce qui rend ce phénomène physique encore plus remarquable, c'est qu'il se produit parfois, quand le local où vient s'établir l'école libre est le même qui servait auparavant à l'école publique, sans que l'hygiène eût paru avoir rien à reprendre. C'est ce qui arrive, par exemple, dans le cas où le bâtiment où se tenait l'école communale, avant qu'elle fût laïcisée, appartenait à un ordre religieux de Frères ou de Sœurs, qui le tenaient de dons ou de legs pieux, et qui n'avaient fait que le louer ou le prêter à la commune. En leur retirant la qualité et le traitement d'instituteurs et d'institutrices publiques, on n'a pas cru pourtant pouvoir les dépouiller de leur propriété et les chasser de leur domicile. Ce n'est pas qu'on se soit résigné de bonne grâce à les y laisser. Il y a des juristes républicains qui établissaient doctement et par raison démonstrative, qu'en chassant le propriétaire, on pouvait garder la propriété. Suivant eux, tout don fait à des religieux étant illicite et par là même immoral, la donation était frappée de nullité, ce qui faisait rentrer le bien dans le domaine commun de l'État. La conséquence pouvait paraître logique : du moment où il était reconnu immoral de disposer de son bien, il pouvait paraître moral de prendre celui des autres. Mais, ni le Code civil, ni le Code pénal n'ont admis cette jurisprudence et il faut la renvoyer aux prochains progrès de la morale civique.

» Il a donc fallu, dans plus d'un cas, en laïcisant l'école publique, laisser les Frères ou les Sœurs dans le lieu où on les trouvait. C'est alors que s'est produit le fait étrange dont j'ai parlé; en changeant de caractère, l'école, la même école, changeait de conditions hygiéniques et sa salubrité s'altérait à l'instant.

» J'en ai là sous la main deux exemples, tout récemment et très juridiquement constatés. Voici une école qui, depuis six ans, contenait plusieurs classes de petits garçons; c'étaient des Frères qui la tenaient et personne, ni maîtres ni élèves, ne s'était jamais plaint. Du jour où la qualité d'instituteur public a été retirée aux Frères, on s'est aperçu que leur école communale était exposée à de fâcheuses émanations. C'était l'effet de la proximité d'un cimetière, car vous comprenez bien qu'avant que la laïcisation fût intervenue, personne ne mourait ni n'était enterré dans la commune (1).

» L'autre exemple est plus instructif encore. C'était une école de filles, si bien vue dans le canton que, ses classes devenant trop étroites pour le nombre des

(1) V. *Bulletin de la Société générale d'éducation et d'enseignement* (16 septembre 1887, p. 621. Affaire de l'école de Saint-Pierre-d'Entremont (Savoie).

élèves, la commune lui avait fait gracieusement don d'un terrain pour s'étendre. Survient la laïcisation : l'école devenue libre, n'ayant pas perdu d'élèves, l'extension n'est pas moins nécessaire et les Sœurs se mettent en devoir d'y procéder. Mais au moment où elles allaient se mettre à l'œuvre, on s'est aperçu que le terrain était situé de manière que le nouveau bâtiment serait élevé dans des conditions dangereuses pour la santé des élèves, et la commune a dû ouvrir les yeux sur la nature du don funeste qu'elle avait fait (1).

» Allez-vous supposer, pour expliquer cette tendance étrange des écoles libres à devenir soudainement malsaines, que les enfants de ces écoles, étant peut-être moins bien vêtus et moins bien nourris que ceux des écoles publiques, ont un tempérament plus délicat et plus accessible à de mauvaises influences ? Mais d'autres exemples prouvent que ces enfants sont loin de dépérir, car une des causes d'insalubrité que je trouve encore le plus souvent alléguée, c'est l'insuffisance du local pour le nombre d'élèves qu'elles doivent contenir et dont les rangs sont censés devoir être trop serrés pour qu'ils puissent y travailler ou respirer à l'aise, et j'ai encore ici l'exemple d'une école parfaitement suffisante, quand l'école était publique, et qui s'est trouvée trop étroite, dès qu'elle a été ouverte dans les conditions de la liberté. Le nombre des enfants n'ayant pas augmenté, il est clair qu'ils n'avaient pas maigri (2).

(1) *Bulletin de la Société générale d'éducation et d'enseignement*, 15 septembre 1887, p. 619. Affaire de Tremblay-le-Vicomte (Eure-et-Loir).

(2) *Bulletin de la Société générale d'éducation et d'enseignement* 15 mai 1887, p. 315. École de Banon (Basses-Alpes).

» Non, il y a là vraiment un problème physique qu'il faut soumettre à l'Académie des sciences. La solution se rattache peut-être à la fameuse théorie des microbes et des bacilles qui explique tant de choses aujourd'hui. Il y a évidemment des microbes qui, inoffensifs dans les écoles publiques, deviennent venimeux dans les écoles libres. C'est un fait à recommander à l'étude de M. Pasteur.

» J'arrive au second moyen d'opposition, à celui qui est tiré, vous le savez, du danger que l'école établie dans de certaines conditions peut faire courir à la moralité des élèves. C'est le motif des *bonnes mœurs*. Ici nouvelle surprise, mais d'un autre genre. Parions que vous n'auriez jamais soupçonné, ni moi non plus, combien certains maires étaient délicats sur les bonnes mœurs ; voici un fait pourtant qui montre combien sur ce point leur susceptibilité est grande. Une école qui s'ouvre est toujours trop voisine d'un débit de boissons.

. . . .

» Dès qu'on peut apercevoir des fenêtres ou du perron d'une école l'enseigne d'un débit de boissons, cette seule vue, même lointaine, compromet la moralité de l'école. Le cabaret joue, pour les bonnes mœurs, le même rôle que le cimetière pour la salubrité, avec cette différence (à l'avantage du cabaret) que tandis qu'il n'y a qu'un cimetière par commune, il y a toujours plusieurs cabarets.

» Mais voici un fait tout récent (c'est le dernier en date de ceux qui sont venus à ma connaissance, ce qui prouve que, comme toutes choses, le système des oppositions, bien appliqué, se perfectionne par l'usage) :

» Dans une commune du département de l'Aveyron,

un cabaret qui n'existait pas la veille a poussé, en quelque sorte, de lui-même et spontanément, à la porte d'une école libre, la veille du jour où cette école, avant son ouverture, devait être soumise à la visite réglementaire de l'inspecteur. Voici l'histoire : un terrain contigu à l'école libre était possédé par un cafetier dont l'établissement était placé dans une autre partie du village. Dès que le cafetier a eu connaissance du projet d'école, il a exprimé subitement le désir de venir placer lui-même, dans le terrain qu'il laissait jusque-là inoccupé, une succursale de son estaminet, et, le jour où l'inspecteur était attendu, on a aperçu le long de l'école quelques planches abritant des bancs, des tables et des verres ; des buveurs de bonne volonté, recrutés dans les environs, sont venus s'y asseoir, et pendant toute la visite de l'inspecteur ont entonné la *Marseillaise* à gorge déployée. Ouvrez donc une école libre pour y entendre chanter la *Marseillaise !* Passe encore quand c'est l'instituteur public qui la fait chanter à la sortie ou à l'entrée de la classe à ses élèves en guise de prière. Mais dans une école libre, c'est un péché mortel plus que suffisant pour qu'on ne puisse passer outre à l'opposition. Je n'ai pas besoin d'ajouter que dès que l'inspecteur a eu fini sa visite, planches, tables, verres et buveurs ont disparu et qu'il n'en a plus jamais été question.

» Cette apparition, cette disparition soudaines ont bien semblé, j'en conviens, un peu suspectes, et quand l'appel formé contre l'opposition a été porté au Conseil départemental qui en devait connaître, l'inspecteur a bien éprouvé quelque peine à les justifier. Il est convenu que le cafetier n'avait peut-être jamais eu l'intention bien sérieuse d'ouvrir le cabaret, mais que si le fait n'était pas sûr, le contraire ne l'était pas davantage, et, dans le doute, le Conseil départemental a maintenu l'opposition (1). »

Contre ces interprétations fantaisistes dont parle M. le duc de Broglie, la loi a certainement ouvert un recours, et même deux : il y a l'appel en première instance devant le conseil départemental, et l'appel en seconde instance devant le conseil supérieur de l'instruction publique.

Mais, en attendant qu'une décision ait été rendue par cette dernière juridiction, sur l'impartialité de laquelle il est seulement permis de compter, à quelles vexations les pères de famille, les généreux instituteurs qui avaient offert aux municipalités leur concours et leur bonne volonté ne sont-ils pas exposés! Et quelle perte de temps!

Voilà mon grand grief contre les lois de 1882 et de 1886, c'est qu'elles ne protégent pas suffisamment la liberté des citoyens contre l'arbitraire; elles sont la source des injustices et des abus que nous avons signalés. Comme ces défectuosités ne peuvent pas avoir été ménagées intentionnellement, il ne faut cesser, pour arriver à leur suppression, d'appeler sur elles l'attention de tous ceux qui ont véritablement au cœur l'amour de l'équité et de la liberté de conscience, afin que chacun dans sa sphère travaille à réclamer la suppression des inégalités par trop choquantes que notre législation scolaire actuelle se complaît à créer et à entretenir.

(1) *Bulletin de la Société générale d'éducation et d'enseignement*, 15 février 1888, p. 112. École de Caudas (Aveyron).

II. — *Enseignement secondaire.*

Avant 1850, l'Université avait le monopole de l'enseignement secondaire. Aucune école de ce genre ne pouvait s'ouvrir sans son autorisation préalable. C'est elle qui faisait passer les examens et contrôlait les livres, les méthodes, les programmes dont on désirait faire usage, tandis qu'avec le certificat d'études et le diplôme du baccalauréat elle fermait les carrières à son gré.

Un *tolle* général s'était élevé contre cette omnipotence. Les catholiques surtout trouvaient que ce monopole blessait la liberté de leur conscience, car si Napoléon du moins avait basé l'enseignement officiel sur l'idée religieuse et la Restauration conservé cette règle en la poussant à l'exagération, depuis 1830 l'Université continuait de jouir de son privilége, sans avoir désormais à se préoccuper du respect des croyances précédemment assuré aux familles. Il en était résulté une persécution morale, dont le contre-coup ne devait pas tarder à se faire sentir, les petits séminaires, seuls établissements où s'apprenaient encore les devoirs envers Dieu, ne pouvant recevoir que 20,000 élèves pour la France entière, avec le port de l'habit ecclésiastique obligatoire et l'impossibilité d'affronter les épreuves du baccalauréat, qu'on ne voulait pas leur rendre accessible.

Aussi, tous les partis, sans distinction d'opinions, réclamaient-ils une réforme devenue indispensable.

« Y a-t-il une souffrance plus grande pour l'individu, disait Ledru-Rollin, que l'oppression de sa conscience, que la déportation de ses fils dans les écoles qu'il regarde comme des lieux de perdition, que cette conscription de l'enfance traînée violemment dans un camp ennemi et pour servir l'ennemi? »

M. de Montalembert, aux efforts généreux duquel nous avons eu si souvent occasion de rendre hommage, ne cessa pas un seul jour, de son côté, pendant tout le règne de Louis-Philippe, de lutter contre ces abus de pouvoir et de réclamer, au nom du droit commun, la justice et la liberté pour tous.

« Je crois, posait-il en principe, qu'entre l'absolutisme, d'une part, et la révolution de l'autre, il y a une chose, c'est la liberté! (1) »

En ce qui concerne les religieux, il demandait seulement pour eux le droit d'exister en France, dans les conditions où il leur était accordé en Angleterre, en Hollande, en Amérique, c'est-à-dire au titre de simples citoyens, le lien spirituel qui les unit ne concernant que leur conscience et étant affaire de leur for intérieur. C'est bien ainsi que devrait le comprendre toute politique vraiment sage.

Cette concession ne suffirait même plus à nous satisfaire aujourd'hui, que nous avons acquis l'expérience de la liberté. Logiquement les ordres religieux peuvent se constituer tout aussi bien que les autres associations. C'est là une reconnaissance qui s'impose et qui ne saurait guère se faire attendre maintenant.

Toujours est-il qu'à cette époque les évêques, pour

(1) Chambre des Pairs. — Séance du 9 mai 1844.

éviter des mesures extrêmes, car cette préoccupation a constamment dicté leur règle de conduite, acceptaient la théorie de Montalembert, tandis que les ministres de l'instruction publique : Guizot, Cousin, Villemain, de Salvandy, essayaient de compromis qui, ne reposant pas sur l'impartialité, seule base solide de toute organisation stable, n'étaient en somme que des expédients précaires auxquels les hommes sérieux ne pouvaient donner leur approbation.

Aux députés qui, pour justifier leur opposition systématique aux grandes réformes réclamées, s'attaquaient aux séminaires, aux études ecclésiastiques et aux questions de détail, M. Guizot, tout protestant qu'il était, répondait par ces graves paroles : « La religion fait quelques fanatiques, oui ; mais, pour un fanatique, la religion fait cent citoyens soumis aux lois, respectueux pour tout ce qui est respectable, ennemis du désordre, du dévergondage et du cynisme. »

Néanmoins, comme nous l'avons vu, malgré toute l'éloquence dépensée et la justesse des arguments mis au jour, la monarchie de Juillet n'ouvrit pas à tous la carrière de l'instruction. Peut-être cependant aurait-elle trouvé son salut dans cette mesure !

A force d'invoquer la loi commune, les catholiques avaient acquis une grande puissance, et la république de 1848, pour ne pas être en désaccord avec ses principes, devait proclamer en première ligne la liberté de l'enseignement. C'est ce qu'elle fit sans hésiter.

L'article 8 de la Constitution disait en effet : « que les citoyens avaient le droit de s'associer, de s'assembler paisiblement et sans armes, etc. », et l'article 9 portait : « L'enseignement est libre. La liberté d'enseignement s'exerce selon les conditions de moralité et de capacité déterminées par les lois et sous la surveillance de l'État. Cette surveillance s'étend à tous les établissements d'éducation et d'enseignement sans aucune exception. »

C'est sur ces données que la commission nommée par M. de Falloux fut appelée à préparer un projet de loi.

Fait étonnant et digne de remarque! M. Thiers, qui voulait livrer au clergé l'instruction primaire presque tout entière, fit de prime abord cause commune avec M. Cousin, qui avait cependant reconnu lui-même, dès 1815 : « Chose arbitraire cette volonté de Napoléon enjoignant que nul ne pourrait s'instruire qu'aux colléges de l'État », pour refuser à l'enseignement secondaire les droits et la liberté, qu'il n'y avait évidemment pas de motif plausible de lui dénier par mesure disciplinaire spéciale.

Cependant M. Thiers, avec son esprit naturellement droit, ne pouvait persévérer longtemps dans une pareille contradiction. Convaincu par l'éloquence de l'abbé Dupanloup, il revint promptement à des idées plus libérales et fut ensuite le défenseur infatigable de l'ensemble du projet de loi qui dota les Français de la liberté d'enseignement à ses différents degrés.

Par une habile délicatesse, Montalembert, ce porte-drapeau de toutes les revendications légitimes, s'effaça derrière l'abbé Dupanloup afin de faciliter l'entente et la conciliation. Mais son active propagande ne se ralentit pas pour cela. « Cherchant avec activité des auxiliaires hors de l'étroite enceinte du Luxembourg, créant des journaux, organisant des comités, nouant des relations en Pologne, en Allemagne, en Belgique, en Angleterre, le pupille d'O'Connell, le précurseur, puis l'ami de Donoso Cortès, le fondateur enfin, l'orateur, l'agitateur de ce qu'on nomma le parti catholique M. de Montalembert mérita de personnifier en France et en Europe la lutte laïque soutenue au nom de la foi contre tous les préjugés du gouvernement et des peuples (1). »

En cette année 1849, le grand-maître de l'Instruction publique en Belgique était le ministre sous le contrôle des Chambres. Les écoles privées se trouvaient soumises à une surveillance assez bénigne. La seule autorité répressive était celle des tribunaux.

Ce système avait été essayé en France en 1802, mais il n'avait pas donné de résultats satisfaisants, et l'enseignement s'en était trouvé affaibli. Il est vrai que les circonstances pouvaient entrer dans cet insuccès pour une large part.

Les Belges, peu exigeants pour la collation des grades universitaires, distribuaient les leurs de la façon la plus primitive. Les examens se passaient devant une commission centrale siégeant à Bruxelles, et composée d'hommes sans connaissances spéciales, pris en dehors des écoles.

A cette même époque, l'Angleterre semblait se désintéresser de la question d'enseignement, mais les corporations savantes, s'inspirant de leurs anciennes traditions, continuaient à maintenir leur force et leur unité. Les Facultés indépendantes, qui étaient autorisées à conférer les diplômes, tenaient à honneur que

(1) *Le Parti catholique*, par le comte de Falloux, 1856.

le titre qu'elles délivraient fût particulièrement apprécié comme une garantie de connaissances sérieuses, et la rivalité courtoise qui résultait de cette ambition légitime ne faisait que profiter à l'avancement des lettres et des sciences.

L'Allemagne et l'Italie, frappées des avantages de ce système, l'avaient, elles aussi, depuis longtemps adopté.

Telle était, au moment où se discutait en France le projet de loi sur l'enseignement secondaire au sein de la commission préparatoire, la situation faite aux études dans les pays qui, par leur voisinage et leur réputation de savoir depuis longtemps établie, pouvaient nous engager davantage à prendre leur exemple pour modèle.

On ne manqua pas de les citer en effet; c'était un argument d'autant plus concluant que les membres de la commission étaient loin d'être d'accord sur le meilleur moyen de développer l'enseignement du second degré dans l'intérêt général.

M. de Corcelle s'appuyait, pour le trouver défectueux, sur le rapport officiel de 1843, établissant que sur 116,000 élèves ayant reçu l'instruction secondaire cette année, 95,000 étaient restés sans diplôme et avaient manqué le but de leur éducation.

Convaincus que la diffusion des connaissances purement classiques était exagérée, MM. de Riancey et Saint-Marc-Girardin conseillaient, de leur côté, la fondation d'écoles professionnelles, comme répondant mieux aux besoins des populations; quant à M. Thiers, il se déclarait nettement hostile à la création d'institutions de ce genre.

Ces premières escarmouches engagées, on cita, c'était immanquable, l'exemple du Royaume-Uni.

« La liberté de l'enseignement y est absolue, dit Montalembert, sans qu'aucune loi l'ait établie... Quelques établissements, il n'y en a que quatre, portent le nom d'écoles publiques; mais cette dénomination ne leur a été donnée que par la seule raison que ces établissements sont dotés par des fondations... L'État n'exerce pas l'ombre d'inspection; et dans ce pays, d'où les Jésuites sont bannis comme corporation religieuse, ces mêmes Jésuites s'y livrent à l'enseignement. »

A quoi M. Dubois répondit qu'en Angleterre : « l'autorité royale avait certains droits sur les établissements dits publics, et que ces droits tendaient plutôt à s'accroître. »

M. Thiers aborda immédiatement la question de front. Comme il s'agissait surtout, en fait, de mettre les congrégations religieuses à même de donner l'enseignement secondaire, il se déclara hautement hostile aux Jésuites. Dans un discours d'une grande envergure, il exposa nettement ses vues et fit remarquer que jamais nos mœurs, nos usages, nos lois, ne pourraient être exactement calqués sur ceux de l'Angleterre. Ses institutions politiques, dit-il, conviennent parfaitement à la France; mais, il n'en est pas de même de ses institutions sociales. En France, nous n'avons ni les grandes fortunes qui s'y sont créées, ni sa puissante aristocratie terrienne. L'État se charge chez nous de ce qui se fait chez nos voisins par l'initiative privée. Là, tout est municipal; dans notre pays au contraire il faut toujours un gros état-major centralisateur. Aussi, le gouvernement français a-t-il été et devra-t-il rester enseignant. Ce doit être d'ailleurs un stimulant pour les établissements libres.

« On a voulu la liberté et l'entière concurrence, ajoutait-il; je crois, quant à moi, que l'État a un peu le droit de frapper la jeunesse à son effigie ; mais enfin, j'admets la liberté absolue. »

Dans cette hypothèse, M. Thiers maintenait toujours, cependant, le certificat d'études et l'inspection obligatoire de l'État.

Pour répondre aux arguments si serrés qu'il avait fait valoir, les catholiques firent choix de l'abbé Dupanloup. Celui-ci, afin de mieux éclairer le débat, le limita aux quatre questions suivantes, qu'il traita successivement avec une éloquence entraînante :

1° Quels périls peut-il exister pour la société du fait de la liberté d'enseignement ?

2° Quels périls cette même liberté peut-elle faire courir à l'autorité de l'État ?

3° Quelle distinction nécessaire convient-il d'établir entre l'instruction secondaire et l'instruction primaire ?

4° A quelles conditions peut s'opérer d'une manière réelle et efficace la conciliation entre l'Église et l'État ?

La sincérité de parole de l'éminent orateur, l'élévation de sa dialectique et sa modération rendirent ses collègues sympathiques à la cause qu'il défendait.

Il admettait, d'ailleurs, un certain contrôle du gouvernement et faisait remarquer que le socialisme n'est pas à craindre dans l'enseignement secondaire.

« L'autorité de l'État, dit-il, doit être forte sans doute, mais se résume en un droit et un devoir de surveillance. C'est au père qu'appartiennent le droit et le devoir d'enseignement et d'éducation. »

Enfin, précisant les réclamations du parti catholique, Mgr Dupanloup les résuma en ces quatre points, qui faisaient depuis longtemps l'objet des polémiques les plus vives : 1° les certificats d'étude; 2° l'exclusion des congrégations dûment approuvées par l'Église ; 3° la régularisation des petits séminaires; 4° les grades exorbitants imposés par l'Université. Puis, il ajouta que, sans les atténuations qui devaient y être apportées, il n'y avait pas d'accord possible. C'était une sorte d'ultimatum en réponse à celui qu'avait formulé M. Thiers.

Mais, en même temps que les catholiques énonçaient les revendications sur lesquelles ils n'entendaient pas transiger, ils faisaient sur d'autres points d'assez nombreuses concessions à la suprématie de l'État. C'est ainsi que :

1° Ils accordaient à l'Université le contrôle sur tous les établissements d'instruction ;

2° Ils admettaient un conseil centralisateur suprême ;

3° Ils acceptaient également que l'État entretînt de grands établissements officiels aux frais des contribuables ;

4° Ils ne faisaient pas d'objection à la collation des grades par les facultés.

Le discours de l'abbé Dupanloup fit une profonde impression. Pour l'atténuer, M. Thiers reprit immédiatement part à la discussion et, abordant de nouveau la question des congrégations religieuses, ne laissa subsister aucun point obscur. Les Jésuites, dont on évitai de prononcer le nom, se trouvaient les principaux intéressés à une solution libérale. M. Thiers se déclara nettement une fois de plus leur adversaire.

Malgré les graves dissidences qui subsistaient encore, le rapprochement se faisait pourtant peu à peu. M. Cousin entra en ligne à son tour pour appuyer M. Thiers. Il reprit les conditions posées par les catholiques et les examina avec beaucoup d'art, d'élévation et d'impétuosité.

Heureusement, M. de Corcelle, sympathique à tout le monde, était là ! Il s'interposa, arrondit les angles et aurait certainement aplani les difficultés subsistant encore, si M. Thiers n'était revenu à la charge. Il se heurta, cette fois, toujours au sujet des Jésuites, à Montalembert qui lui répondit avec une rare vigueur, en s'appuyant sur un passage du rapport de M. Jules Simon à l'Assemblée constituante, où se trouvait cette belle phrase : « La République n'interdit qu'aux ignorants ou aux indignes le droit d'enseigner ; elle ne connaît pas les corporations; elle ne les connaît ni pour les gêner, ni pour les protéger ; elle ne voit devant elle que des professeurs. »

C'est bien là, en effet, la vraie doctrine libérale, et c'était tout ce que les catholiques demandaient. La lutte désormais touchait à son terme. Que répondre à un argument d'une telle valeur ? L'abbé Dupanloup parla une dernière fois avec gravité, éloquence, autorité. Il répondit au discours de M. Cousin et à ceux de M. Thiers, en traitant à nouveau toutes les questions soulevées. Il défendit les Jésuites tant et si bien, en citant des faits et des dates, en montrant les autorités nombreuses qui les approuvaient, qu'il finit par ébranler et par convaincre M. Thiers, la plus ferme colonne de l'pposition

Celui-ci, en sortant de la séance au bras de M. Cousin, ne put s'empêcher de lui dire : « Cousin ! Cousin ! avez-vous bien compris quelle leçon nous avons reçue là, lorsqu'il a parlé des Jésuites ! Il a raison, l'abbé ! Oui, nous avons combattu contre la justice, contre la vertu, et nous leur devons réparation. »

M. Thiers rallié, la liberté pour tous de se consacrer à l'éducation de la jeunesse devait forcément triompher. La sous-commission de l'enseignement secondaire prépara un projet de loi, qui fut ensuite examiné et discuté par la commission plénière. L'autorisation préalable était supprimée ; tout citoyen français pouvait ouvrir un établissement avec cours préparatoires aux écoles du gouvernement, sous certaines conditions seulement de capacité et de moralité. Le professorat devenait entièrement facultatif. Le certificat d'études était aboli ; le contrôle de l'État limité, pour les institutions libres, à une surveillance d'ordre public.

La question de la composition du corps des inspecteurs et du Conseil supérieur fut aussi résolue avec impartialité. On admit un certain nombre d'inspecteurs pris parmi le corps enseignant de ces institutions indépendantes. Trois archevêques ou évêques devaient être élus par leurs pairs comme membres du Conseil supérieur.

Les consistoires y étaient également représentés par un ministre protestant.

Les établissements libres pouvaient recevoir, des communes, des départements ou de l'État, un local et des subventions.

Le ministre de l'Instruction publique, M. de Falloux, rédigea donc un projet sur ces bases. Mais il eut besoin de toute son habileté, de tout son talent, pour triompher de la répugnance de ses collègues du cabinet à son dépôt devant l'Assemblée. Celle-ci, dès qu'elle en fut saisie, en confia l'examen à une nouvelle commission qui, présidée par M. Thiers, l'adopta.

Pendant ce temps, le prince Louis Napoléon avait modifié son ministère et paraissait peu pressé de voir aboutir la loi si impatiemment attendue. M. Thiers protesta hautement contre ces lenteurs, de sorte que, grâce à son énergie, les débats publics purent enfin commencer au mois de janvier 1850. M. de Falloux, malade, était retenu à Nice. MM. Thiers, de Montalembert, de Riancey, Poujoulat, Mgr Parisis, évêque de Langres, M. Fresneau, défendirent le projet. Le ministre de l'Instruction publique, M. de Parieu, l'appuya également de son autorité. Mais c'est à M. Thiers surtout qu'est dû le magnifique triomphe qui consacra la légitimité de la loi par le vote d'une majorité considérable. Son ardeur à la défendre fut d'autant plus vive, qu'il avait eu plus de peine à se laisser convaincre. Les arguments qui l'avaient persuadé, furent par lui reproduits à la tribune ; on compte qu'il intervint jusqu'à cinquante fois dans la discussion, en outre de ses trois grands discours. Et avec quel bon sens ! Quelles lumineuses démonstrations ! Quelle éloquence !

Dès que M. Victor Duruy fut appelé au ministère de l'Instruction publique par l'empereur Napoléon III, il songea, comme nous l'avons dit en traitant de l'enseignement primaire, à modifier cette loi de 1850, qui lui paraissait porter de graves atteintes aux prérogatives de l'Université. On comprend facilement, d'ailleurs, qu'elle ne pouvait être que fort peu du goût d'un régime qui entendait avoir la haute main sur le fonctionnement de tous les rouages sociaux.

La loi de 1833 avait créé des écoles primaires supérieures, que l'on pouvait considérer à peu près comme des écoles professionnelles, et que, revers des choses de ce monde, celle de 1850 avait supprimées. M. Duruy les rétablit, sous une autre forme, par les dispositions qu'il fit voter en 1867, sur l'enseignement secondaire spécial. Elles avaient pour but d'éviter le trop grand nombre de déclassés, que déjà on constatait alors, et traçaient un programme d'instruction littéraire et scientifique, mais sans études latines ni grecques, destiné aux jeunes gens moins favorisés sous le rapport de la fortune ou de l'intelligence, ou désireux d'acquérir surtout des connaissances pratiques qui les missent à même d'aborder une carrière le plus promptement possible. C'est ce qu'on désigna sous le nom de *bifurcation*.

Parmi les matières du programme, les unes étaient obligatoires et les autres facultatives. Au nombre des premières figurait tout d'abord l'instruction morale et religieuse; les langues vivantes, la gymnastique, etc., faisaient partie des secondes. D'autre part, les professeurs libres ou publics devant être munis d'un brevet particulier, la condition du stage établie par la loi de 1850, comme garantie de capacité, n'avait plus de raison d'être.

D'après la nouvelle législation, l'enseignement secondaire spécial devait immédiatement succéder aux études primaires.

Au moment où l'on discutait l'opportunité de cette

création, 60,000 élèves recevaient déjà dans divers établissements en pleine prospérité une instruction presque complètement analogue à celle réclamée.

Les institutions professionnelles, qu'on appelle à l'étranger : écoles réelles, bourgeoises, moyennes ou modernes, ne donnèrent pas en France les résultats qu'on en attendait. Par le fait de leur création, le niveau des études se trouva momentanément baissé, sans que le nombre de ceux qui profitèrent de cette innovation pût être considéré comme une compensation suffisante.

M. Duruy établit aussi, au moyen de cours et de conférences, une sorte d'enseignement secondaire pour les jeunes filles, qui rencontra en Mgr Dupanloup un adversaire irréconciliable. Le prélat fit contre cette institution une campagne acharnée et ne contribua pas peu à jeter sur elle un discrédit qui ne disparut qu'avec lui. Pour le moment, elle est florissante; nombre de jeunes filles obtiennent leur brevet supérieur, mais regrettent souvent ensuite, après des années passées dans l'attente d'une situation qui les fuit toujours, de n'avoir pas borné leur ambition à devenir tout simplement de bonnes mères de famille, sachant conduire leur ménage pour y retenir le bonheur.

Tel est, avec la loi de 1867, sur les écoles primaires, le bilan des réformes que M. Duruy introduisit dans l'instruction publique pendant son ministère. Elles eurent pour but de contribuer à la diffusion de l'enseignement à ses différents degrés, et, si le succès n'a pas été aussi complet que le ministre l'avait espéré, il y a lieu, cependant, de lui tenir compte de l'idée pratiquement utilitaire dont il s'était inspiré.

On n'a pas touché directement à l'enseignement secondaire, tel que l'avaient établi les lois de 1850 et de 1867, depuis la chute du second empire; mais les fameux décrets du 29 mars 1880 ont porté à sa liberté une atteinte des plus graves, en forçant à se dissoudre, sous prétexte qu'elles n'étaient pas autorisées, les congrégations religieuses qui s'y étaient plus particulièrement adonnées.

Nous ne saurions passer sous silence une innovation de date récente encore, autour de laquelle il a été mené grand tapage : la création de lycées et colléges pour jeunes filles. La loi du 21 décembre 1880, dite aussi loi Camille Sée, en a reconnu l'opportunité et décidé la fondation. Depuis cette époque, le gouvernement s'est énergiquement mis à l'œuvre; des sommes considérables ont été dépensées pour la construction, l'adaptation de nombreux bâtiments destinés à cet enseignement secondaire spécial. Les départements et les communes ont contribué, conjointement avec l'État, à supporter les frais qu'il entraîne.

Pour nous limiter, nous nous bornerons à suivre le développement de l'institution dans Paris, où le 8 octobre 1888 a eu lieu l'inauguration du troisième établissement de ce genre, le lycée Molière. La cérémonie était naturellement présidée par le ministre de l'Instruction publique et des Beaux-Arts, accompagné de tout le cortége officiel qu'il est de tradition de voir figurer en semblable circonstance. Voici le résumé du discours ministériel et l'exposé en même temps de la raison d'être de l'établissement : « Mesdemoiselles, l'enseignement qu'ont reçu vos mères était incomplet, on ne leur apprenait qu'à aimer leur mari et leur intérieur; nous venons vous délivrer de ces langes et vous dire : faites de bons citoyens. » Sans doute, Monsieur le ministre, le devoir de ces jeunes filles sera de donner de bons citoyens à la patrie ; mais ne trouvez-vous pas vous-même que tant qu'elles sont en pension, votre encouragement est prématuré, et que les exhortations que vous leur avez adressées auraient été plus de mise dans la bouche du maire qui les mariera quelque jour ? Et comme vous n'avez trouvé que cette lacune à signaler dans l'enseignement qu'ont reçu leurs mères, était-ce bien la peine de fixer tellement sur elle l'attention générale et d'induire en dépenses les communes, les départements et l'État pour apprendre aux jeunes filles, en même temps que la gymnastique, le moyen de faire des citoyens ?

J'ajouterai, car ce sont toujours les questions de justice et d'équité qui me préoccupent avant toute autre chose, qu'en décrétant, sous le couvert des deux chambres, la création de lycées nationaux de filles, le gouvernement a certainement oublié de songer aux intérêts divers auxquels il portait atteinte. Non-seulement il fait contribuer aux frais qu'occasionnent ces institutions, à lui personnelles, foule de gens qui n'ont nulle envie de s'y adresser jamais ; mais il porte préjudice en même temps aux autres établissements d'instruction qui depuis de longues années se consacraient à cette œuvre de dévouement et se croyaient légitimement en droit de compter sur l'avenir.

Peu m'importerait la mesure en elle-même, si la charge en incombait à ceux qui l'ont réclamée, car il est juste que chacun supporte la responsabilité de ses actes ; mais non, pas du tout, il n'en va nullement ainsi dans tout ce qui a trait à la guerre déclarée aux convictions religieuses : on impose ses volontés parce qu'on est la force; sans autre motif, on fait acquitter les dépenses qu'elles occasionnent par les citoyens broyés sous la meule des rouages gouvernementaux; et l'on ne se préoccupe pas plus du tort qu'on fait à quelques-uns que de l'impôt absolument injuste qu'on prélève sur tous !

Voilà pourtant où nous en sommes aujourd'hui ! Il n'est pas un honnête homme qui ne s'indigne à la pensée qu'il y a encore un Etat en Europe, où la force prime le droit; et non seulement, nous nous soumettons bénévolement dans notre propre pays à ce despotisme dont la moindre manifestation blesse notre conscience, mais encore nous lui fournissons les moyens de devenir de jour en jour plus puissant, et, grâce à nos subventions, de soutenir la lutte contre la liberté dans des conditions d'autant plus inégales que nous continuons davantage à fortifier ses positions et à augmenter le nombre de ses places d'armes.

Jusqu'à présent, la plupart de ces lycées et colléges ne sont que des externats. Cependant, d'après la loi de 1880, l'internat est facultatif.

III. — *Enseignement supérieur.*

Nous avons déjà dit qu'après nos désastres inoubliables, le besoin de refaire notre éducation nationale avait été universellement reconnu.

Une lacune dans notre organisation de l'instruction publique apparut d'abord bien flagrante. Nous avions la liberté de l'enseignement primaire et secondaire, mais il nous manquait celle de l'enseignement supérieur, dont l'Université avait toujours conservé le monopole. Cette troisième liberté, la loi du 12 juillet 1875 la proclama. Les catholiques en profitèrent aussitôt pour fonder un certain nombre d'universités indépendantes qui n'ont plus aujourd'hui le droit de porter ce nom, mais seulement celui d'instituts, afin de faire concurrence à celle dont l'origine remontait au commencement du siècle. C'était leur droit, puisqu'ils supportaient tous les frais de leurs créations. Mais celles-ci étaient-elles bien nécessaires? Autant j'aime la liberté, autant je déteste tout ce qui sent la lutte, la bataille, où l'un des partis doit nécessairement l'emporter sur l'autre. Il y avait une Université, qui était une institution de l'Etat; pourquoi en fonder plusieurs autres dans le but de l'accabler sous leur nombre? Ayez toute facilité de donner, dans la forme et avec les explications qui vous conviennent, l'enseignement préparatoire aux carrières libérales; cela, c'est votre droit; mais c'est là aussi qu'il s'arrête. On ne saurait raisonnablement prétendre enlever à un gouvernement, quel qu'il soit, la collation des grades qui donnent accès aux fonctions relevant exclusivement de son autorité.

M. Jules Ferry, appelé au ministère de l'Instruction publique, comprenait que la loi de 1875 avait été trop loin; pour en atténuer les exagérations, il présenta, en 1879, un nouveau projet qui apportait des modifications profondes à la législation existante. Mais il ne sut pas davantage se maintenir dans la voie vraiment équitable ; d'un excès il tomba dans un autre ; nous en parlerons plus en détail tout à l'heure.

Actuellement donc, sauf les modifications apportées par les mesures restrictives de M. Jules Ferry sur l'enseignement supérieur et sur la composition du grand conseil de l'Instruction publique, c'est la loi de 1875 qui est la clef de voûte de la nouvelle organisation.

Les Chambres ne l'avaient votée qu'après de longs débats et, pendant deux ans, elle avait passé au crible de la discussion, avant de pouvoir aboutir. A la fin de l'Empire déjà, des commissions parlementaires et extra-parlementaires avaient étudié la question, sans arriver à se mettre d'accord pour la résoudre d'une façon satisfaisante.

Les catholiques réclamaient la liberté pleine et entière, sans réserver à l'Etat la collation des grades, ni la rédaction des programmes. Ils affirmaient que la libre concurrence donnerait une impulsion féconde au développement des intelligences. Ils ne parvinrent pas à obtenir tout ce qu'ils avaient demandé, bien que plusieurs des articles, qu'ils réussirent à faire adopter, annihilent complétement le rôle et les droits de l'Etat.

En résumé, cette loi établit que tout Français honorable, âgé de vingt-cinq ans, peut donner l'enseignement supérieur. Un étranger même est admis à ce privilége, moyennant autorisation. Les associations, formées dans ce but, peuvent aussi, sous certaines conditions d'ordre public, ouvrir des cours et des établissements, et y recevoir des élèves.

Ceux-ci ne peuvent toutefois être fréquentés que dix jours après la déclaration du professeur au recteur ou à l'inspecteur d'académie et doivent être administrés par trois personnes au moins. On en est encore à se demander quels motifs ont inspiré une disposition semblable; car, théoriquement, elle ne s'explique pas; pratiquement, elle n'est pas gênante.

L'article 5 n'accordait le titre de facultés libres qu'aux établissements ayant au minimum le même nombre de professeurs pourvus du grade de docteur que les institutions similaires de l'Etat qui comptent le moins de chaires. Ils ne pouvaient prendre le nom d'universités que s'ils réunissaient trois facultés. Cette réserve est devenue superflue aujourd'hui qu'il n'y en a de nouveau plus qu'une seule. Par l'article 6, d'autres conditions, relatives au local et au matériel, demeurent imposées aux titulaires de chaires non officielles. Il est facile d'y retrouver la trace de vieilles traditions de compression et de vasselage qui n'ont jamais été plus vivaces que dans notre siècle.

Comment! l'Etat déclare qu'il jugera si un établissement est sérieux ou non, mais de quel droit? Quant à moi, dans la question, je ne lui en reconnais que deux : c'est d'interdire de s'approprier des titres susceptibles de faire confusion avec ceux dont il dispose lui-même depuis longtemps, et de s'assurer que l'installation des locaux n'est pas contraire aux règles générales de l'hygiène publique. Encore ce dernier contrôle peut-il donner lieu à de nombreux abus. Hors ces deux points, tous les autres regardent les pères de famille. Si les jeunes gens, élevés dans des établissements libres, ne sont pas suffisamment instruits au moment où ils viennent demander aux examinateurs de consacrer leur capacité par un diplôme, eh bien! l'État le leur refuse par l'intermédiaire de ses représentants. Voilà tout. C'est alors aux parents à se rendre compte si ces insuccès sont le fait de la négligence de leurs enfants ou de l'enseignement défectueux qu'ils reçoivent. C'est la seule manière de résoudre équitablement ces grandes questions de liberté dans les méthodes. Que chacun juge et se fasse son opinion personnelle! Mais, assez de langes et de lisières; le peuple souverain, dont les pouvoirs publics ne sont que les mandataires, n'a nul besoin que ses gens à gages fassent ainsi excès de zèle.

Les catholiques cependant, désireux de fonder d'importantes universités, acceptèrent toutes les conditions qui leur furent imposées. La surveillance des cours ou établissements libres fut dévolue aux délégués du ministère de l'Instruction publique; il faut reconnaître d'ailleurs que ce contrôle ne constitue pas une obligation bien lourde, car il consiste seulement à s'assurer que l'enseignement donné n'est contraire ni à la morale, ni à la Constitution, ni aux lois (art. 7).

Pour la collation des grades, les élèves des facultés nouvelles avaient le choix de se faire interroger, soit par les examinateurs habituels, soit par un jury spécial formé de délégués gouvernementaux et de professeurs libres désignés par le ministre.

C'était créer un régime d'exception qu'on ne saurait logiquement admettre. L'État, nous l'avons dit, n'a pas à intervenir dans l'enseignement; où il le juge, où il reprend ses droits, c'est lorsqu'il délivre ses diplômes officiels aux candidats dont les connaissances acquises lui semblent les mériter. Mais, si le gouvernement n'a pas à s'immiscer dans les matières qui font l'objet de l'instruction supérieure, il n'a pas davantage à savoir où tel ou tel candidat, qui se présente devant lui pour être examiné, a fait ses études. Envisager autrement la question est s'écarter de la neutralité indispensable pour offrir des garanties certaines de justice et d'impartialité.

On a souvent fait remarquer que ce jury mixte était assez peu flatteur pour les professeurs des différentes facultés. Et de fait, rien ne justifiait semblable mesure de suspicion réciproque.

En résumé, cette loi de 1875, dont le titre IV édictait une série de pénalités pour les délits ou infractions commis à l'encontre des dispositions précitées, créa la liberté de l'enseignement supérieur. C'est là son mérite ; car, dans ses détails, elle est comme le temps où elle a pris naissance, nuancée d'illogismes et de contradictions.

Lorsque M. Jules Ferry arriva au ministère de l'Instruction publique, il réalisa ce que ses prédécesseurs avaient platoniquement voulu faire.

En ce qui concerne plus particulièrement la loi de 1875, il entreprit de la mettre d'aplomb, et, grâce à certaines restrictions, de maintenir avec énergie les prérogatives de l'État. Tel était son but lorsqu'il présenta en 1879 son projet rectificatif.

« Pas plus qu'aucun des gouvernements qui l'ont précédé, disait-il dans l'exposé des motifs, le gouvernement républicain ne doit abdiquer son droit de haute direction sur l'éducation de la jeunesse française. »

Aussi réclamait-il pour l'État le privilége exclusif de collation des grades, « fonction publique au premier chef, véritable magistrature. »

Malheureusement, l'ensemble du projet ne répondait pas à ce début. Il manquait de logique et de libéralisme. Peut-on admettre, par exemple, comme conséquence immédiate des prémisses posées, ainsi que le disait le ministre, l'obligation imposée aux étudiants des facultés libres de prendre leurs inscriptions à celles de l'État? Ce n'était pas question d'argent, puisqu'on les rendait gratuites; ce n'était pas davantage pour faire suivre les cours officiels ; c'était, paraît-il, pour constater la durée et la persistance des études. Il est étrange que des hommes sérieux aient pu considérer cette mesure comme une garantie d'exactitude.

L'article 4 réservait les noms d'universités et de facultés aux institutions gouvernementales. Les autres ne pouvaient prendre que le nom d'écoles libres.

Modifiant l'article 2 de la loi de 1875, l'article 6 facilitait l'ouverture de cours isolés. C'était la plus importante réforme dans le sens libéral du projet de loi, quelque appréhension qu'on ait pu concevoir de la facilité qu'il donnait ainsi aux doctrines socialistes de se répandre.

Mais c'est l'article 7, le fameux article 7, qui souleva les gros orages, et de fait, il voulait créer une catégorie de suspects au sein de la nation, qui n'aspirait pourtant qu'à la paix dans tous les genres. Car il n'y a pas deux manières de comprendre la liberté d'enseignement, et c'est à l'Assemblée constituante de 1848 que M. Jules Simon en a nettement exposé le caractère par ces sages paroles, déjà citées plus haut : « La république n'interdit qu'aux ignorants ou aux indignes le droit d'enseigner : elle ne connaît pas les corporations; elle ne les connaît ni pour les gêner, ni pour les protéger; elle ne voit devant elle que des professeurs. »

Or, voici ce que disait, à l'encontre de cette déclaration de principe, l'article 7 du projet de loi de M. Jules Ferry : « Nul n'est admis à participer à l'enseignement public ou libre, ni à diriger un établissement de quelque ordre que ce soit, s'il appartient à une congrégation religieuse non autorisée. »

C'était faire des religieux des parias ; c'était leur dire vous n'êtes plus citoyens français. Encore aurait-on eu plus d'égards pour eux s'ils avaient été de simples étrangers ! La Chambre des députés, après des débats longs et passionnés, adopta le texte de la loi dans son ensemble. Mais l'article 7 fut repoussé par le Sénat, à la suite d'un remarquable discours de M. Jules Simon. Toute l'économie du projet se trouvait ainsi détruite, et M. Jules Ferry préféra le retirer. C'est alors que lui vint l'idée des décrets du 29 mars 1880, qui obligèrent les congrégations religieuses non autorisées à se dissoudre. Evidemment, cette mesure était légale en droit, mais elle témoignait en même temps d'une rancune personnelle plus que mesquine, indigne d'un véritable homme d'État. Ne pouvant pas atteindre ces congrégations par une loi qui leur aurait retiré l'autorisation d'enseigner, il en ressuscita d'anciennes tombées en désuétude, pour les obliger à se disperser. Le but était atteint, mais le moyen était-il bien généreux, bien loyal ? La question n'a plus à être posée. Il y a lieu de remarquer d'ailleurs que cet article 7 n'était pas précisément à sa place dans une loi sur l'enseignement supérieur. Il était destiné surtout à frapper les Jésuites, les Dominicains et autres ordres religieux qui préparent aux examens des carrières spéciales et à les empêcher de continuer d'avoir des élèves. En les atteignant par ce moyen détourné, on portait un grand coup à cet enseignement libre que nombre de familles envoient aujourd'hui chercher par leurs enfants dans les pays étrangers. Peut-on considérer semblable mesure comme protectrice de la liberté de conscience, ou ne se rapproche-t-elle pas plutôt, à part le nombre des personnes frappées, de la fameuse révocation de l'édit de Nantes, dont on a justement gardé si triste souvenir? M. Jules Ferry ne s'en tint pas là. Poursuivant l'œuvre de réformation qu'il avait entreprise, il fit signer par le Président de la République, le 18 mars 1880, une loi défendant aux établissements créés par l'initiative privée de prendre désormais le nom d'Universités, mais ne leur imposant pas toutefois, comme son projet primitif de 1879, le nom d'écoles libres.

De plus, par une autre loi, en date du 27 février 1880, il modifia profondément la composition du conseil supérieur de l'Instruction publique. Sur cinquante-huit membres dont il se compose, quatre seulement peuvent appartenir désormais à l'enseignement libre ; et, tandis que la plupart des conseillers sont élus par leurs pairs, leur nomination à eux relève directement du chef de l'État (1).

Il n'a pas été touché aux attributions de ce conseil qui continuent à comprendre : la création de facultés, lycées, collèges, écoles ; la création, transformation ou suppression de chaires ; les livres de classe, de bibliothèque et de prix ; enfin, toutes les questions d'études, d'administration, de discipline, de scolarité, d'examens, de surveillance, etc.

(1) En 1880, un seul de ces quatre délégués de l'enseignement libre était un religieux, le frère Joseph, assistant du supérieur général des Frères des Écoles chrétiennes.

Tel est le résumé de notre organisation actuelle de l'Instruction publique. Il est impossible d'en terminer l'étude sans faire encore quelques réflexions générales.

Bien que je considère que la plus grande partie des pays étrangers possède une meilleure législation scolaire que la nôtre, je n'irai pas chercher d'exemples au dehors. Aussi bien, ceux qui voudront en trouver, n'auront qu'à lire le chapitre qui suit. Je trouve que le simple bon sens suffit à démontrer le danger d'une éducation qui ne se rattache à aucun idéal. Certes, je ne voudrais pas me faire ici l'apôtre d'une religion exclusive : toutes s'imaginent être en possession de la vérité, et, toutes, à ce titre, méritent le respect; mais, sans prendre parti pour l'une ou pour l'autre, il y a une croyance qui leur est commune, c'est celle en un être suprême, à Dieu; et c'est précisément son enseignement qu'on supprime du programme scolaire, sous prétexte de respecter la liberté de conscience. Laquelle, hélas! Celle de ne croire à rien; mais quel rôle pensez-vous donc que doivent tenir dans la vie l'intelligence et la raison dont vous faites pourtant si grand cas? Si l'idée de Dieu n'est qu'une hypothèse, comme vous le prétendez, l'homme mûr, ayant appris à raisonner, n'en aura-t-il pas bientôt fait justice? Que craignez-vous alors? Que l'humanité devienne laborieuse et patiente, n'est-ce pas? et que vous ne puissiez plus exploiter ses passions ou ses faiblesses au profit de votre ambition personnelle? Mais si je me trompe, si vous ne cherchez véritablement que le bien général, écoutez dans ce cas, pouvoirs éphémères, des autorités plus hautes que la mienne; leurs paroles ne pourront manquer de vous indiquer la ligne de conduite à suivre :

« Le raisonnement et l'expérience démontrent à l'envi que la raison principale et permanente de l'irréligion publique en France se trouve dans l'éducation actuelle de la jeunesse, telle que l'État en a constitué le monopole. L'ensemble des institutions d'instruction publique, qui forme l'Université de France, et au dehors duquel un despotisme usurpé ne laisse rien surgir, voilà le foyer où se forme et s'entretient cet esprit public qui, en fait de religion, n'est rien et ne croit à rien. Voilà la source où les générations successives vont boire le poison qui dessèche, jusque dans ses racines, la disposition naturelle de l'homme à servir Dieu et à l'adorer.

» Là s'établit entre les maîtres et les élèves cette intelligence, le plus souvent tacite, mais parfois avouée, qui relègue au rang des préjugés et des conventions sociales toutes les vérités de la révélation. Là s'enseigne, non seulement dans la chaire, mais dans toutes les habitudes et dans tous les détails de la vie, l'art de mépriser philosophiquement le joug de la loi du Seigneur. Là s'élabore l'idée si répandue parmi nous que, pour être ce qu'on appelle dans le jargon du jour, un homme sérieux, un homme pratique, il faut n'être astreint aux observations d'aucun culte. Là se développe cette maladie étrange et monstrueuse de l'esprit, qui consiste à adopter comme vraies dans le passé et pour un temps seulement, les solutions éternelles de la révélation chrétienne, à transformer des obligations de conscience en événements purement historiques, et, à admettre, comme un bienfait social, le christianisme, dont on retranche la divinité du Christ; comme si le christianisme ainsi mutilé, loin d'être un bienfait, ne devenait pas la déception la plus scandaleuse et la plus prolongée qui ait jamais été imposée à l'homme (1). »

« Malgré tous les sophismes du monde, cette neutralité de l'école, quand il s'agit de Dieu, des croyances et des pratiques chrétiennes, du dogme fondamental de la vie future et des moyens de s'y préparer, ne sera jamais acceptée dans un pays catholique comme une mesure inoffensive, à plus forte raison comme un bien et un progrès. Il y a dans la vie domestique et sociale des questions supérieures d'honneur, de patriotisme et de dévouement, sur lesquelles il n'est permis à personne de rester neutre. Un maître qui désormais se bornera à remplir correctement ses fonctions de simple professeur, telles que les limite la nouvelle loi primaire, sans se préoccuper de l'âme, des croyances et du sort éternel de ses élèves, c'est-à-dire de ce qu'il y a de plus essentiel pour leur dignité et leur bonheur, sera, aux yeux de tout homme sensé, un maître très incomplet et très défectueux (2). »

« Dans les écoles primaires, l'influence religieuse doit être habituellement présente. Si le prêtre se méfie ou s'isole de l'instituteur, si l'instituteur se regarde comme le rival indépendant, non l'auxiliaire du prêtre, la valeur de l'école est perdue, et elle est près de devenir un danger (3). »

(1) Montalembert : *Du devoir des catholiques.* (Nov. 1843.)

(2) Lettre pastorale de Mgr Lamazou, évêque de Limoges, sur la loi scolaire du 28 mars 1882.

(3) Guizot : *Mémoires pour servir à l'Histoire de mon temps.* Troisième volume.

« Dieu, dit de son côté M. Ad. Franck, est le dernier mot de la morale, et la morale est la base de la vraie liberté et du vrai patriotisme. Pas de vertus civiques sans vertus morales, pas de vertus morales sans croyances religieuses. Un peuple sans Dieu ne s'est jamais vu, et s'il pouvait exister, ce serait le dernier des peuples (1). »

L'école libre dans l'État libre, telle devrait être la doctrine de tous les esprits vraiment impartiaux. Et cette indépendance de l'école entraîne celle du corps enseignant, comme la laïcisation du programme a entraîné celle du personnel chargé de le faire connaître, car l'une sans l'autre ne serait qu'illusoire. A quoi servirait-il, en effet, au point de vue des garanties réclamées, de se mettre en frais pour aménager une salle de classe avec toutes les dépendances qu'elle comporte, si les seuls agréés du gouvernement pouvaient y donner leurs leçons? L'obligation d'avoir des commissions d'enseignement ou des brevets de capacité pour parler à des élèves est encore imposer le monopole de l'État sous une forme indirecte. Elle ne devrait pas exister.

Les pouvoirs publics, qui ont le droit d'exiger qu'aucun enfant ne reste dépourvu des connaissances élémentaires déterminées par eux, n'ont pas celui de proscrire l'instruction religieuse, à n'importe quel degré d'études que ce soit, dès qu'elle est réclamée par les pères de famille. Le gouvernement respecterait beaucoup mieux la liberté de conscience, qu'il prétend assurer, s'il faisait donner lui-même ces notions pri-

(1) Nous croyons devoir faire observer que M. Guizot était protestant et que M. Ad. Franck est israélite; les catholiques ne sont donc pas seuls à reconnaître la nécessité d'une croyance.

mordiales de religiosité dans les établissements sous sa dépendance, sans naturellement contraindre d'y assister les enfants dont les parents auraient réclamé la faveur de cette exemption. En attendant, qu'il se souvienne que le meilleur régime est celui qui se fait le moins sentir. Il a ses institutions; qu'il laisse toutes facilités à d'autres de se créer à côté d'elles; qu'il ne craigne pas la concurrence; il ne peut y avoir de rivalité mesquine en semblable matière. L'école libre dans l'État libre. Telle devrait être, à lui aussi, sa devise. Les examens ne sont-ils pas toujours là pour justifier de la valeur de l'enseignement donné? Enfin, n'est-il pas iuste que chacun paie son école comme son église?

CHAPITRE V

LA LIBERTÉ DE CONSCIENCE A L'ÉTRANGER

La liberté de conscience, bien qu'elle ait, par la force même des choses en général et de la vérité en particulier, une tendance naturelle à se répandre, est encore loin d'avoir triomphé partout. Il reste fort à faire pour l'acclimater dans les mœurs et les lois des différents pays de l'Europe, qui se flatte pourtant d'être la plus civilisée des cinq parties du monde.

Nous allons passer rapidement en revue les constitutions des peuples occidentaux, ainsi que la législation de quelques nations de l'Amérique, afin d'avoir un aperçu d'ensemble de l'état actuel de la question religieuse.

I. — *Russie.*

L'Église russe se considère comme seule « orthodoxe »; d'après sa croyance, elle relève directement, non du Tsar ou du Saint-Synode, mais du Christ. Le gouvernement, d'accord avec elle, laisse aux confessions étrangères toute la liberté qu'il juge compatible avec l'ordre public, en même temps qu'il cherche à ramener à la doctrine nationale les sectes dissidentes qui existent en si grand nombre dans l'Empire. Telle est la ligne de conduite au point de vue religieux qu'il suit depuis un temps immémorial et qu'il ne se montre pas disposé à abandonner aujourd'hui (1).

L'histoire de cette Église embrasse trois périodes, qui sont, suivant certains auteurs :

1° Celle du paganisme, ou des Slavènes et de Nowgorod ;

2° Celle du premier empire russe sous la dynastie de Rurik (862) ;

3° Celle de la Russie reprenant possession d'elle-même et s'affranchissant du joug des Mongols sous Jean III (1477).

« Resté seul maître de l'empire, Joann III Vassiliévitch arrêta, dit un historien de ce peuple (2), les principes qui devaient diriger pendant deux siècles la politique intérieure : pour élever leur pouvoir, ses successeurs n'avaient qu'à exécuter ses plans ; en se conformant à ses indications, ils étaient sûrs d'ajouter aux forces de l'empire. Sans avoir fait aucune de ces actions brillantes qui excitent l'admiration des contemporains, sans avoir mérité même leur reconnaissance, Joann

(1) Pour de plus amples détails sur l'organisation intérieure de la Russie, consulter mon ouvrage : *L'Indigence et l'Assistance dans les campagnes, depuis 1789 jusqu'à nos jours*, récompensé par l'Académie des sciences morales et politiques. (Guillaumin et Cie, éditeurs.)

(2) *M. Oustrialof*, t. I, chap. v.

apparaît vraiment grand au tribunal de la postérité. Tout ce qui avait jusque-là déchiré la Russie, ce qui la menaçait de maux toujours renaissants : le système des partages, le joug des Mongols, l'ambition rivale de la maison de Ghédimine, tout cela tomba en poussière naturellement et sans longues tourmentes, par l'effet de sa grande sagacité politique qui devançait l'avenir. »

Pour nous, l'historique de l'évolution religieuse en Russie serait mieux compris si on le faisait correspondre : 1° à l'époque du paganisme; 2° à celle du patriarcat; 3° à celle du Saint-Synode : c'est cette division que nous allons adopter.

A. — ÉPOQUE DU PAGANISME

Le caractère distinctif de ces temps éloignés est la vie de famille autour d'un même foyer; les mœurs étaient douces et les affections domestiques à la base de l'ordre social, le village (1), une grande communauté dont les membres aimaient à se considérer comme parents entre eux; aujourd'hui encore, on s'y appelle : oncles et frères; c'est une dernière réminiscence de ce vieux passé.

Toutes les décisions s'y prenaient à l'unanimité et, la religion de ce peuple primitif, plus aimable que celle des Celtes et des Germains, plus morale que celle des Grecs, ne comportait pas de caste sacerdotale dominante.

(1) *Mir.*

B. — ÉPOQUE DU PATRIARCAT (862 A 1700)

Leurs steppes sans fin et leurs forêts profondes ne préservèrent pas les Nowgorodiens d'une double invasion : celle des Germains qui leur apprirent l'art de faire la guerre, et celle plus durable du christianisme qui leur vint de Constantinople. C'est en effet dans cette ville, qu'Olga, la Clotilde russe, régente pendant la minorité de son fils Swiatoslaw, se convertit en 957. Avec Vladimir-le-Grand, toute la nation suivit son exemple et il devint nécessaire d'organiser cette nouvelle église. Ce fut le clergé grec qui en fut chargé à l'origine. Il prit ainsi une autorité absolue sur le peuple qui lui accordait une telle confiance qu'il trouva naturel de rester sous la dépendance du métropolitain de Constantinople jusqu'en 1588, année où le patriarcat de Moscou fut fondé.

L'histoire de la conversion de Vladimir ne saurait être passée sous silence. Dès longtemps l'esprit inquiet de ce prince cherchait la vraie religion parmi les différentes qui se partageaient le monde. Il avait fait venir, pour s'éclairer, des docteurs de celles dont il avait pu avoir connaissance et ne s'était pas encore prononcé définitivement pour l'une ou pour l'autre, quand la politique finit par le décider. Il embrassa le catholicisme pour épouser la sœur des empereurs grecs, Basile et Constantin, dans l'espérance de leur succéder un jour sur le trône de Byzance. Les mesures qu'il prescrivit dans son ardeur de nouveau converti furent d'autant plus énergiques qu'il avait été plus lent à prendre un parti. Immédiatement, toutes les idoles furent mises en pièces par ses ordres, et les néophytes durent se plonger dans le Dniéper, fleuve sacré du rite païen, tandis que les prêtres grecs, au milieu desquels il se tenait debout lui-même, lisaient les prières du baptême. Son revenu devint l'apanage des églises. Sous son règne, les popes et les moines jouirent d'une immense faveur. En même temps qu'il fondait nombre d'églises et de couvents, il accordait au clergé son autonomie presque complète, une juridiction particulière, la dîme de tous les produits du sol et l'exemption des impôts. Dans de telles conditions, les relations de l'Église et de l'État ne pouvaient être que des plus étroites et des meilleures.

Les Nowgorodiens, devenus chrétiens, pratiquaient le système électif pour le choix de leurs prêtres; ils élisaient même leurs archevêques dans leurs assemblées populaires et républicaines. — Quant aux métropolitains, ils étaient choisis par les évêques, d'accord avec le Grand-Prince de la Russie, et ordonnés par le patriarche de Constantinople.

Chaque église avait alors son école, chaque monastère était un séminaire.

Il en résulta que, de même que partout ailleurs, le christianisme fut pour cet immense empire un puissant agent d'instruction.

Sous Oleg (879-912), plusieurs prétendus devins célèbres étaient encore censés connaître l'avenir; le règne de Vladimir commença la lutte contre ces vieilles superstitions du peuple et ouvrit le champ aux données de la science dont les prêtres, les instituteurs et les livres saints devinrent les propagateurs.

Jaroslaw, à son tour (1039), dont la fille Anne épousa le roi de France Henri Ier, ayant pressenti peut-être la force que donnerait à ses successeurs cette religion dont ils se constitueraient les défenseurs au nom du Christ, se complut dans l'étude des textes sacrés, qu'il lisait et recopiait de sa main. Il augmenta le nombre et le traitement des prêtres dont il n'hésita pas à prendre la dotation sur son trésor particulier. Tant de sollicitude pour les affaires de l'Église ne lui fit pourtant pas oublier les intérêts de l'État. Pour empêcher les Grecs de prendre quelque autorité sur le pouvoir temporel de son pays, il convoqua les évêques nationaux à Kief en 1051 et, par son influence, les amena à élire un métropolitain russe, sans l'intervention du patriarche de Constantinople. Ce fut lui également qui institua à Nowgorod la première école publique, où trois cents fils de prêtres et de notables purent venir s'instruire; à leur sortie, ils obtenaient des fonctions civiles ou sacerdotales.

Suivant l'usage établi, Jaroslaw avait partagé l'empire entre ses cinq fils; l'aîné Ysiaslaf devait porter le titre de Grand-Prince et en avoir les prérogatives, mais il fut renversé par ses frères et demanda l'appui du Pape pour se faire réintégrer sur son trône. Son fils vint à Rome offrir, au nom de son père, de renoncer au schisme et de reconnaître l'autorité spirituelle, et même temporelle du Saint-Siège sur la Russie, s'il arrivait à reconquérir son héritage. Mais le moment de cette union entre les deux Églises n'était pas encore arrivé: Ysiaslaf resta dépossédé.

Les fils de Jaroslaw rendirent au patriarche de Constantinople le droit de nommer le métropolitain de

Kief; Ysiaslaf, toujours mécontent, ayant voulu en faire élire un par six évêques, sans la participation de Byzance, l'évêque Niphon refusa de le reconnaître et le Grand-Prince Georges (1154-1157) le fit enfermer dans un monastère, en même temps qu'il demandait au patriarche grec de vouloir bien désigner son candidat. Le clergé russe ne cessa pas d'être sous la dépendance étrangère avec les successeurs de Georges. Un seul fait saillant est à signaler : c'est qu'un métropolitain ayant été envoyé une fois en fonctions par Constantinople sans l'assentiment du Grand-Prince, on convint, pour éviter toute difficulté semblable à l'avenir, que le Grand-Prince et le patriarche devraient toujours se mettre d'accord pour nommer le métropolitain de Russie.

André, arrivé à son tour au souverain pouvoir, déploya la plus grande ardeur pour convertir les Bulgares et les juifs ; il accorda de nombreux priviléges aux églises et les combla de largesses.

Depuis Jaroslaf le Grand (1019) jusqu'à l'invasion des Tatars (1224), le haut clergé prit une large part à l'administration de toutes les affaires. Le métropolitain de Kief assistait à l'assemblée nationale de Sainte-Sophie, et c'était l'archevêque de Nowgorod qui soumettait au Grand-Prince les affaires litigieuses les plus importantes. Les évêques jouissaient, comme tous les possesseurs de biens fonciers, du droit exclusif de juger sur le territoire de leur domaine. Le métropolitain les autorisait, de son côté, à faire comparaître à leur tribunal les prêtres et les moines, à examiner les fautes commises contre l'Église et à infliger « les châtiments spirituels. »

Les ecclésiastiques étaient alors les médiateurs de la paix. Le métropolitain bénissait le nouveau Grand-Prince.

Pour les affaires temporelles, ils relevaient de la justice de leur suzerain. C'était le peuple et lui qui les choisissaient d'un commun accord. On voit quelle solidarité unissait à ce moment, comme d'ailleurs au début de toutes les sociétés qui se fondent, le pouvoir spirituel au pouvoir civil. Personne n'eut lieu de s'en plaindre. Le clergé russe, plus éclairé que le reste de la nation, conserva le dépôt des sciences, des arts, de la littérature. Grâce à lui, le goût des études commençait à se développer lorsque se produisit l'invasion des Mongols. La plupart des écoles furent alors détruites et les couvents devinrent le dernier asile des lettres et des sciences sacrées.

La Grèce, jusqu'à sa chute, exerça une grande influence en Russie. Ce sont les métropolitains helléniques, qui fondèrent, sous les Tatars même, la bibliothèque des patriarches de Moscou composée exclusivement à l'origine de manuscrits théologiques et des productions anciennes de la littérature nationale. C'est dans les ouvrages des Pères de l'Église grecque et dans les Écritures saintes que les rares écrivains de cette période lugubre allaient puiser leur doctrine.

Nombre d'évêques périrent alors sous le fer des Mongols, mais les victimes eurent des successeurs, dont quelques-uns arrivèrent même à pénétrer jusqu'à Saraï, capitale de ce peuple envahisseur.

Le clergé, intervenant sans cesse dans les affaires publiques pour exercer son ministère de paix, rendit à cette occasion d'immenses services à toute la nation.

Les prélats méritèrent la glorieuse appellation de « protecteurs de la Russie. »

C'est à saint Alexis, métropolitain de Moscou, qu'est due la première victoire sur les Mongols. Ceux-ci, c'est une justice à leur rendre, se montrèrent toujours respectueux à l'égard de l'Église russe et la maintinrent dans ses immunités. En dehors des excès qu'ils furent impuissants à conjurer, les Khans s'appliquèrent à protéger les ministres du Christ et traitèrent constamment les évêques avec bienveillance. Ils écoutaient volontiers leurs prières et leurs vœux.

En 1313, le métropolitain Pierre obtint même l'exemption des impôts pour tout son clergé et la confirmation de ses droits et privilèges passés.

Voici, à titre de document intéressant, le texte de cet acte du Khan :

« Par la volonté du Très-Haut, par sa puissance, sa majesté et sa grande miséricorde ; ordre d'Ilsbeck à tous nos princes, grands, moyens et petits, à nos puissants voïvodes, à nos grands, à nos princes apanagés, aux princes militaires supérieurs et inférieurs, aux savants et aux gents de lois, aux hommes de lettres, aux collecteurs, à nos baskaks et ambassadeurs, aux courriers, aux receveurs des tributs, à nos écrivains, aux ambassadeurs en voyage, à nos chasseurs, fauconniers, et à tous les gens de haute, moyenne et basse condition, aux grands de notre empire, par toutes nos provinces, par la puissance de Dieu éternel, notre domination est établie et notre parole gouverne.

« Que personne n'insulte en Russie l'Église métropolitaine dont Pierre est le chef, non plus que ses serviteurs et ses gens d'église ; que personne ne prenne leurs propriétés ni en biens ni en gents; mais qu'on sache que le métropolitain Pierre juge le droit et la vérité, et gouverne les siens avec justice; dans tous les cas, comme brigandages, délits avérés, vols, dans toutes les affaires enfin, le métropolitain Pierre est seul juge compétent, ou celui à qui il donne ses pouvoirs. Que tous ses gens d'église lui obéissent avec soumission, suivant les anciennes lois, conformément à nos premières ordonnances ou à celles des grands Khans, nos prédécesseurs; que nul ne s'immisce dans ce qui regarde l'Église métropolitaine, parce que ce sont des choses divines. Celui qui s'y immiscera et transgressera notre édit et notre parole, sera coupable envers Dieu, il éprouvera sa colère et sera puni de mort par nous. Que le métropolitain demeure dans le chemin du salut et se réjouisse; qu'avec un cœur juste et une âme droite il règle toutes les affaires ecclésiastiques et les juge, ou celui à qui il permettra d'en connaître et de les administrer. Nous déclarons ne nous en mêler en rien, ni nos enfants, ni aucun des princes de nos États, de toutes nos provinces, de tous nos camps; il est défendu à qui que ce soit d'intervenir dans ce qui concerne l'Église et le métropolitain, soit dans leurs villes, districts, villages, dans leurs chasses et pêches, leurs ruches, leurs terres, prairies, forêts, villes, lieux dépendants de leurs bailliages, vignes, moulins, endroits où ils hivernent, leurs haras ou leurs troupeaux, soit enfin aucune des propriétés et des biens ecclésiastiques. Le personnel de l'Église et les anciennes lois qui y ont rapport sont de la juridiction du métropolitain ou de celui qu'il en charge; que rien ne soit changé, détruit ou insulté par personne. Que l'existence soit toujours douce et tranquille, à l'abri des chagrins. Qu'avec un cœur juste et une âme droite il prie Dieu pour nous, pour nos enfants et pour notre nation : car telle est notre volonté, conforme à celle des anciens grands Khans, d'après l'exemple desquels nous lui avons accordé et lui accordons de semblables lettres de protection, afin que Dieu nous protège nous-mêmes, puisque nous respectons ce qui est sacré et ne prenons pas ce qui a été donné à Dieu. Celui qui prendra quelque chose de sacré deviendra coupable, il éprouvera la colère de Dieu et encourra la peine de mort, afin que les autres soient effrayés de son sort. Nos baskaks, douaniers, receveurs des tributs, recruteurs et écrivains, auront soin, d'après ces lettres qui renferment notre volonté, que toutes les basiliques du métropolitain restent intactes, qu'aucun de ses gens ou de ses biens ne soit offensé par qui que ce soit, ainsi que le porte l'édit ; que les archimandrites, les abbés, les curés et tous les ecclésiastiques soient également respectés. Lorsqu'on lèvera pour nous les tributs ou autres droits, comme ceux de douane, de charrue, de péage, de passage, les impôts sur les métairies, les relais pour notre service ; dans le cas où, voulant faire la guerre, nous ordonnerions des levées de troupes parmi nos sujets, on n'exigera rien des églises cathédrales sous la direction du métropolitain Pierre, ni d'aucun membre de son clergé, car ils prient Dieu pour nous, ils nous conservent et soutiennent notre armée ; qui peut ignorer que dans tous les temps la puissance et la volonté de l'Éternel donnent seules les moyens de vivre et de faire la guerre ? Cette vérité est incontestable, et nous, en priant Dieu, leur avons, d'après les ordonnances des premiers Khans, accordé des lettres d'immunités auxquelles nous nous conformons comme par le passé. Nous voulons aujourd'hui, suivant les premiers serments, qu'il ne soit rien pris, ni demandé en tribut, d'après les demandes extraordinaires que nous pourrions faire, soit de droit par charrue, pour séjour de nos ambassadeurs, pour nos enfants ou les princesses; ce que l'on exigerait du clergé sera rendu au triple; ceux qui emploiraient la force seront traités par nous avec rigueur et ressentiront les effets de notre courroux. Quels que soient les serviteurs de l'Église, gens de métiers, peintres, maçons, menuisiers ou autres maîtres ouvriers quelconques, chasseurs de toutes espèces, fauconniers, il est défendu à nos sujets de se mêler de ce qui les regarde, ou de les employer à nos corvées; nos pardousnicks, nos chasseurs, nos fauconniers, nos économes ne doivent pas se mêler de ce qui les concerne, ni s'emparer d'eux et de leurs instruments de travail. On respectera leurs lois, les églises, les monastères, les chapelles de leur religion; quiconque contreviendra à ces prescriptions ne pourra s'excuser sous aucun prétexte et sera puni de mort. Les frères ou fils des prêtres et des diacres, vivant à la même table et dans la même maison, jouiront de notre faveur sur le même pied. Celui qui n'est point immédiatement sous les ordres du métropolitain et qui remplit isolément les fonctions de prêtre, n'en sera point privé; mais il paiera le tribut; les prêtres, les diacres et les ecclésiastiques, protégés par nous, en vertu de nos premiers édits, doivent sans cesse prier Dieu pour nous avec un cœur pur. Malheur à celui qui négligerait ces devoirs!

A l'égard du prêtre, du diacre, de l'ecclésiastique ou de tous les autres gens d'église quelconques, n'importe d'où ils viennent, qui désireront servir le métropolitain et prier Dieu pour nous, c'est à ce chef d'église à faire ce qui conviendra d'après l'opinion qu'il aura d'eux. Telle est notre volonté, et nous avons accordé cette ordonnance au métropolitain Pierre, pour fortifier son zèle, afin qu'à la vue de ce diplôme d'immunité, tous les membres du clergé s'y conforment avec exactitude, suivant les anciennes lois et coutumes. Que le métropolitain conserve la paix du cœur; qu'à l'abri de la tristesse et de l'affliction, il prie Dieu pour nous et pour notre royaume; celui qui interviendra dans ce qui est de son ressort, éprouvera la colère de Dieu; d'après nos recherches et ordres suprêmes, rien ne pourra l'excuser à nos yeux et il sera mis à mort. C'est ainsi que nous avons réglé et arrêté la présente ordonnance, dont nous promettons de surveiller l'exécution. Fait et donné en notre camp, l'année du lièvre, le premier mois de l'automne, le quatrième des anciens jours. »

Nowgorod avait eu le bonheur d'échapper à l'invasion et avait pu conserver ainsi, au milieu de cet effroyable débordement, un foyer de vie intellectuelle et religieuse.

Lorsque Jagellon fut devenu, par le fait de sa conversion au catholicisme, roi de Pologne et de Lithuanie, il persécuta la religion grecque et défendit les mariages entre catholiques et russes.

L'intolérance, cette malheureuse intolérance, on la retrouve partout, depuis l'origine du monde!

En même temps, de nouvelles querelles s'élevaient

entre le patriarche de Constantinople et le Grand-Prince de Russie au sujet de la nomination directe d'un métropolitain par Byzance. Ces divisions sont inévitables chaque fois que le pouvoir civil prétend s'immiscer dans le fonctionnement de l'autorité religieuse. Aux deux extrémités de l'Europe, en France, en Russie, nous constatons les mêmes difficultés en présence de deux Églises différentes. Si du moins, aujourd'hui, nous savions profiter de ces leçons si nombreuses !

A la mort de saint Alexis, le prêtre Mityaï avait pris les sceaux et le trésor des métropolitains, le Grand-Prince l'avait fait nommer évêque, son gouvernement donnait satisfaction à tous, lorsque dix-huit mois après son intronisation, il voulut se rendre à Constantinople et mourut pendant le voyage.

Un de ses compagnons s'empara de blancs-seings du souverain et se fit, par ce moyen, sacrer successeur de Mityaï dans l'église Sainte-Sophie ; le Grand-Prince, outré de cette fourberie, ne voulut pas le reconnaître et nomma Cyprien.

Cette mesure ne tranchait pas la difficulté. Cyprien et le prêtre usurpateur se prévalaient réciproquement de leurs droits ; pour en finir, le monarque les envoya à Constantinople d'où ils revinrent tous deux métropolitains, l'un à Kief et l'autre à Moscou. Cyprien survécut à son compétiteur et resta seul en possession de la première des dignités épiscopales. Avant de mourir, il adressa une lettre de bénédiction au Grand-Prince, aux boyards, ainsi qu'à tous les prêtres. Son caractère ne cessa pas d'être conciliant, et fait d'autant plus contraste avec celui de son successeur Photius (1409), qui s'appliqua surtout à augmenter les biens des métropolitains et ne recula pas devant de nombreux procès avec différents détenteurs de fiefs princiers.

Après lui, nouvelle dissension entre le souverain de Russie et le Patriarche. Celui-ci ayant refusé de sacrer Grégoire, les évêques l'élirent directement avec le consentement du monarque.

En revanche, Constantinople nomma en 1433 Gerassim métropolitain de Lithuanie.

Nous voici arrivés au Concile de Ferrare et de Florence (1439), auquel le pape Eugène IV convoqua l'empereur d'Orient, Jean Paléologue, le patriarche de Byzance et les autres prélats, métropolitains et igoumènes (1) de l'Eglise grecque, afin de travailler de concert à l'union des Eglises d'Occident et d'Orient.

Avant de prendre une résolution, en ce qui concernait son empire, le Grand-Prince Vassili voulut consulter les boyards et le clergé qui se déclarèrent opposés à l'entente. Vassili la souhaitait sincèrement; aussi la résistance qu'il rencontra le porta-t-elle aux plus extrêmes mesures d'arbitraire, jusqu'à faire enfermer le métropolitain Isidore. Puis il transporta la primauté religieuse de Kief à Moscou et rompit tout rapport avec le patriarche de Constantinople. C'est de ce moment que l'Eglise russe devint indépendante de celle de Byzance.

Au milieu de ces disputes, les Turcs s'emparèrent de Constantinople dont l'héroïque résistance est demeurée une des belles pages de l'histoire. Pour arrêter l'invasion musulmane, Sophie, nièce du dernier empereur,

(1) *Hégémones*.

fut dotée par le Pape et donnée en mariage à Ivan III, Grand-Prince de Russie, dans l'intention d'encourager l'Europe à marcher contre Mahomet II.

Dès ce moment, Ivan III se considéra comme héritier des Empereurs d'Orient et de leurs droits sur l'Eglise grecque. Aussi s'empressa-t-il (1497) d'adopter l'aigle impériale de Constantin, non pas à la place des anciennes armes de Russie, l'écusson de saint Georges, mais en les combinant ensemble, et ne sépara-t-il plus de son titre de « Grand-Prince par la grâce de Dieu » celui de « Seigneur de toutes les Russies. »

A partir d'Ivan III, les Grands-Princes disposèrent du siège métropolitain sans conteste et, pour justifier ce privilége, tinrent à remplir eux-mêmes des fonctions actives dans la hiérarchie religieuse.

Ivan, dont le règne fut des plus fructueusement remplis, Ivan, qui avait brisé le joug des Mongols, ne sut pas se mettre au-dessus des idées d'intolérance de son temps. En mariant sa fille Hélène au souverain de Lithuanie, Alexandre, il lui recommanda de ne pas se laisser entraîner à embrasser le catholicisme, et, comme la religion grecque se heurtait à de nombreuses difficultés dans ce pays soumis au Saint-Siège, il déclara la guerre à son gendre pour imposer l'orthodoxie dans son royaume.

C'est lui aussi qui réunit les évêques afin de leur faire juger ce qu'il appelait l'hérésie judaïque; leur arrêt déclara que ceux qui la professaient étaient dignes de mort.

Au concile de 1503, il décida, d'accord avec le métropolitain, que les prêtres veufs ne devaient pas dire la messe.

Le caractère d'Ivan III fut, il est facile d'en juger par ces actes, essentiellement autoritaire. S'il entendait maintenir l'unité religieuse dans son empire, il ne voulait pas cependant laisser la hiérarchie épiscopale devenir puissante à l'excès. Il tenta de mettre la main sur les villages et les bourgs appartenant au clergé, et ne céda que devant les protestations du Concile qu'il avait consulté à cet égard. C'est Catherine II qui put seulement, 265 ans plus tard, réaliser cette mesure, moyennant le paiement d'indemnités annuelles aux fonctionnaires qu'elle dépossédait.

Les démarches des papes Léon X et Clément VII auprès d'Ivan III, pour lui faire porter ses armes contre les Turcs et l'amener à la réunion des deux Eglises, restèrent infructeuses. Il avait assez à faire d'organiser l'administration intérieure de son vaste Empire. Les peuples suivent un entraînement fatal vers leurs destinées, et celles de la Russie étaient d'être souveraine maîtresse chez elle. Ce mouvement ne fit que s'accentuer sous Ivan IV, avec qui nous voyons l'autorité civile prendre le pouvoir absolu.

Le métropolitain de Moscou lui ayant reproché un jour à l'Eglise les cruautés dont il s'était rendu coupable et lui refusant pour ce motif sa bénédiction, Ivan se leva de son siège, couvrit le prélat d'outrages et, en fin de compte, le fit passer en jugement. Il est juste d'ajouter qu'il se signala d'autre part par sa tolérance à l'égard des religions dissidentes. Il permit aux protestants d'avoir des temples à Moscou et augmenta les écoles chrétiennes, sans vouloir cependant autoriser les marchands italiens à fonder des églises latines.

Il réforma les lois ecclésiastiques (1), afin que les pasteurs servissent de modèles au troupeau, et, dans l'intérêt des mœurs qu'il était temps de relever, s'occupa également de la police et des magistratures populaires.

Pourquoi faut-il que ce Grand-Prince, qui le premier prit le titre de Tsar de toutes les Russies, n'ait pas persévéré dans cette voie et n'ait laissé à la postérité que la renommée de Terrible, que lui méritèrent les excès de tout genre de ses dernières années ?

Avec les fils d'Ivan finit la dynastie de Rurik. Fœdor, qu'il avait désigné pour monter après lui sur le trône, étant mort en 1598 sans héritier, Boris Godounof fut élu pour lui succéder. Son règne, dont les premières années avaient été des plus florissantes, fut abrégé par l'apparition du second fils, ou prétendu tel, d'Ivan IV, Dimitri Ivanovitch, qu'il avait donné l'ordre de faire disparaître alors que lui-même n'était encore que le tout-puissant conseiller de Fœdor.

Dimitri s'était engagé à renoncer au schisme, mais les protestations du peuple l'arrêtèrent. Couronné par le patriarche Ignace, il donna aux catholiques la liberté de leur culte et aux Jésuites l'autorisation d'enseigner; son caractère était large et généreux : toutes conditions qui ne devaient pas lui assurer les sympathies du clergé orthodoxe ; aussi ce dernier fanatisa-t-il le peuple contre lui et peut-il être en grande partie rendu responsable de l'assassinat dont l'infortuné monarque fut victime le 27 mai 1606 dans des circonstances particulièrement odieuses. Son suc-

(1) *Stoglave*, en cent chapitres.

cesseur alla jusqu'à ordonner que sa mémoire fût maudite dans toutes les églises.

L'exposé des événements politiques nécessaire à l'intelligence du développement des institutions, dont nous poursuivons l'étude, nous a écarté momentanément de la question religieuse ; nous y revenons sans plus tarder.

Boris Godounof, lorsqu'il n'était encore que le favori du tsar Fœdor, avait pris à l'avance toutes ses dispositions pour assurer, à la mort du souverain, son élection au trône. Sachant combien l'appui du métropolitain de Moscou lui serait précieux en cette circonstance, il profita du voyage que fit dans cette ville le patriarche de Constantinople en 1588, pour obtenir que le métropolitain fût nommé patriarche. Une fois monté sur le trône, Boris augmenta encore l'autorité du premier prélat de l'Empire en lui donnant le droit de véto sur la promulgation des lois, dont la formule préliminaire était ainsi libellée :

« Le Tsar a proposé, les boyards ont décidé et le patriarche a béni. » Chez ces peuples foncièrement religieux, l'immixtion de l'Église dans les affaires civiles paraissait toute naturelle. Ils ne s'étonnaient pas plus de voir le Tsar tenir à pied les brides du cheval du patriarche à la procession des Rameaux, que d'apprendre qu'il servait à table le représentant du Christ le jour de la Toussaint.

Après Boris, l'influence des patriarches russes continua de croître jusqu'à Pierre Ier. Ils s'attachèrent à corriger les abus du clergé, à protéger les sciences, et devinrent les conseillers intimes des Tsars pour les affaires de l'État.

Lorsque, en 1613, le premier Romanof (Michel) fut appelé au trône par le choix de la nation, son père Philarète, qui était métropolitain de Rostof, fut nommé patriarche et prit la haute main sur le gouvernement de l'Empire. Il rendit au Tsar son titre et ses pouvoirs d'autocrate, ne laissa aux Etats généraux que leur ancienne voix consultative, brisa le pouvoir des boyards, abolit le jury et les tribunaux électifs, fit des gouverneurs de province de véritables pachas et assujettit les paysans à la glèbe.

Le patriarche Nicon, qui était un novateur, vit ses vues mal comprises et ses intentions dénaturées. Accusé par les boyards, ses ennemis, de vouloir faire de son pouvoir le rival de celui du Tsar, il fut condamné et destitué par un concile que présidèrent les archevêques d'Antioche et d'Alexandrie de passage à Moscou.

Les transformations politiques, comme toujours, marchaient de pair avec les réformes religieuses. Les unes et les autres donnèrent naissance au Raskol.

La littérature profane, de son côté, tendait à prendre droit de cité au sein de la population slave. Déjà depuis Ivan III, elle s'essayait par quelques chroniques rédigées par des moines, par des chansons et des contes fantastiques. Deux académies nouvelles avaient été fondées : l'une à Kief et l'autre à Moscou.

Le clergé avait alors un tiers des terres de l'Empire ; il ne relevait que du patriarche pour toutes les affaires civiles et spirituelles.

Les popes étaient nommés par les évêques, ceux-ci par leurs pairs, et le patriarche par tout le haut clergé réuni. Pour cette élection, celui-ci se mettait d'accord sur le choix de trois candidats dont il déposait les noms écrits dans un pli fermé sur le maître-autel de la cathédrale de l'Assomption. Le doyen des métropolitains, après une messe solennelle, prenait un de ces bulletins et le nom qu'il y lisait était celui de l'élu de Dieu, du premier prélat de toutes les Russies.

L'Eglise était donc absolument nationale et jouissait d'une complète autonomie; malheureusement, au point de vue du principe que nous défendons, elle ne respectait pas suffisamment l'indépendance des autres doctrines religieuses, lorsqu'elle intervenait d'office dans les affaires politiques les plus graves par l'organe de son patriarche, dont le pouvoir contre-balançait presque celui de la noblesse et du Tsar.

C. — ÉPOQUE DU SAINT-SYNODE

Une des innovations de Pierre-le-Grand fut de faire adopter un langage officiel, plus français et allemand que russe, auquel son peuple eut de la peine à s'habituer. Il modifia jusqu'à l'ancien alphabet. Le contrecoup de cette réforme se fit surtout sentir au point de vue spirituel, car les écrits antérieurs, qui s'occupaient principalement des questions religieuses, devinrent difficiles à lire. Le Raskol fut une immense protestation contre ce bouleversement de toutes les vieilles traditions populaires, dont le gouvernement du puissant autocrate ne se contenta pas, car il voulait exercer une action plus directe et plus immédiate encore sur l'Eglise nationale. Il n'hésita pas, en conséquence, à la réglementer jusque dans ses institutions les plus intimes, en interdisant les vœux de religion avant cinquante ans et en attaquant violemment les ordonnances abusives des carêmes. Dans l'intérêt de sa politique, il exploita le ridicule pour affaiblir l'influence redoutable des prêtres dont les connaissances, il faut le reconnaître, étaient alors plus que restreintes.

Il toléra également, pour le même motif, des parodies et des déguisements indignes de servir de moyens d'action à un prince réformateur : la fête des fous, par exemple, où l'on représentait le grand conclave présidé par le prince-pape entouré de cardinaux ivres-morts.

Lorsque le patriarche Adrien, qui était hostile aux réformes, mourut en 1700, Pierre jugea le moment opportun pour opérer une révolution complète dans l'organisation religieuse. Il supprima le patriarcat et remplaça l'administration de l'Église russe par un collége d'évêques auquel il donna en 1719 le titre de Saint-Synode dirigeant. Il le fit dépendre à la fois du gouvernement et de l'Église de Constantinople. Celle-ci n'existant plus, c'était se déclarer lui-même grand-prêtre de la religion de l'État.

Voici le préambule de l'édit qui institua le Saint-Synode. Il est intéressant à connaître parce qu'il expose clairement les motifs qui ont inspiré à Pierre-le-Grand l'idée de cette création.

« L'organisation collégiale ne saurait faire redouter à la patrie les troubles et les séditions qui peuvent survenir quand c'est un homme seul qui se trouve à la tête de l'Église. Le simple peuple est inhabile à saisir la distinction entre le pouvoir spirituel et le pouvoir impérial ; frappé de la vertu et de la splendeur dont brille le suprême pasteur de l'Église, il s'imagine que celui-ci est un second souverain, égal en puissance à l'autocrate et même supérieur à lui; s'il survient un désaccord entre le patriarche et le Tsar, il est disposé à se ranger du côté du premier, s'imaginant qu'il embrasse ainsi la cause même de Dieu ? »

Pierre ne laissa au Synode que le droit de régler la discipline, les mœurs, la capacité des évêques dont il réserva la nomination au souverain. Son immixtion dans les affaires religieuses alla jusqu'à imposer au clergé la formule d'un serment qu'il avait composée pour justifier son ingérence et la faire formellement reconnaître par le clergé : « Je jure, tel était son texte, d'être fidèle et obéissant serviteur et sujet à mon naturel et véritable souverain, aux augustes successeurs qu'il lui plaira de nommer en vertu du pouvoir incontestable qu'il en a ; *je reconnais qu'il est le juge suprême de ce collège spirituel ;* je jure par le Dieu qui voit tout, que j'entends et que j'explique ce serment dans toute la force et le sens que ses paroles présentent à ceux qui le lisent ou qui l'entendent. »

Nul détail d'aucun genre n'échappa à son esprit profondément observateur et administratif.

Les moines qui savaient seuls écrire, en ayant abusé, Pierre leur interdit l'encre et la plume, en 1703. D'accord avec le Saint-Synode, il fixa à 30 ans, au lieu de 50 comme l'avait fait son prédécesseur, l'âge minimum auquel il leur serait permis de prononcer des vœux. Il défendit aux militaires et aux cultivateurs d'abandonner leurs occupations pour entrer dans un couvent ; désormais, pour y être admis, il fallut avoir un état.

Les religieuses, elles aussi, furent astreintes au travail ; elles durent se résigner au régime du cloître dans toute son austérité et recevoir la tonsure.

Son règlement le plus important au sujet des monastères est celui qu'il adressa en 1724 au Synode : le travail et le service des pauvres y étaient imposés aux moines, ainsi que le soin des soldats invalides qui devaient être répartis et soignés dans les couvents, dont plusieurs étaient aussi désignés pour servir d'orphelinats.

Tout était prévu par le souverain jusque dans les moindres détails. Il défendait notamment aux popes d'employer plusieurs de leurs enfants au service de l'Église, afin de les empêcher de prendre une situation prépondérante dans la paroisse qu'ils administraient.

Ces différentes mesures avaient pour but de prévenir le danger du prêtre rendu trop puissant et par cela même susceptible de créer un jour un État dans l'État. Elles furent une des préoccupations capitales du règne de ce grand prince. On raconte, à l'appui de cette assertion, qu'écoutant un jour le chapitre du Spectateur anglais qui le mettait en parallèle avec Louis XIV, il interrompit le lecteur pour dire : « Je ne crois pas mériter la préférence qu'on me donne sur ce monarque, mais j'ai été assez heureux pour lui être supérieur en un point essentiel : j'ai forcé mon clergé à l'obéissance et à la paix, et Louis XIV s'est laissé subjuguer par le sien. » Ces quelques mots révèlent sa pensée tout entière.

Pierre ne chercha d'ailleurs jamais à dogmatiser ; c'était, selon lui, l'affaire des conciles. Mais, sur le terrain mixte où l'autorité spirituelle et l'autorité civile se rencontrent forcément, il assujettit la première à la seconde. On ne saurait que louer sans réserve ce souverain réformateur d'avoir assuré l'indépendance morale de ses sujets, si dans sa prétention d'être le maître absolu de leur existence et de leur conscience, il n'avait pris en même temps une série de dispositions des plus tyranniques. C'est ainsi qu'il punit le blasphème de l'exil et qu'il alla jusqu'à édicter des peines contre les distractions pendant la messe. Il s'acharna également à persécuter les Raskolniks pour les convertir, et, n'y pouvant arriver, les fit traquer dans leurs temples, auxquels ces fanatiques préférèrent mettre le feu pour périr ensevelis sous leurs ruines, plutôt que de céder à la pression qu'on voulait exercer sur eux.

Mais, si Pierre se montra aussi autoritaire vis-à-vis de ses sujets, il usa pourtant de condescendance à l'égard des religions étrangères, et du catholicisme en particulier qui pût avoir des temples à Saint-Pétersbourg. Il lui arriva même d'assister aux offices de l'église française, où l'on conserve encore son fauteuil. La Perspective Newski, bordée d'églises dissidentes, fut appelée pour la première fois, sous son gouvernement, « Perspective de la tolérance. » Les protestants seuls ne trouvèrent pas grâce à ses yeux ; le maître absolu de toutes les Russies ne pouvait naturellement qu'être hostile à leur esprit de prosélytisme ; il les fit poursuivre et combattit leur doctrine pour cet unique motif.

Victorieux des Polonais, il ne sut pas davantage rester impartial à l'égard des Uniates. Non content d'appuyer les plaintes des sectaires orthodoxes de la nation vaincue auprès du gouvernement de Varsovie et d'obtenir pour eux, avec le libre exercice de leur rite, le rétablissement de l'évêché russe de Mohilew, il se plaignit au Pape de l'intolérance du clergé catholique, qui avait pourtant des doléances autrement sérieuses à faire entendre.

Il n'y a rien à signaler de particulier au point de vue religieux sous les règnes de Catherine Ire, de Pierre II et d'Anne. La Russie s'assimilait les réformes de Pierre Ier et les doctrines d'Occident. Mais sous Elisabeth le zèle de conversion à outrance redoubla ; en 1742, le Saint-Synode supprima les églises arméniennes dans les deux capitales, les mosquées chez les Tatars, et les juifs furent chassés comme ennemis du Christ.

Il appartint à Catherine II de prendre la mesure radicale qui devait avoir pour conséquence de mettre le clergé complétement sous sa dépendance. Pour atteindre ce résultat, elle n'hésita pas à le dépouiller de ses biens ; en compensation, elle lui assura un traitement inscrit au budget de l'État. Elle se piquait d'ailleurs de professer les doctrines philosophiques du siècle, et notamment la tolérance. Aussi fut-elle une des premières à offrir un asile aux Jésuites, pour protester contre les mesures prises par le Pape à leur égard, et traita-t-elle avec douceur les Raskolniks qui rentrèrent sur le sol natal. L'Église nationale n'étant plus exclusivement protégée, les sectes se multiplièrent, malgré le zèle du métropolitain de Moscou, Platon, qui s'ingénia à réveiller la foi et à former des disciples.

Mais Catherine, libérale en Russie, fut autocrate en Pologne. Cette puissance, autrefois si grande, avait succombé sous ses divisions intestines. Catherine supprima tous les évêchés uniates ; en vingt-trois ans, elle jeta de force huit millions de Ruthènes dans l'orthodoxie.

Son fils, Paul Ier, inaugura le régime de modération qui continua d'être pratiqué jusqu'à Nicolas Ier. Le Pontife romain réglementa, d'accord avec lui, les rapports entre les confessions des deux rites.

Alexandre Ier fut bienveillant, comme son père Paul Ier, envers les Uniates. Sans en avoir été sollicité par le Pape, il donna spontanément à l'archevêque de Polock le titre de Métropolite des Églises unies en Russie et lui facilita l'accomplissement de sa tâche par tous les moyens dont il pouvait disposer.

Les protestants ne furent plus cette fois exclus des faveurs communes. Alexandre rendit un édit pour l'établissement d'un évêché à Saint- Pétersbourg et leur accorda sa protection, « à la condition qu'ils resteraient fidèles à leurs symbole et confession, par lesquels les Églises évangéliques reconnaissent la sainte Écriture comme la parole de Dieu ».

Malheureusement, la ferveur religieuse augmenta chez lui avec l'âge. Après des débuts empreints d'un esprit si large et si généreux, le mysticisme l'envahit à tel point que, par respect pour les Écritures, il interdit de professer les théories géologiques de Buffon, ainsi que le système planétaire de Copernic et de Newton, comme étant en contradiction avec les textes sacrés. Les professeurs d'histoire durent, par son ordre, s'inspirer de l' « Histoire universelle » de Bossuet ; la médecine, elle-même, fut astreinte à suivre les doctrines chrétiennes.

Nicolas Ier (1825-1855) ne suivit pas, nous l'avons dit, la politique libérale de ses prédécesseurs. Sa devise était : « Un seul Dieu, un seul Tsar, un seul peuple, une seule foi. »

Aussi, poursuivant l'œuvre de Catherine II, fit-il rentrer dans l'Église orthodoxe deux millions de Russes, dont les pères étaient catholiques depuis 1596.

Leur religion était doublement chère aux Polonais, parce qu'elle était le culte de leurs ancêtres, et parce qu'elle leur rappelait l'ancienne indépendance nationale; aussi tous les moyens parurent-ils bons à Nicolas pour la combattre. Il supprima les deux tiers des couvents catholiques, après un ukase de 1832 abandonnant au clergé russe la moitié des églises latines, sans que les protestations du Pape pussent obtenir la moindre atténuation à ces mesures arbitraires (1842).

Un concordat entre le chef de la chrétienté et l'empereur détendit cependant la situation. Publié par le pape Pie IX le 3 août 1847, il est le premier acte où l'on voit la primauté du Saint-Siège sur les catholiques russes officiellement reconnue par le gouvernement orthodoxe, antagoniste de Rome par caractère. Ce document, d'une grande importance, donna aux Églises latines et grecques unies de cet empire une situation légale qu'elles n'avaient pas eue jusqu'alors et une administration canonique régulièrement établie.

Cette convention stipulait que le pape devait concourir avec l'empereur à la nomination des évêques, sans préjudice de l'initiation réglementaire qui lui était toujours réservée. Elle n'était, à cet égard, que la reproduction réduite du traité de paix religieuse intervenu entre Pie VII et le Premier Consul; au point de vue pécuniaire, elle ne mentionnait que le traitement de l'évêque et du suffragant du nouveau diocèse de Kherson, parce que la dotation des autres prélats avait été réglée par des ukases qui n'avaient rien perdu de leur force de loi.

Ce concordat ne fut qu'imparfaitement observé. Un autre, postérieur, ne reçut même pas un commencement d'exécution. La liberté de conscience allait passer de nouveau par une de ses phases les plus douloureuses.

Les Grecs unis n'existant plus, Nicolas voulut convertir les protestants de la Baltique à leur tour ; soixante-dix mille abjurations furent obtenues ainsi de gré ou de force, de force malheureusement, dans la majorité des cas. Le Saint-Synode lui-même n'échappa pas à son autocratie et ne fut guère mieux traité ; les évêques n'eurent plus qu'à obéir. Un simple désaccord en fit condamner un à la relégation.

Quant aux Raskolniks, c'est une véritable persécution qui fut organisée contre eux. Leurs enfants furent baptisés par ordre, et les réfractaires envoyés en Sibérie. On vit alors des familles entières s'enfermer dans leur maison, après y avoir allumé l'incendie et se laisser consumer dans les flammes, pour conserver l'intégrité de leur foi. Nicolas mit tout en œuvre pour combattre l'action de l'hérésie ; il créa une chancellerie spéciale pour s'occuper des dissidents, fort nombreux : alors que le gouvernement sévissait d'un côté contre les désordres provoqués par les sectes, qu'il déplaçait, destituait les fonctionnaires coupables de modérantisme à leur égard, le Synode agissait sur le clergé et révoquait les prêtres dont il n'était pas suffisamment sûr, en même temps qu'il encourageait le zèle de ceux qui lui étaient acquis.

Ce fut la question religieuse qui servit de prétexte à Nicolas pour chercher querelle à la Porte et tenter de s'avancer vers Constantinople, conformément au plan primitif qu'avait tracé Pierre-le-Grand.

Aux termes d'un traité signé en 1740 entre la France

et la Turquie, les religieux latins de Jérusalem devaient rester possesseurs du Saint Sépulcre et des autres lieux de pèlerinage environnants, sous la protection de notre drapeau. Les moines grecs leur en disputèrent la possession et les expulsèrent, en 1851, de neuf sanctuaires, au nombre desquels se trouvait l'église de Béthléem. Les prêtres catholiques, dépossédés, implorèrent alors la protection de la France. Pour faire droit aux réclamations de notre gouvernement, Abdul-Medjid nomma une commission mixte chargée de faire un rapport sur le différend. L'empereur Nicolas exigea impérieusement que cette commission fût dissoute.

Après de longs pourparlers, l'armée russe passa le Pruth et, pour expliquer son attitude, le Tzar fit lire dans les églises un manifeste où l'intérêt de la religion était le principal argument invoqué. « Tous nos fidèles sujets, disait-il, savent que, de temps immémorial, la défense de l'Église orthodoxe fut le vœu de nos glorieux ancêtres. Depuis qu'il a plu à la Providence de nous confier notre trône héréditaire, nous avons cherché à ne pas faillir à cette tâche. » Il insistait également sur ce point que la France et l'Angleterre se mettaient du côté des ennemis du Christianisme, tandis que la Russie, fidèle à sa mission divine, se battait pour défendre la cause de l'Église.

Les revers successifs de la campagne de Crimée, auxquels il était si loin de s'attendre, hâtèrent la mort de ce monarque, accoutumé à voir tout céder devant sa volonté souveraine.

Le règne de son fils Alexandre II, mort victime des sectes aux doctrines d'autant plus exaltées qu'elles sont plus sévèrement proscrites, est trop rapproché de nous pour qu'on se permette d'en parler encore.

On assure que le Tsar actuel, Alexandre III, est en train de négocier un nouveau concordat avec le Saint-Siège. Peut-être celui-ci aura-t-il un meilleur sort que les précédents, peut-être réalisera-t-il l'union complète des Églises latine et grecque, souhaitée depuis si longtemps; il sera du moins un premier pas dans cette voie, et comme il n'y a que le premier pas qui coûte, affirme la sagesse des nations, ce rêve séculaire pourra devenir une réalité. Il est à désirer également que des dispositions plus générales suivent de près cette entente et accordent la pleine liberté de conscience à ce grand peuple, avec lequel nous avons tant d'affinités communes.

Car il s'en faut de beaucoup encore qu'il en jouisse maintenant, et la différence de protection accordée aux cultes dissidents est loin d'avoir disparu.

C'est ainsi qu'on a institué dernièrement, dans les gouvernements de Lubelsk, de Siedlesk et de Suwalsky, une commission gouvernementale chargée de faire, sous la haute direction du gouverneur général de Varsovie, le recensement des membres des différentes églises de l'empire. Le chef de district en est le président, et le doyen des popes ainsi que le plus ancien des prêtres catholiques sont ses assesseurs; chacun d'eux présente la liste des membres des deux religions, orthodoxe et romaine. S'ils se trouvent en conflit au sujet de tel ou tel individu qu'ils considèrent comme appartenant à leur communion, c'est au consistoire de Chelmsk qu'il appartient de décider en dernier ressort.

Si les popes inscrivent sur leurs listes des arrondissements en bloc, sans aucune énumération de personnes, les prêtres catholiques peuvent immédiatement protester, mais leur réclamation ne saurait concerner que des individus. Car, s'ils élevaient des prétentions trop grandes et voulaient à leur tour inscrire sur leur registre un district entier, ils verraient leur demande infailliblement repoussée.

Dans le cas même où leur protestation est susceptible d'être admise, les difficultés à surmonter demeurent excessives.

Il faut, en effet, produire les actes de baptême dressés dans les églises catholiques, pièces fort difficiles à se procurer; et quand, après de nombreuses recherches, on est parvenu à les réunir, on exige, de plus, la preuve qu'aucun des ancêtres paternels ou maternels n'a été baptisé dans une église uniate.

C'est seulement quand on a satisfait à toutes ces formalités qu'on peut espérer être autorisé à garder la foi de ses pères.

Actuellement l'Église russe orthodoxe, d'après les statistiques les plus récentes, comprend cinquante-trois diocèses, parmi lesquels on distingue trois sièges métropolitains : Kiew, Moscou et Saint-Pétersbourg; 17 archevêchés, 38 évêchés, sans compter 25 évêques titulaires ou lieutenants, comme on les appelle en Orient. Elle a, de plus, un évêché dans l'Amérique du Nord et un autre au Japon. Les églises sont au nombre de 42,000 et les chapelles s'élèvent à 14,000: le tout desservi par 85,000 à 90,000 personnes, prêtres, diacres ou ministres d'un grade subalterne. Chaque diocèse possède une institution préparatoire aux ordres sacrés ou séminaire; la métropole de Moscou en compte deux pour elle seule; il y a de plus un grand nombre d'écoles inférieures pour l'éducation des fils de popes. A Saint-Pétersbourg, à Moscou, à Kiew et à Kazan, des cours d'enseignement supérieur, ou académies, faits par des ecclésiastiques, sont fréquentés par 5 à 600 étudiants. Enfin, beaucoup d'églises séculières ou religieuses ont pour annexe une école élémentaire pour les enfants du peuple. Car la liberté d'enseignement, sous la réserve de l'instruction religieuse obligatoire, existe en Russie ; ce sont les associations, les communes, les particuliers, qui y ont fondé la plupart des établissements scolaires. La seule condition imposée à leur ouverture est l'obligation de se munir d'une autorisation des comités chargés de la surveillance et du contrôle des études dans chaque district. L'Etat ne s'immisce pas dans la question du plus ou moins de connaissances qui peuvent y être enseignées ; il considère que si peu qu'on y apprenne, c'est toujours mieux que rien, et les subventionne quand il juge que les services rendus par eux méritent une récompense.

L'instruction primaire n'est pas exigée, mais les conseils scolaires ont pour mission d'employer tous les moyens de persuasion en leur pouvoir, afin de déterminer les parents à ne pas laisser leurs enfants dans l'ignorance.

Ce sont les autorités locales, ou les fondateurs des différentes écoles, qui règlent la question de gratuité.

II. — *Angleterre.*

Ce fut un caprice amoureux du roi Henri VIII (1509-1547), et non une question de doctrine, qui sépara de Rome la majorité de la population du Royaume-Uni. Ce prince, n'ayant pu obtenir du pape Léon X la permission de divorcer avec Catherine d'Aragon pour épouser Anne de Boleyn, et voulant mettre, en même temps, la main sur les biens du clergé, se fit proclamer chef de l'Église d'Angleterre et obligea tous ses sujets à lui prêter le serment de suprématie. Il punissait également de mort les catholiques et les protestants, les premiers comme criminels de lèse-majesté, les seconds comme hérétiques. Thomas Morus, l'évêque Fisher, les deux frères Pole, Lambert Simnel, furent les victimes les plus illustres de son implacable rancune. Après lui, le calvinisme prit pied en Angleterre sous Edouard II (1547-1553). La reine Marie essaya bien de ramener son peuple au catholicisme, mais à sa mort (1558), l'Église anglicane fut définitivement constituée par Elisabeth.

Dans les « Constitutions d'Europe et d'Amérique » par MM. Laferrière et Batbie, nous trouvons l'exposé suivant des principes généraux de celle qui concerne spécialement l'Angleterre :

Les articles 16 à 21 assurent la liberté de conscience, tant que sa manifestation ne blesse ni la morale, ni l'ordre établi. L'observance des dimanches et fêtes est réglementaire et obligatoire pour toute personne résidant sur le territoire britannique. L'Église anglicane en Angleterre, et l'Église presbytérienne en Écosse, sont également reconnues pour nationales, et les seules dont les ministres soient salariés et les institutions entretenues par le budget gouvernemental. L'État ne subventionne qu'un établissement catholique, le collége Maynoth en Irlande, fondé en 1795.

Les autres cultes non officiels n'ont aucun recours en justice pour le paiement de leurs émoluments. La loi se refuse à reconnaître, mais tolère dans la pratique les associations ou corporations doctrinales qui ne se rattachent pas à l'Église établie. Elle interdit uniquement les cérémonies religieuses hors des édifices affectés aux confessions dissidentes.

Tous les citoyens jouissent des droits civils et politiques, mais les catholiques ne peuvent exercer les fonctions de juge près des cours de Westminster, de lord chancelier, lord garde des sceaux, lord lieutenant en Irlande, ni être professeurs dans les Universités ou colléges anglicans. Les prêtres catholiques sont exclus de la Chambre des Communes. Les députés qui ne reconnaissent pas la divinité du Christ peuvent avoir accès au Parlement, à la condition d'être dispensés par l'Assemblée de la formule habituelle du serment. Les citoyens ont le droit de s'assembler paisiblement et sans armes, de former des réunions ou *meetings* sans autorisation préalable, d'y voter des résolutions « *sauf à répondre de toute infraction aux lois qui répriment les délits commis par le moyen de la parole ou de la presse* (art. 54). » Si les magistrats chargés de veiller au maintien de l'ordre jugent que le *meeting* a un caractère séditieux, ils peuvent ordonner qu'il se disperse comme illégal, une heure après lecture du *riot act* (acte contre l'émeute) (art. 56)...

C'est au jury qu'il appartient de statuer sur la légalité du *meeting* et sur les délits qui y seraient commis (art. 57).

Art. 58. — Tous les citoyens ont le droit de former des associations sans autorisation préalable et sans limite du nombre des sociétaires.

Est illégale la création de groupes politiques dont les membres contractent des obligations sous serment et signent, sans y être requis ou autorisés par la loi, une déclaration ou un engagement quelconque.

Il en est de même des associations qui gardent le secret sur les noms de leurs adhérents ou dont les directeurs ne se font pas connaître.

La loi n'autorise pas l'affiliation de plusieurs sociétés entre elles, non plus que la réunion de leurs délégués respectifs en conférence générale, à moins qu'il ne s'agisse d'associations religieuses de bienfaisance ou d'ordre maçonnique.

Art. 177. — L'Église anglicane ou établie (*established Church*) est l'Église nationale d'Angleterre et du pays de Galles.

Art. 178. — L'Église de Rome n'a pas de juridiction.

Art. 179. — Le roi est le chef suprême de l'Église ; il a, en matière de compétence, toutes les prérogatives qui appartenaient autrefois au Souverain Pontife.

La conséquence de ce dernier article, c'est que le gouvernement a le droit d'intervenir si les offices ne sont pas faits conformément aux lois qu'il édicte lui-même.

J'ai toujours été surpris que, dans un pays raisonnable et positif comme l'Angleterre, cette doctrine que rien ne justifie ait pu être acceptée aussi facilement.

De nos jours, la reine Victoria est, on le sait, des plus tolérantes à l'égard des différents cultes. C'est dans le Royaume-Uni que les congrégations religieuses, empêchées de continuer à instruire en France, ont trouvé le meilleur accueil.

La question de l'enseignement obligatoire, *direct compulsion*, n'a été posée en Angleterre qu'en 1870. Jusqu'à cette époque, l'initiative privée, ayant le champ libre, suffisait à répandre l'instruction dans les différentes classes de la société. Le gouvernement britannique, pour ne pas s'immiscer dans l'administration des nombreuses sectes religieuses, se contentait d'encourager l'ouverture des écoles et de les subventionner (*payment by results*), lorsque les résultats obtenus étaient satisfaisants et que les doctrines enseignées affectaient un caractère religieux.

Le même système est encore de nos jours pratiqué dans le Canada.

Cependant le vent de la Liberté, qui avait commencé à se lever en 1789, continuait de souffler sur le monde ; aussi voulut-on, en 1870, retirer au clergé la direction de l'instruction primaire, afin d'encourager la concurrence ; diverses lois furent votées dans ce sens en 1870, 1873, 1876 et 1880.

L'année terrible qui enregistra pour nous des désastres inoubliables, l'Angleterre possédait des écoles primaires en nombre à peu près suffisant. C'était donc moins leur augmentation qui était réclamée que la diffusion de l'instruction elle-même. La législation nouvelle s'inspira surtout d'une pensée libérale et vint combler des lacunes qui ne pouvaient plus être dissimulées. C'est alors qu'on parla pour la première fois de la *compulsory education*. Le projet du gouvernement, pour éviter des mécomptes en voulant aller trop vite, se contentait de la *permissive clause*, c'est-à-dire qu'il laissait aux autorités locales le soin de décider quand et comment l'application de la loi deviendrait obligatoire dans leurs communes respectives.

Les débats, auxquels cette proposition donna lieu, furent des plus animés : les uns trouvaient qu'on portait atteinte à la liberté ; les autres, au contraire, réclamaient l'obligation absolue. M. W. E. Forster, chargé de défendre le bill et partisan de cette dernière manière de voir, jugeait toutefois lui-même que l'opinion n'était pas encore suffisamment préparée à cette innovation considérable, qu'on n'avait pas assez d'écoles et qu'on manquait d'expérience. Il demanda donc de n'avancer que par étapes. C'était le parti le plus sage et le Parlement l'adopta, en laissant aux commissions scolaires le pouvoir de prendre des mesures obligatoires pour les districts de leur juridiction ; elles restaient juges ainsi de l'opportunité de l'application de la loi ; c'était l'obligation proclamée en principe, mais subordonnée aux exigences de la situation.

Les nouveaux règlements imposaient aux parents des enfants n'ayant pas moins de cinq ans ni plus de treize, d'avoir à les envoyer à l'école, sauf, bien entendu, les cas d'excuses valables.

Préparée par un ministère libéral et prudemment appliquée, cette loi donna une vive impulsion à l'enseignement primaire en élevant, au moyen de la concurrence, le niveau de l'instruction donnée à la jeunesse.

Il y eut, malheureusement, quelques excès de zèle et les commissions ne restèrent pas toujours dans leur rôle. La partialité en faveur des écoles non-sectairiennes les entraîna parfois à prendre des mesures vexatoires à l'encontre de celles qui avaient des tendances confessionnelles. Les grands journaux de Londres ont récemment fait justice de ce défaut d'équité.

Les articles 69 et suivants de la loi de 1872, relative à l'enseignement en Écosse, ont également trait à l'obligation. Cette fois, la latitude laissée aux parents est moins grande, et l'ordre plus formel. La plupart de ces prescriptions ont passé depuis, sous une autre forme, dans la législation spéciale à l'Angleterre.

Lorsqu'en 1874 le parti conservateur reprit le pouvoir, il voulut, lui aussi, réglementer les études primaires. La loi de 1876, qui fut son œuvre, limita davantage les attributions des commissions scolaires en ce qui concerne la *permissive clause*, tout en continuant d'exiger, comme celle de 1870, que les enfants fussent instruits.

Désormais, toutes les autorités civiles et religieuses pouvaient s'appuyer sur cette réserve et faire des ordonnances locales pour la fréquentation et la surveillance des écoles. Il était interdit toutefois aux parents d'engager, avant l'âge de dix ans, les enfants dans une industrie incompatible avec l'assiduité aux classes ; et, à ce moment, il fallait prouver que le futur apprenti avait passé avec succès un examen réglementaire, ou qu'il avait assisté deux cent cinquante fois par an, pendant un laps de cinq années, aux leçons données dans une école d'un mérite constaté.

On continuait donc d'appliquer le régime de compulsion directe, tout en sauvegardant la liberté de conscience.

Quant aux enfants vagabonds ou ingouvernables, ils pouvaient seuls être envoyés d'office dans une *industrial school*, ou école correctionnelle ; encore les juges devaient-ils en laisser le choix aux parents, à condition que celle désignée par eux rentrât dans la catégorie des institutions reconnues efficaces.

En moins de quatre ans, l'application de cette loi augmenta de près d'un million la population scolaire.

En 1880, retour du parti libéral au pouvoir, nouvelle réglementation de l'enseignement primaire. Les réformes y sont plus énergiques et plus rigoureuses. La clause facultative ne s'y retrouve pas. Chaque district scolaire est tenu d'avoir un comité de surveillance, dont la loi détermine la composition, et chaque comité doit prendre des dispositions qui ne permettent pas d'échappatoire. C'est l'instruction obligatoire dans toute la force du terme *direct compulsion education*. Au point de vue qui nous intéresse, la liberté de conscience, nous relevons encore parmi les excuses admises : l'éloignement de toute école d'une distance supérieure à trois milles par le chemin le moins long, et la célébration d'une fête confessionnelle ou l'assistance à l'instruction religieuse.

Il ne suffit plus d'établir qu'on a été régulièrement deux cent cinquante fois dans un établissement scolaire, pendant cinq ans, pour être considéré comme ayant une instruction primaire satisfaisante, il faut qu'elle soit constatée par un certificat d'études délivré par l'inspecteur du gouvernement.

Mais on peut encore obtenir des exemptions de présence, totales ou partielles.

S'il arrive qu'un chef de famille, après avoir subi toute la série des peines et amendes édictées, continue de négliger l'éducation de son enfant, celui-ci est envoyé d'office dans une *industrial school* avec obligation pour son père de payer tout ou partie de la pension. Le droit pour la personne responsable de choisir cette école lui est réservé, d'ailleurs, dans les conditions énoncées par la loi de 1876.

Cette législation modérée est évidemment des plus sages. Elle s'en rapporte aux autorités locales, seuls juges compétents des besoins réels des milieux où elles vivent. Elle ne porte pas atteinte aux droits de la famille; elle se borne à faire comprendre aux parents leurs devoirs et n'intervient d'une manière effective que s'ils ne savent pas les remplir eux-mêmes.

En Irlande, l'instruction n'est pas obligatoire; elle est seulement encouragée. La liberté d'enseignement est complète.

Depuis l'établissement du protestantisme en Angleterre, les sectes se sont tellement multipliées qu'il est devenu très difficile de donner l'instruction religieuse dans les écoles où cinq, six confessions différentes, et parfois même davantage, ont des adhérents. Cette considération est entrée pour beaucoup dans la rédaction des lois de 1870, 1876 et 1880 qui excluent toute question dogmatique du programme officiel des cours.

Pour étudier les résultats obtenus par la réglementation nouvelle, une commission royale composée de membres de la Chambre des Lords et de la Chambre des Communes, de fonctionnaires du ministère de l'Instruction publique, d'inspecteurs de l'enseignement privé, de professeurs et d'instituteurs, de délégués des principales sociétés d'éducation, prêtres et laïques, catholiques, protestants et dissidents, nobles, bourgeois et simples ouvriers, fut nommée au mois de janvier 1886.

Ses conclusions, en ce qui touche l'instruction morale et religieuse, dont nous nous occupons seulement, méritent de fixer l'attention.

Voici ce que disent les commissaires, dans le préambule du chapitre qui traite cette question : « Tout en étant animés d'un seul et même désir, celui de procurer aux enfants dans les écoles primaires l'instruction la meilleure et la plus complète dans toutes les branches d'enseignement propres à leur âge et utiles à leur carrière future, *nous sommes unanimes à proclamer que l'éducation morale et religieuse est chose de plus haute importance encore pour les enfants, pour les parents, pour la nation tout entière.* Il importe extrêmement, à nos yeux, que l'enseignement de la morale repose sur des bases à la fois solides et intelligibles : aussi, quoique différant beaucoup dans notre façon d'envisager la vérité religieuse (nous avons dit que la Commission comptait des catholiques et des protestants de toutes nuances), sommes-nous persuadés que *le seul fondement stable sur lequel on puisse élever une théorie de morale propre à susciter de hautes vertus morales est la religion enseignée par Jésus-Christ au monde.* »

Les témoignages recueillis par la Commission ayant attesté le désir presque unanime des parents de faire connaître à leurs enfants les principes fondamentaux du christianisme, celle-ci n'hésita pas à repousser énergiquement toute tentative de sécularisation de l'enseignement primaire, et proposa même d'instituer un examen annuel sur les matières religieuses dans toutes les maisons d'éducation placées sous le contrôle du gouvernement.

Son rapport fit remarquer en outre que les écoles dominicales (*Sunday schools*), quelle que fût leur utilité, ne pouvaient suffire à apprendre aux enfants les grandes vérités éternelles dont la connaissance était universellement réclamée, et que, si l'instruction dogmatique n'était plus donnée dans les écoles primaires proprement dites (*Dayschools*), un nombre considérable de leurs élèves serait privé de toute éducation morale et religieuse, ce qui aurait pour l'État les plus graves conséquences. Il condamna aussi de la façon la plus formelle la prétention, émise par quelques réformateurs, de ne laisser inculquer la notion des devoirs envers Dieu qu'en dehors des heures de classe, par des personnes dépourvues de tout caractère officiel et gouvernemental.

Enfin la Commission constata que partout où l'on a suffisamment pris soin d'organiser l'enseignement de la religion, en lui réservant un temps convenable, on a pu remarquer la « grande influence exercée par lui sur la conscience des élèves et sur leur bonne conduite »; elle exprima en même temps le vœu « de voir l'instruction morale et religieuse de la jeunesse atteindre, dans toutes les écoles libres ou officielles, le haut degré de développement obtenu déjà dans quelques-unes d'entre elles », et « termina en souhaitant de voir clairement établir que l'État, tout en désirant maintenir scrupuleusement les garanties admises par le législateur en faveur de la liberté de conscience, ne songe en aucune façon à décourager le zèle de ceux qui, dans les écoles primaires publiques du pays, s'efforcent d'élever les enfants dans l'amour de Dieu et dans l'obéissance à la loi. »

III. — *Allemagne.*

Frédéric II établit en Prusse l'instruction obligatoire avec la religion pour base. Les écoles devaient être confessionnelles pour avoir le droit de répandre les premières données des connaissances réglementaires.

Plus tard, la constitution prussienne du 31 janvier 1850 régla les questions de liberté de conscience, d'association et d'enseignement national de la manière suivante :

Art. 12. — La liberté des cultes, le droit de former des associations religieuses et de célébrer les cérémonies du culte dans un édifice privé ou public sont reconnus.

Art. 13. — Les associations religieuses et les sociétés ecclésiastiques qui n'ont pas les droits de corporation, ne peuvent les obtenir qu'en vertu de lois spéciales.

Art. 14. — La religion chrétienne sert de base aux institutions de l'État ayant rapport aux questions religieuses, sans qu'il soit dérogé à la liberté garantie par l'article 12.

Art. 15. — L'Église évangélique et l'Église catholique, de même que toute autre société religieuse, se gouvernent et s'administrent d'une manière indépendante. Elles ont la possession et la disposition des biens, des sommes et des établissements destinés aux cultes, à l'instruction et à la bienfaisance.

Art. 16. — Les rapports des sociétés religieuses avec leurs supérieurs ne sont pas empêchés. La publication d'écrits pastoraux est soumise aux mêmes lois que toute autre publication.

Art. 17. — Il sera statué par une loi spéciale sur le patronat de l'Église et les conditions sous lesquelles il peut être établi.

Art. 18. — Le droit de nomination, proposition, élection et confirmation pour les charges ecclésiastiques est supprimé, *en tant qu'il appartient à l'État* et qu'il repose sur le patronat ou sur des titres spéciaux.

Art. 20. — La science et son enseignement sont libres.

Art. 21. — Des écoles publiques auront soin de l'instruction de la jeunesse. Les parents et tuteurs *ne peuvent* laisser leurs enfants et pupilles manquer de l'instruction prescrite pour les écoles publiques.

Art. 22. — Le droit d'enseigner, de fonder et de diriger des instituts est libre, à charge de justifier d'une capacité morale et scientifique devant les autorités compétentes.

Art. 23. — Tous les instituts publics ou privés et les établissements d'éducation seront soumis à la surveillance des autorités désignées par le gouvernement. Les professeurs des écoles publiques ont les droits et les devoirs de serviteurs de l'État.

Art. 24. — Pour l'établissement des écoles publiques, il faut, autant que possible, avoir égard aux matières religieuses.

L'instruction religieuse sera dirigée par les sociétés religieuses fondées à cet effet.

La direction des affaires extérieures de l'école publique appartient à la commune : l'État nomme, parmi les individus dont la capacité a été reconnue, les instituteurs de ces écoles, sur la proposition des autorités communales.

Art. 25. — La commune et, en cas d'insuffisance de ses ressources, l'État pourvoient aux frais d'établissement, d'entretien et d'amélioration des écoles publiques.

L'État garantit aux instituteurs un revenu fixe, suivant les ressources et l'importance des localités.

L'enseignement des écoles publiques est gratuit.

Art. 26. — Une loi spéciale règle la matière de l'instruction publique.

En dehors de la Prusse proprement dite, la Constitution de la Bavière, en date du 19 mai 1818, garantit également dans son préambule la liberté de conscience, et la *séparation scrupuleuse* de ce qui appartient à l'Église et à l'État.

L'acte constitutionnel du Wurtemberg, 25 septembre 1819, assura la *liberté entière* de conscience par les articles 24 et 27, tandis que l'article 72 accordait au roi le *droit suprême* de protection et d'inspection sur les églises. Les ordonnances de la puissance ecclésiastique, ajoutait ce dernier, ne peuvent être ni publiées, ni exécutées sans l'approbation préalable du chef de l'État.

Puis arrivaient les articles 78 et 79, établissant, le premier que : La direction des affaires de l'Église catholique appartient à l'évêque assisté du grand chapitre ;

Le second que : Les droits de la puissance souveraine sont exercés sur l'Église catholique par le roi, avec le concours d'un comité composé des membres de cette Église et appelé à donner son avis sur la nomination aux fonctions ecclésiastiques qui dépendent du roi.

Enfin l'article 82 garantissait pour l'Église le droit d'acquérir, en cas d'insuffisance des fonds affectés à son entretien.

Telles étaient encore les grandes lignes de la législation religieuse dans les pays d'Outre-Rhin lorsque survint pour nous la guerre désastreuse de 1870. Bismarck, qui avait refait l'empire d'Allemagne et vu les horreurs de la Commune, comprit toute l'importance qu'il y a pour un État à mettre la main sur l'enseignement, afin de façonner les générations futures sur le moule qu'il croit bon de leur appliquer. Nous verrons qu'il avait compté sans la force incompressible de la liberté! En attendant, dès 1871, le *Kulturkampf* (lutte pour la civilisation) ne permit plus aux Frères et aux Sœurs de la doctrine chrétienne d'instruire les enfants des familles pauvres. La loi du 4 juillet 1872 supprima les Jésuites et leurs écoles dans toute l'Allemagne. Les autres ordres religieux furent également bannis du territoire de l'empire. C'était la persécution! Les victoires avaient aveuglé ces Teutons vaniteux qui ne voulaient plus se contenter d'être de savants tueurs d'hommes, et qui aspiraient à tout dominer chez eux comme ils avaient tout ravagé chez nous. La tyrannie les tentait. Mais les funestes résultats sociaux, qui en furent la conséquence, soulevèrent de si nombreuses et si vives protestations, qu'une réaction ne tarda pas à se produire : beaucoup d'écoles mixtes recommencèrent à s'ouvrir. Aujourd'hui, la liberté d'enseignement est à peu près rendue aux congrégations religieuses.

La neutralité de l'école prussienne au point de vue dogmatique n'existe pas à proprement parler. Il en est de même de la gratuité.

Aussi cette législation a-t-elle provoqué des réclamations sans nombre; en Allemagne même, on l'a qualifiée de *tyrannie moderne*, et les autorités compétentes ont dû chercher à y apporter des adoucissements. Il y a quelques années, le ministre de l'Instruction publique a conseillé la modération, surtout dans les condamnations à l'emprisonnement prononcées contre les parents qui négligent d'envoyer leurs enfants dans les écoles communales, afin de ne pas exciter contre ces établissements plus d'aversion qu'on ne leur en témoignait déjà.

En Alsace-Lorraine, en Saxe, en Bavière, en Wurtemberg, dans la Hesse, le grand-duché de Bade, l'enseignement est libre sous quelques réserves seulement. L'instruction est partout obligatoire, mais elle n'est ni absolument gratuite, ni complétement athée; elle a la religion pour base et les écoles sont confessionnelles. Chacune de ces différentes provinces a édicté des dispositions spéciales sur certains points de détail, mais qui rentrent toutes dans le cadre des grandes lignes que nous venons d'indiquer.

IV. — *Autriche*.

La Constitution fondamentale de l'Autriche, en date du 21 décembre 1867, donne aux sujets de l'empire

« le droit de s'assembler et de former des associations, *mais l'exercice devra en être réglé par des lois spéciales.* » (Art. 12.)

L'article 14 proclame « la liberté entière de religion et de conscience », et l'article 15 que « l'Église règle en toute indépendance les affaires intérieures, reste en possession et jouissance des établissements, fondations et sommes destinés au culte, à l'instruction ou à la bienfaisance — *sauf les lois de l'État.* »

L'article 17, lui, reconnaît « la liberté de la science et de son enseignement. » — Malheureusement, au point de vue de la logique, la même loi fait cette réserve que : « Tout citoyen est libre de fonder des établissements d'instruction et d'éducation, à condition d'avoir fait *légalement* sa capacité. »

Ce prétendu libéralisme n'est donc, somme toute, qu'un leurre, puisque tandis qu'il donne d'une main, il se ménage le moyen de retirer de l'autre, grâce à toutes les restrictions qu'il accumule et qui, dépendant du bon vouloir du gouvernement, le laissent finalement maître absolu de la situation.

La question spéciale d'enseignement, qui avait pris une importance si considérable dans les divers pays d'Europe depuis 1870, ne pouvait pas laisser l'Autriche indifférente. En 1881, le Reichsrath de Vienne retentit des débats sur l'instruction obligatoire. Déjà, une loi de mai 1869 avait prescrit la fréquentation de l'école pour les enfants de six à quatorze ans, comme cela se pratiquait depuis longtemps en Allemagne et en Prusse surtout.

Mais il faut bien remarquer qu'en Autriche toutes ces questions, qui se rattachent pourtant à des mesures d'ordre général, se compliquent, en dehors de l'idée confessionnelle ou religieuse, des aspirations spéciales aux diverses nationalités qui composent l'empire.

C'était le parti libéral ou centraliste allemand qui avait fait adopter la loi de 1869, à laquelle, du reste, on avait dû apporter de suite certains adoucissements réclamés par les exigences locales; dès que le ministère conservateur et autonomiste du comte Taaffe fut arrivé au pouvoir, un projet de loi rectificatif de la durée d'obligation scolaire fut présenté par le baron Liedbacher, en vue de laisser aux diètes provinciales le droit de réduire de huit à six ans la durée d'enseignement précédemment exigée. Vivement combattu par le parti allemand et israélite, ce projet fut cependant voté par le Reichsrath, qui jugeait que huit années d'école étaient une mesure excessive imposée à la population. Mais il fut rejeté par la Chambre des seigneurs et revint devant la Chambre basse qui le vota de nouveau à une faible majorité.

La loi du 2 mai 1883 assura définitivement le triomphe du parti autonomiste et réactionnaire; nous venons de voir que ce ne fut pas sans peine.

Il y a lieu d'ailleurs de ne pas se tromper sur les motifs invoqués pour ou contre ces deux réglementations successives. Le différend n'a jamais porté que sur le temps pendant lequel l'enfant serait astreint à suivre les cours d'instruction primaire, et non sur l'enseignement en lui-même qu'il y pourrait recevoir. Toutes deux étaient d'accord pour reconnaître la nécessité d'apprendre aux jeunes gens les vérités éternelles, avec, sinon avant toutes les autres. L'instituteur devait, d'après elles, appartenir au culte professé par la majorité de ses élèves.

Quant à l'obligation, elle était tempérée par de larges dispenses, en cas d'excuses justifiées; par contre, les peines infligées aux parents peu soucieux de se conformer à la loi étaient particulièrement rigoureuses; aujourd'hui encore, il n'en va rien moins pour eux que de l'amende, de l'emprisonnement et parfois même, lorsqu'il y a récidive invétérée, de la déchéance de la puissance paternelle.

La gratuité de l'enseignement primaire n'était pas imposée comme règle générale; il appartenait à chaque province de la décréter, suivant qu'elle le jugeait plus ou moins à propos.

En étudiant la loi constitutionelle du 21 décembre 1867, nous avons vu qu'elle reconnaissait la liberté d'enseignement. Conformément à cet engagement, chose étrange qu'on ne verrait pas chez nous, le gouvernement ne fait pas la guerre aux écoles privées. Quand le programme de ces institutions est à peu près identique à celui des écoles publiques, on a vu en plus d'une circonstance certains ministres aller jusqu'à leur donner l'autorisation de remettre des certificats d'aptitude ayant autant de valeur que ceux délivrés par l'État.

Mais les ministères changent en Autriche comme en France. On en est revenu actuellement à l'enseignement obligatoire de huit années, c'est-à-dire de six jusqu'à quatorze ans.

Les catholiques font une guerre acharnée à cette mesure et à l'enseignement neutre. Le 25 janvier 1888, jour de l'ouverture du Reichsrath, le prince Aloïse de Liechtenstein, chef du parti conservateur, a soumis à la Chambre un nouveau projet de loi sur la réforme scolaire, dont les sept articles comportent une revision complète et radicale de la législation sur l'enseignement primaire, si débattue et toujours incertaine au sein de cet empire composé d'éléments essentiellement hétérogènes.

« L'école, pose-t-il en principe, a la mission d'élever les enfants de concert avec les parents et à la place des parents, selon les doctrines de leur religion. »

Eu égard à la résistance passionnée que l'obligation de sacrifier huit ans à l'instruction de la jeunesse avait provoquée dans les campagnes, et pour tenir compte de tous les désirs et des inégalités sociales, il établit deux catégories de cours élémentaires : l'école primaire et l'école professionnelle.

« Les parents, y lisons-nous encore, ne peuvent être tenus d'envoyer leurs enfants dans des établissements où l'enseignement est contraire à la doctrine de la religion qu'ils professent. L'enseignement religieux et les exercices religieux, dans les écoles populaires comme dans les séminaires pour instituteurs (écoles normales) sont exclusivement l'affaire de l'Église ou de l'association religieuse respective.

» En même temps l'Eglise ou toute autre association religieuse a un droit d'inspection sur l'école. Les maîtres et les programmes doivent être choisis de manière à pouvoir prêter un concours efficace à l'Église dans l'accomplissement de sa mission.

» Sont également admissibles aux fonctions d'instituteur, tous les citoyens autrichiens de bonnes mœurs et de bon renom, professant la même religion que les enfants de l'école qu'ils dirigent, munis non seulement des pièces requises par la loi, mais encore de la *mission canonique*, s'ils sont catholiques, pour être aptes à donner l'instruction religieuse. »

Ce programme, dès qu'il fut connu, provoqua naturellement les polémiques les plus vives. Quel sera son sort, l'avenir nous l'apprendra. Dans tous les cas, il n'aura pas été absolument inutile, car, en présence des inconvénients qu'il signale, le gouvernement s'est décidé à prendre l'initiative de proposer à la prochaine session du Reichsrath un projet de loi, à lui personnel, modifiant certaines dispositions de la législation scolaire actuellement en vigueur. Il sera bon pour nous de ne pas le perdre de vue, car, ainsi que le fait si justement remarquer Montesquieu dans son ouvrage : *De la grandeur et de la décadence des Romains* : ce qui a fait la majeure partie de la force de ce peuple vainqueur du monde, c'est qu'il a toujours cherché à s'assimiler ce qu'il trouvait sage et avantageux chez les autres nations.

V. — *Italie.*

La séparation de l'Église et de l'État, bien que la proposition en ait été faite depuis longtemps, n'est pas encore réalisée dans la péninsule italienne. M. Minghetti, dans son traité de l'État et de l'Église, nous montre le malaise que ces rapports entretiennent dans son pays, où la question se complique de celle du pouvoir temporel du pape.

« Les habitudes et les traditions de l'union entre l'État et l'Église, dit-il, sont si bien enracinées en nous, qu'elles se mêlent à tout ce que nous faisons, et, sans que nous le sachions, faussent notre jugement. Ce trouble des esprits est surtout profond en Italie, où l'idée de l'Église libre dans l'État libre fut d'abord accueillie par d'unanimes et ardentes sympathies, pour être bientôt après décriée et commentée, ou plutôt défigurée et travestie, de telle sorte que beaucoup ne savent plus ni quel sens ni quelle valeur lui donner. Ajoutons que l'Église catholique est hostile à l'organisation actuelle de l'Italie. L'État, s'il abandonne les armes que le système juridictionnel plaçait dans ses mains, ne va-t-il pas se trouver sans défense contre les assauts et les embûches qui le menacent de ce côté? Mais le principe de la séparation n'implique nullement que l'Etat doive demeurer désarmé en face d'un ennemi si puissant qu'il soit. »

Un projet de loi, en vue de préparer cette inévitable solution, fut présenté en 1865 par une commission du Parlement italien. Il s'inspirait des règlements relatifs aux associations d'Amérique. L'universalité des catholiques, domiciliés depuis six mois dans le diocèse ou dans la paroisse, devait nommer une congrégation diocésaine ou paroissiale, qui en représenterait les biens et serait chargée avec ses revenus personnels de pourvoir aux dépenses du culte.

L'idée était juste en soi; mais l'opinion publique n'était pas préparée à une scission aussi complète et le projet ne prévoyait dans aucun article la période de liquidation, qui est la plus difficile à franchir et qu'il ne faut jamais perdre de vue.

Aujourd'hui, on se heurte encore aux mêmes difficultés, devant lesquelles on recule sans cesse.

La question d'enseignement a toujours été plus facile à résoudre, parce que son utilité est généralement reconnue et qu'elle ne touche pas aux dogmes. Aussi la loi du 15 juillet 1877 put-elle, sans soulever de trop grandes difficultés, établir l'instruction laïque obligatoire, qui continue d'être donnée conformément aux bases posées en 1859. L'obligation ne pèse que sur les enfants de six à neuf ans, et les excuses sont largement admises. La seule peine prononcée contre les parents négligents est l'amende : châtiment suffisant d'ailleurs, si l'on tient compte de la misère qui règne parmi la classe laborieuse de ce beau pays qui pourrait être à l'aise pourtant, si la contemplation de son ciel et de la mer, cette grande berceuse, ne le détournait trop souvent du travail fécond et rémunérateur.

Ajoutons, pour être aussi complet que le permet le cadre restreint de cette étude, qu'en Italie les particuliers ont le droit d'enseigner sans diplôme, à condition d'être agréés par la municipalité et par le délégué scolaire.

VI. — *Belgique.*

En Belgique, la liberté de conscience est formellement assurée par la Constitution du 7 février 1831, mais les différents ministères, amenés successivement au pouvoir par le parti libéral et par le parti conservateur, qui se font une guerre acharnée, modifient souvent la législation scolaire.

La Constitution du 7 février 1831 déclare en effet :

Art. 14. — La liberté des cultes est garantie.

Art. 15. — Nul ne peut être contraint de concourir aux actes et cérémonies d'un culte, ni d'en observer les jours de repos.

Art. 16. — L'État n'a le droit d'intervenir ni dans la nomination, ni dans l'installation des ministres d'un culte quelconque, ni de défendre à ceux-ci de correspondre avec leurs supérieurs et de publier leurs actes, sauf, dans ce dernier cas, la responsabilité ordinaire en matière de presse et de publication.

Le mariage civil devra précéder la bénédiction nuptiale.

Art. 17. — L'enseignement est libre; toute mesure préventive est interdite; la répression des délits n'est réglée que par la loi. L'instruction publique donnée aux frais de l'État est également réglée par la loi.

Art. 20. — Les Belges ont le droit de s'associer. Ce droit ne peut être soumis à aucune mesure préventive.

Je dois faire observer de suite que, malgré les apparences, la séparation entre les Églises et l'État belge n'existe pas en fait, puisque le clergé est privé de plusieurs droits légitimes, favorisé inversement de certains privilèges et salarié par l'État.

Néanmoins, je n'ai pas de peine à confesser que cette Constitution est d'un libéralisme remarquable que nous devrions bien prendre comme exemple, car en supprimant toute immixtion du pouvoir civil dans l'administration spirituelle, elle est incontestablement dans la vraie doctrine.

Malheureusement, nous avons une telle confiance en nos propres lumières que ce sont généralement les autres peuples qui font avant nous les réformes véritablement utiles! Encore ne les imitons-nous pas toujours!

Enfin, peut-être modifierons-nous notre caractère par

trop exclusif, et le grand concours d'étrangers éminents qu'amène à Paris la célébration du centenaire d'où date notre émancipation civile et religieuse, inaugurera, j'aime à l'espérer, une ère plus libérale qui verra se développer les immortels principes proclamés il y a un siècle, et dont nous nous sommes faits les propagateurs par le monde, sans nous occuper suffisamment de les mettre nous-mêmes en pratique.

Quoi qu'il en soit, après la Constitution de 1831, la Belgique vécut de longues années sous l'empire de la loi du 23 septembre 1842, qui accordait la liberté d'enseignement à tous les degrés, mettait l'instruction religieuse au nombre des leçons les plus importantes et donnait aux ministres du culte la surveillance et la direction des études sous la réserve éminemment sage et protectrice de l'indépendance morale d'un chacun, que les enfants appartenant à une autre confession que celle de la majorité seraient dispensés d'assister à l'exposé dogmatique des doctrines qui n'étaient pas les leurs.

Voilà certes le meilleur modèle à suivre !

En 1879, le parti libéral, arrivé au pouvoir, fit voter la loi du 1er juillet qui proclamait la neutralité de l'école primaire. L'instruction religieuse ne figurait plus sur le programme des études, mais la liberté de conscience des pères de famille n'était pas atteinte, car l'enseignement officiel n'était pas rendu obligatoire, et il leur restait la ressource des établissements libres.

C'est à en fonder le plus possible que s'appliquèrent les catholiques belges, qui avaient d'ailleurs protesté avec indignation contre cette mesure qu'ils qualifiaient d'abominable et d'impie. Dix-huit mois après sa mise en vigueur, les institutions qu'ils avaient créées avec leurs propres ressources, contenaient la majorité de la population scolaire.

Le parti libéral, qui avait compris l'importance politique que l'instruction doit exercer dans l'avenir, ne pouvait s'en désintéresser à aucun de ses différents degrés. Il est regrettable toutefois qu'il ne se soit pas maintenu dans des bornes de stricte équité et que, pour chercher à détruire l'enseignement secondaire libre, il ait multiplié les obstacles à son encontre, au lieu de rester sur le terrain de la concurrence loyale. C'est ainsi que, sauf de rares exceptions, il ne permit pas de professer dans les cours préparant aux carrières spéciales à quiconque n'avait pas fait ses études dans une école normale de l'État.

En Belgique, comme en France, on a fondé des écoles moyennes de filles. Il y a de ces innovations qui s'imposent à un moment donné et qu'on retrouve presque simultanément partout.

Mais les modifications du régime scolaire ne sont pas terminées encore. En 1884, le parti conservateur et catholique étant revenu aux affaires, se hâta d'abroger la loi de 1879. Celle qu'il promulgua, dès son arrivée au pouvoir, laisse aux communes le soin de diriger l'instruction primaire; elle supprime toute immixtion de l'État dans l'administration intérieure des classes et ne lui réserve que le contrôle.

Toute commune doit avoir une école; peu importe qu'elle soit publique ou privée.

De l'obligation et de la gratuité il n'est nulle part question.

L'enseignement religieux est également laissé à la

discrétion des municipalités, mais des précautions sont prises pour garantir la liberté de conscience (art. 4).

Les lois anglaise, autrichienne et portugaise sur l'enseignement primaire ont de nombreuses analogies avec celle que nous venons d'étudier.

VII. — *Pays-Bas.*

La législation des Pays-Bas, au point de vue religieux, est comme celle de Belgique des plus libérales.

L'article 10 de la loi fondamentale de 1815, modifiée en 1840 et 1848, accorde à tous les habitants le droit de s'associer et de s'assembler, sauf les réserves nécessaires dans l'intérêt de l'ordre public.

L'article 164 garantit la liberté de conscience;

L'article 165, une protection égale aux différents cultes;

L'article 166, les mêmes droits civils et politiques à tous les citoyens ;

L'article 168 assure les traitements, pensions et autres rentes quelconques dont jouissaient alors les différentes communautés et leurs directeurs. Il décide de plus qu'une allocation peut être accordée aux ministres des cultes ou à leurs suppléants lorsque le revenu dont ils disposent est insuffisant.

L'article 170 reconnaît le droit aux associations religieuses de correspondre avec leurs supérieurs et de publier toutes prescriptions doctrinales sans l'intervention du gouvernement, sous leur responsabilité, conformément à la règle commune.

La liberté d'enseignement fut proclamée en Hollande dès 1806.

En 1857, une loi intervint cependant pour imposer à l'instituteur le devoir de former ses élèves aux vertus chrétiennes et sociales, sans manquer au respect de la liberté de conscience. Ce sont encore les mêmes principes qui ont inspiré le législateur, en 1878, lorsqu'il prescrivit de réserver un temps spécial pour l'instruction religieuse, que sont autorisés à distribuer dans les écoles les ministres des différents cultes.

Cette loi de 1878 sur l'enseignement primaire, à laquelle nous venons de faire allusion, n'impose ni la gratuité, ni l'obligation; elle ne fait pas mention davantage au programme officiel des études, de la nécessité de donner à la jeunesse des notions spiritualistes, mais elle laisse toutes facilités de suivre des cours spéciaux à cet égard.

Les parents indigents ou peu fortunés sont, suivant les cas, dispensés de plein droit de la rétribution scolaire ou arrivent du moins à s'en faire facilement exempter.

Tout en ne posant pas de règle obligatoire, la législation actuelle encourage la fréquentation des écoles par des moyens de persuation convaincants. Elle refuse, par exemple, les secours publics aux pauvres qui n'instruisent pas leurs enfants, mais n'a jamais voulu aller jusqu'à la prescription formelle, parce que, ayant décrété la neutralité de l'école, elle craindrait de porter atteinte à l'indépendance des consciences.

La liberté d'enseignement a toujours été loyalement

observée en Hollande. Une loi du 27 juillet 1882 a même abrogé certaines dispositions de celle de 1878, qui semblaient trop défavorables aux institutions libres.

Pour être instituteur, il suffit de n'avoir pas de casier judiciaire et de posséder un certificat de capacité.

Un certain nombre d'écoles publiques sont confessionnelles par le fait, car ce sont les communes qui nomment les maîtres, en s'inspirant des sentiments religieux de la majorité des habitants. Elles peuvent aussi subventionner des établissements particuliers.

VIII. — *Suisse.*

La Suisse, ce pays légendaire de l'indépendance, est, lorsqu'on l'étudie de près, loin de répondre à la réputation qu'on lui a faite.

Elle a inscrit, c'est vrai, le libre exercice des confessions chrétiennes reconnues, à l'article 44 de sa Constitution, mais le calme qui résulte de la tolérance est loin de régner aussi bien dans ses cantons catholiques que dans les protestants. Et cette antique Helvétie, qui accueille les proscrits politiques de toutes les nations, devient persécutrice à son tour de ce qu'il y a de plus respectable : la religion, quelque culte spécial qu'elle professe.

Un fait est à remarquer également, c'est la lutte que soutient la majorité de la population contre le parti centralisateur, pour conserver ses prérogatives locales.

Quoi qu'il en soit, la liberté d'enseignement existe en Suisse pour le clergé séculier et pour les particuliers. Quant aux ordres religieux, ils n'ont pas le droit de s'installer sur le territoire de la Confédération. C'est une inconséquence qui nous a toujours surpris, mais qui disparaîtra sans aucun doute avec le progrès des mœurs et du temps.

L'article 27 de la nouvelle constitution fédérale (1874) décrète l'instruction gratuite et obligatoire.

Quant aux détails de règlement et d'application, elle en laisse le soin à chaque délégation cantonale et cette décentralisation est la meilleure sauvegarde de la liberté.

La sanction de l'obligation se trouve dans la série des pénalités édictées : admonestation, amende, emprisonnement. Cette dernière peine est d'ailleurs bien rarement appliquée.

La Constitution veut que les écoles publiques puissent être fréquentées par les enfants de toutes les confessions, sans qu'il soit porté atteinte à leur liberté de conscience ; c'est dans cette intention qu'elle a décrété l'école neutre comme règle générale, mais les assemblées cantonales sont toujours libres de décider si l'enseignement religieux fera partie du programme scolaire. En fait, le plus grand nombre n'a pas cessé de l'inscrire comme obligatoire. C'est aux parents, faisant partie d'un culte dissident de celui de la majorité, à demander que leurs enfants soient dispensés de ces instructions.

Même dans les cantons où la religion ne figure pas sur le programme officiel, elle est cependant enseignée à l'école, avant ou après la classe, et des fonds spéciaux sont prévus au budget local pour ces leçons essentiellement moralisatrices.

Car la Suisse est profondément religieuse, mais religieuse intolérante comme dans l'ancien temps. Elle expulse, peut-être bien même brûlerait-elle encore!

C'est ce profond respect qu'elle a conservé pour la croyance aux vérités éternelles qui lui a fait assurer aux prêtres et aux pasteurs une place dans les commissions scolaires, en même temps que les fonctions d'inspecteurs de l'enseignement primaire.

IX. — *Turquie.*

En Turquie, au pays du Pal et du Harem, on professe, cela peut surprendre, la plus grande déférence pour la liberté des rites étrangers. Il n'est pas rare de voir se dérouler, entre deux haies de soldats turcs à l'attitude recueillie, des processions publiques de Grecs, d'Arméniens et de Catholiques. Jamais elles n'ont été une occasion de trouble.

La Porte a, elle aussi, un ministre des cultes. Ses fonctions sont loin d'être une sinécure, par suite des multiples et fréquentes difficultés que lui occasionnent les nombreuses confessions qui se coudoient sur ce sol de l'hospitalité et de la tolérance. En temps normal, les rapports officiels avec les diverses Églises se bornent à des questions d'état civil, de succession, et généralement à toutes celles qu'on pourrait appeler juridico-religieuses. Mais lorsque s'agite quelque importante affaire, comme l'élection à l'un des sièges patriarcaux, par exemple, alors apparaît le jeu politique des Puissances et la lutte des rivalités internationales. Le

Sultan prend, suivant les cas, parti pour l'une ou pour l'autre, ou bien encore favorise une fraction de la communauté ecclésiastique aux dépens des autres, ou se borne enfin à donner purement et simplement l'investiture au nouveau chef de la religion musulmane.

Les souverains orientaux ont de tout temps accordé des priviléges considérables aux patriarcats soumis à leur sceptre et ceux-ci les conservent avec un soin scrupuleux. Aussi, lorsque parfois le Padichah vient à en violer un, c'est un *tolle* général de la province lésée, derrière laquelle se trouve toujours quelque nation européenne, à l'affût de nouveaux avantages à retirer de son intervention.

L'enseignement est libre dans l'Empire ottoman. Toutes les écoles sont confessionnelles et sous la surveillance de l'État, mais il ne peut être porté atteinte à l'enseignement religieux des différentes confréries.

De nombreux établissements d'instruction primaire et secondaire, dirigés par des missionnaires de nos ordres monastiques, jouissent non seulement de la plus grande latitude, mais sont même favorisés de la bienveillance et de la protection du gouvernement.

. . . .

Passant de l'Ancien dans le Nouveau Monde, nous allons jeter maintenant un rapide coup d'œil sur les mœurs religieuses du Canada et du Mexique, pour étudier plus complétement ensuite la législation des États-Unis relative à la liberté de conscience. Elle nous offrira de nombreux exemples, que nous nous trouverions bien d'imiter.

X. — *Canada.*

Au congrès catholique canadien français, tenu à Québec au mois de juin 1880, M. Gédéon Ouimet, surintendant de l'instruction publique, a fait ressortir le parfait accord avec lequel l'Église et l'État travaillent au progrès de l'enseignement dans le Canada. Tandis qu'en Europe ces deux puissances sont presque partout en antagonisme, elles vivent là-bas dans la meilleure entente. Le gouvernement demande à l'école d'être chrétienne, sans distinguer entre le catholicisme et le protestantisme; cette condition remplie, il lui assure une subvention.

Les résultats de cette politique étaient considérés alors comme très satisfaisants, car, dans la province de Québec, on comptait 16 0/0 de la population totale fréquentant les différents établissements d'instruction, tandis que la proportion n'était à cette époque que de 15 0/0 en Prusse et en Suisse, et de 13 0/0 seulement en France.

L'État ne protége donc que les institutions qui enseignent la doctrine du Christ, mais sans distinction de chapelles; lorsque, dans une localité, les habitants ne sont pas tous de la même confession, la minorité, si elle a quelque importance, a le droit d'ouvrir des classes séparées, auxquelles les pouvoirs publics sont tenus d'accorder aide et protection comme aux autres.

Dans la province de Québec, française et catholique, tous les citoyens doivent payer une taxe scolaire et les pères de famille sont frappés d'une contribution mensuelle de 0 fr. 25 à 2 francs pour chacun de leurs enfants en âge de profiter de l'école. Moyennant cet impôt, la fréquentation des classes est libre et l'instruction n'occasionne aucune dépense.

Dans le Haut, comme dans le Bas-Canada, l'enseignement n'est pas réglementé ; toutefois, il est obligatoire dans le Haut-Canada, où domine l'élément anglais et protestant. L'école n'y est plus confessionnelle comme dans la province de Québec, elle est neutre comme aux États-Unis et ses leçons sont gratuites.

Au Conseil de l'Instruction publique, les deux cultes sont représentés dans la proportion de leurs adhérents. Les évêques catholiques en font partie de plein droit.

XI. — *Mexique.*

La constitution mexicaine proclame la liberté religieuse ; mais, en fait, celle-ci est extrêmement limitée. Les ordres religieux sont proscrits, et les ecclésiastiques déclarés incapables de recevoir à quelque titre que ce soit. Tout exercice public du culte est sévèrement interdit, et, ce bon peuple, à qui chaque instant est propice pour ôter la vie à un compatriote qui ne partage pas sa manière de voir, entend que, par respect pour la conscience humaine, la sonnerie des cloches n'ait lieu qu'à des heures et dans des circonstances strictement déterminées.

Quant à l'enseignement, une loi du 23 octobre 1875 établit sa liberté à tous les degrés. Le premier venu peut ouvrir une école sans aucune condition de capacité. La question d'obligation est laissée à l'appréciation des États fédérés. Sur vingt-neuf dont ils se composent, dix-neuf l'ont adoptée avec l'amende pour unique sanction.

L'instruction donnée est absolument laïque.

XII. — *États-Unis.*

Aucune nation n'a vu sa population et son territoire s'accroître aussi rapidement que les États-Unis de l'Amérique du Nord. C'est qu'aussi leur gouvernement n'a jamais cessé de favoriser l'immigration par le bienveillant accueil qu'elle lui réserve. Des milliers d'Européens répondent encore chaque année à l'invitation dont ils subissent l'irrésistible attrait, car ils savent qu'on ne leur refusera pas là-bas un coin de terre et la liberté !

L'affluence considérable d'étrangers, qui a peuplé le territoire nord-américain, étant loin d'avoir les mêmes croyances dogmatiques, le gouvernement se trouvait obligé par le fait même à la plus grande réserve sur tout ce qui avait trait aux questions religieuses.

Cette considération explique la grande indépendance de conscience accordée à tous les citoyens aux États-Unis ; c'est elle qui a inspiré l'article premier de l'amendement à la Constitution fédérale qui porte :

« Le Congrès ne pourra faire aucune loi relative à l'établissement d'une religion ou pour en prohiber une, ni pour restreindre la liberté de s'assembler paisiblement. »

L'État n'est ni catholique, ni protestant, il n'est pas même chrétien, mais il admet les vérités de la morale naturelle communes à tous les cultes et il les fait enseigner dans les écoles.

En ce qui concerne la capacité politique des membres de l'Union américaine, la Constitution du 17 septembre 1787 proclame qu'un citoyen qui observe les lois ne peut être inquiété pour ses opinions religieuses ou pour les rites de son culte; l'adhésion à une doctrine confessionnelle n'est plus requise désormais pour être jugé digne d'un emploi ou d'un mandat public relevant de la Confédération.

Washington, bien qu'il fût un croyant, avait parfaitement compris cette dualité native, propre à l'être humain, et n'hésitait pas à la proclamer, en disant que: « Les hommes observent exactement leurs devoirs de citoyens, quand ils font ce que l'État a le droit d'exiger et d'attendre d'eux; ils sont responsables devant Dieu seul de la religion qu'ils professent et du culte qu'ils préfèrent. »

Les États particuliers de l'Union américaine nous offrent un frappant exemple de cette évolution vers la liberté religieuse, à laquelle tous les gouvernements civils devront forcément aboutir. Au début, ils eurent, eux aussi, un culte dominant. C'est ainsi que la Constitution de la Caroline du Nord proclama que « nul ne pourrait remplir de fonction publique s'il ne professait pas la religion évangélique. » En 1836, un amendement substitua aux mots « religion évangélique » ceux de « religion chrétienne. » Plus tard, on cessa même d'exiger une profession de foi positive; on exclut seulement celui qui niait l'existence de Dieu. On arriva progressivement ainsi à la forme la plus générale et la plus abstraite du sentiment religieux. Il n'en alla pas autrement dans la Pensylvanie, où la formule protestante primitive fut modifiée de la sorte : « Est exclu des emplois publics celui qui ne croit ni à l'existence de Dieu, ni à des récompenses et à des peines dans la vie future. » Dans le Maryland, on ne peut être juré, ni témoin, si l'on ne croit en Dieu et en l'immortalité de l'âme; enfin, dans les dernières constitutions du Mississipi et de l'Arkansas, et dans d'autres encore, on a supprimé jusqu'à ces motifs d'exclusion.

La séparation de l'Église et de l'État ne porte nullement atteinte à l'esprit de devoir envers l'Éternel; elle élargit le cercle des idées morales, elle reconnaît la respectabilité des croyances et de ceux qui professent les unes ou les autres. N'y en eût-il pas davantage, ce résultat serait déjà un grand point acquis.

La scission juridique, légale, est le régime de fait, mais l'union sympathique, si l'on veut bien me passer cette expression, subsiste néanmoins. La constitution de New-York débute par un hommage de reconnaissance au Créateur de l'univers, celle de New-Hampshire affirme que la piété et la morale fondées sur les principes évangéliques sont la plus sûre garantie et la meilleure condition d'un bon gouvernement; la constitution du Massachussets place dans le culte rendu au Seigneur et dans l'instruction religieuse le rempart de l'État républicain, et fait remonter à lui la félicité du peuple. Dans la Virginie et le Delaware, il est dit que si, en fait de religion, on ne doit pas procéder par violence, mais par persuasion, la foi et le culte n'en restent pas moins le premier devoir moral de l'homme.

Cette largeur dans les idées spiritualistes s'explique très facilement par l'époque où furent arrêtées ces différentes rédactions, car la doctrine dominante dans l'Amérique du Nord était alors le protestantisme qui n'admet pas de dogmes, mais une religion idéale, toute imprégnée des idées fécondes apportées au monde par le christianisme, que chacun est appelé à interpréter avec les lumières que lui fournit son intelligence.

Comme conséquence de cette séparation officielle, on devrait supposer que les ministres des différentes culte sont assimilés aux autres citoyens et jouissent notamment de l'intégralité de leurs droits civiques. A cet égard nous constatons un manque de logique dans cette législation si sage cependant, car certains pays maintiennent encore quelques exceptions, par exemple celles qui excluent le prêtre catholique des fonctions politiques. Mais cette mesure n'a rien de désobligeant, et l'intention qui l'a dictée pourrait plutôt passer pour bienveillante, puisqu'elle a surtout en vue de ne pas distraire de ses devoirs religieux le représentant de Dieu sur la terre. On lui a conservé aussi çà et là dans le Nouveau Monde quelques priviléges plus appréciables, tels que l'exonération du service militaire, l'immunité de non-arrestation pendant les offices, et d'autres analogues. Dans certaines contrées, il est même exempté des péages et voyage à prix réduit sur les chemins de fer. En général, la législation américaine, toujours d'accord avec elle-même, favorise les ministres des cultes, mais sans préjudice des droits d'autrui ni distinction de communions.

Les Églises, indépendantes de l'État, doivent naturellement être considérées comme de simples associations religieuses. C'est ce qui a lieu en effet. L'autorisation de mettre en commun des intérêts similaires suppose, chez les associés, la liberté de se réunir, et même la protection des pouvoirs publics dans l'exercice de leurs droits. De là, deux dispositions législatives qui sont également appliquées par d'autres gouvernements que ceux des divers Etats de l'Amérique du Nord dont nous nous occupons pour l'instant. L'une défend d'interrompre et de troubler les cérémonies religieuses par des discours profanes, actes déshonnêtes ou inconvenants, tumultes dans les assemblées ou à proximité; l'autre interdit les débits de liqueurs, les loteries, foires, exhibitions et spectacles publics, théâtres et jeux, à une certaine distance du lieu de réunion.

L'association confessionnelle peut se constituer en corporation, en fondation, en être moral, comme les autres. Malgré son caractère de perpétuité, les Anglais admettent qu'elle peut être dissoute par acte du Parlement; les Américains, plus logiques, seulement s'il y a eu violation des lois.

L'État ne se préoccupe pas d'examiner les statuts des sociétés de ce genre et de leur donner des autorisations particulières d'existence; les conditions et les garanties sous lesquelles une personne juridique, religieuse ou civile, peut être créée, sont déterminées par une loi générale, dans la rédaction de laquelle le congrès fédéral n'a pas à intervenir et qui est l'œuvre exclusive du Parlement spécial à chaque État. C'est ainsi que, sans faire aucune distinction caractéristique, l'acte du 5 mai 1870 de la République de Colombie traite, au titre premier, des établissements d'instruction; au second, des associations religieuses;

au troisième, de celles de bienfaisance et d'éducation; au quatrième, des sociétés agricoles, métallurgiques et de travaux mécaniques; au cinquième, de celles qui ont pour but de fonder et de maintenir les cimetières; au sixième, des sociétés commerciales; au septième, des compagnies de chemin de fer.

Les associations religieuses ne sont donc soumises à aucun régime spécial. Pour elles, comme pour toutes les autres, le minimum du nombre d'individus qu'il faut réunir pour fonder la personne morale est déterminé par la loi. Dans le cas même où les biens auraient été apportés par un seul membre, l'administration en est collective et soumise au choix d'une élection périodique. Ce renouvellement est une condition essentielle, imposée comme un élément de progrès pour la corporation.

Les statuts destinés à régir la communauté sont votés par ceux qui la composent; ils doivent naturellement respecter les lois générales de l'État et peuvent toujours être modifiés par des délibérations notifiées, publiées et régulièrement enregistrées. Une fois arrêtés, l'association doit s'y conformer et se renfermer dans l'objet qu'elle s'y est proposé; autrement, elle n'aurait plus de raison d'être.

Pour être logique jusqu'au bout, la loi soumet les établissements religieux de bienfaisance, d'instruction et d'éducation, aux mêmes règles que ceux du même genre sans caractère confessionnel.

L'autorité gouvernementale y a libre accès en tout temps, afin que la corporation ne puisse jamais soustraire ses actes et les relations de ses membres entre eux au contrôle dont l'État ne doit jamais se dessaisir, dans l'intérêt supérieur de la société civile.

La loi détermine également la forme dans laquelle la personne morale est apte à posséder ; elle limite la faculté d'acquérir des institutions ecclésiastiques à la mesure de leurs besoins et au but qu'elles se proposent. En Colombie, il est défendu à toute association religieuse de posséder plus de trois acres de terre dans les villes, plus de cinquante dans les campagnes ; au Michigan, il n'est rien permis au delà du terrain nécessaire à l'église, à l'école, à l'hôpital; enfin, dans la Caroline du Sud, le revenu foncier de chacune ne peut dépasser 6,000 dollars. L'Etat de New-York nous offre une série de lois limitatives des biens des institutions confessionnelles. Celles de 1851 fixent à 15,000 dollars le revenu maximum de l'hospice du clergé épiscopal pour les veuves et les orphelins; à 5,000, celui du pensionnat de jeunes filles du Sacré-Cœur ; la loi de 1855 limite à 250,000 dollars le capital de l'Église presbytérienne; celle de 1864, à 10,000 celui de la Société des missions, et d'autres encore. Pour assurer l'exécution de ces dispositions législatives, on a pris des mesures spéciales, comme celle de 1863, par exemple, qui oblige les associations catholiques à présenter, tous les trois ans, à la Cour suprême, un état de leurs biens mobiliers et immobiliers. Si l'inventaire montre que l'avoir dépasse la mesure légale, l'autorité administrative en est avertie.

Quant à la gestion de la fortune qu'il est permis aux associations religieuses de posséder, le soin en est confié aux laïques, par respect pour le clergé dont les pensées sont censées occupées par des considérations supérieures. La loi elle-même règle encore le nombre des curateurs qui doivent être élus par les fidèles, le mode de leur gestion, la forme de l'élection, la durée du mandat, les garanties assurées à la minorité en cas de dissidences et du partage des biens qui pourrait en résulter.

En Amérique, la fabrique paroissiale, ce collége électif qui possède et administre en Europe les biens consacrés à l'entretien de l'église et des bâtiments destinés à la célébration des rites, est remplacée par la communauté tout entière qui s'occupe elle-même de l'administration de son avoir, et, à l'aide du revenu qu'elle en tire, pourvoit aux dépenses des édifices religieux et du culte, à la dotation du curé et de ses coadjuteurs, enfin aux œuvres de charité de quelque nature soient-elles.

Cette indépendance du clergé vis-à-vis du pouvoir civil a des conséquences moralisatrices considérables au sein de cette grande république. Tocqueville les signale dans ses Études sur l'Amérique du Nord et la situation de l'Église dans ce pays si prospère, études qui méritent aujourd'hui encore d'attirer l'attention des hommes d'Etat véritablement soucieux d'être à la hauteur de leur tâche : on y voit clairement, en effet, la démocratie contenue par le sentiment religieux et la manière dont celui-ci se développe, lorsque l'État laisse une liberté complète à toutes les confessions et à tous les cultes.

Certainement, ai-je entendu objecter, nous nous rendons très bien compte comment peuvent se former les associations religieuses dans le Nouveau-Monde à l'abri du droit commun, comment et dans quelle limite elles possèdent, nous reconnaissons les avantages que présente un clergé propriétaire sur un clergé salarié, mais les difficultés ne sont pas supprimées sans exception par ce fait; ne peut-il pas encore se présenter des conflits entre l'autorité civile et l'autorité religieuse? Les tribunaux, qui seront appelés à trancher les différends possibles entre les membres de ces communautés, ne seront-ils pas amenés à interpréter leurs statuts particuliers, le droit canon de l'Église catholique par exemple; ou bien seront-ils liés par les canons de cette Église et les décrets de la cour ecclésiastique?

La partie, qui se prétendra lésée, pourra-t-elle exciper devant le tribunal civil de l'incompétence de la juridiction confessionnelle qui a rendu le décret, ou de la nullité de l'acte, en se basant sur les statuts ecclésiastiques eux-mêmes? Cette question a été débattue à différentes reprises aux États-Unis, et entre autres dans le cas du révérend Chentes, de Chicago, membre de l'Église épiscopale. La Cour suprême de l'Illinois a été unanime à reconnaître qu'un tribunal laïque ne sera jamais admis à reviser la décision d'une juridiction canonique sur le fond de la doctrine et de la discipline religieuses, ou sur les controverses soulevées à leur propos. Il pourra l'être seulement quand il s'agira d'un droit civil, et il se bornera à dire si l'institution mise en cause est une véritable cour ecclésiastique, comme elle le prétend, organisée selon les statuts qui la régissent, enfin si elle a compétence sur les personnes ou les matières doctrinales.

L'exception fondée sur les défauts de forme de l'acte ou du décret de l'autorité religieuse rentre également dans la compétence du tribunal d'instance ordinaire.

Les États-Unis assurent donc par leurs mesures législatives la pratique et le libre exercice des différents cultes; ils édictent des pénalités contre quiconque chercherait à y porter atteinte ; les associations religieuses ne font pas exception à la règle commune et sont aussi libres que les autres; comme toutes les sociétés en général, elles peuvent être propriétaires, mais jusqu'à une certaine limite seulement, pour éviter le danger de la puissance résultant d'une trop grande fortune, ainsi que les abus de mainmorte. Elles sont administrées par des membres qu'elles choisissent elles-mêmes, dans leur sein, et qui règlent toutes les questions matérielles. Les tribunaux, devant lesquels sont portés les différends, jugent du fait et non de la doctrine. Les droits des deux autorités, civile et spirituelle, sont ainsi pleinement sauvegardés.

En ce qui concerne l'enseignement, il est neutre comme l'État lui-même. Les écoles primaires, sauf celles tenues par le clergé, s'abstiennent de parler religion. Mais on y prend, pour assurer la liberté de conscience, des précautions qui méritent d'être signalées. D'abord, dans les livres scolaires, rien ne doit faire naître l'incrédulité ou le mépris des dogmes, et les textes élémentaires sont revus et expurgés, parfois même de commun accord avec les ministres des différents cultes. En second lieu, dans le tableau des leçons quotidiennes, un temps convenable est toujours réservé à l'instruction religieuse pour les enfants que leurs parents veulent faire élever chrétiennement. De plus, des salles à l'usage de l'enseignement dogmatique doivent être ménagées dans les écoles mêmes, et fournies de tout le mobilier nécessaire pour faciliter la tâche des ecclésiastiques et des maîtres, choisis par les familles ou exerçant leur ministère dans le ressort, et délégués à ce titre pour apprendre les préceptes des livres sacrés. Les pères de famille disent s'ils veulent que leurs enfants assistent à ces conférences et quelle communion ils doivent suivre. En résumé, l'enseignement d'une doctrine religieuse n'est pas obligatoire, mais l'État le favorise de deux manières : d'une manière négative, en n'enseignant jamais rien qui y soit contraire, d'une manière positive en facilitant cette instruction par tous les moyens possibles, dans l'école même, si telle est la volonté des parents (1).

L'instituteur, de son côté, doit enseigner la morale, l'honneur, le patriotisme et la pratique de toutes les vertus chrétiennes. C'est en quelque sorte un christianisme généralisé, dégagé des points litigieux. On parle aux enfants, de Dieu, de Jésus-Christ, de l'immortalité de l'âme, de la vie future ; mais on évite de froisser les convictions individuelles et on respecte scrupuleusement les croyances pieuses des familles. Un maître, qui manquerait à ces devoirs, serait puni et même révoqué.

Dans certains États, on ne subventionne pas les écoles confessionnelles ; dans d'autres, comme à New-York, des maisons d'éducation, exclusivement catholiques, reçoivent des allocations.

En résumé, les Américains tiennent plus à l'idée religieuse qu'à son expression.

Ils ont reconnu les dangers de l'indifférence qui conduit si vite au scepticisme ; c'est pour y échapper qu'ils encouragent ainsi les établissements où l'on reçoit l'enseignement spiritualiste et dogmatique, quelle

(1) Ces renseignements ont été extraits *passim* de l'ouvrage publié par M. Minghetti, sous le titre : *L'État et l'Église*, traduit par M. Louis Borguet.

que soit d'ailleurs l'Église de laquelle ils relèvent.

Les pouvoirs publics respectent la décentralisation, même en ce qui concerne l'éducation nationale. Chaque État particulier adopte à cet égard la législation qu'il juge la plus profitable. Le gouvernement de Washington se borne à exercer un droit de protection et de haute surveillance sur les écoles primaires et tout ce qui a trait à l'enseignement. Il accorde des subventions aux établissements qu'il juge les mériter, sans en exclure les écoles privées.

La gratuité est depuis longtemps pratiquée dans le Nouveau-Monde, même pour les livres et les fournitures scolaires, sauf par quelques gouvernements qui n'accordent ces objets qu'aux malheureux incapables d'en faire la dépense.

Quant à l'obligation, elle n'existe qu'environ dans la moitié des États et, là où l'enseignement est formellement imposé, les autorités compétentes accordent facilement des dispenses ; la peine de l'emprisonnement n'est jamais prononcée contre les chefs de famille réfractaires. Les enfants, dont les parents continuent à se désintéresser, peuvent seuls être envoyés d'office dans des maisons spéciales, dont plusieurs sont tenues par des associations religieuses, catholiques ou protestantes, et reçoivent des subventions.

Il y a lieu de remarquer une fois de plus à ce sujet combien l'idée d'obligation répugne en général au caractère américain, en raison même du respect qu'il professe pour la liberté individuelle.

C'est également cette pondération intellectuelle native qui fait qu'aux États-Unis la liberté d'enseigner est complète : toutes les sectes, les associations, les congrégations, les particuliers peuvent ouvrir des écoles sans réserve ni restriction d'aucun genre. On suppose, et à juste titre, que les parents sont les premiers intéressés à surveiller l'instruction donnée à leurs enfants, et qu'une institution qui ne les satisferait pas serait promptement abandonnée et fermée faute d'élèves. C'est la vraie liberté des pères de famille intelligemment comprise, en même temps qu'un souci de moins pour l'État. C'est le régime que nous voudrions voir adopter en France.

Nous n'avons donné cet aperçu de la législation religieuse et scolaire en vigueur dans les principaux pays de l'Ancien et du Nouveau-Monde que pour y chercher les meilleurs exemples à suivre, d'après les résultats constatés. Eh bien! si leurs constitutions sont libérales en apparence; l'application qui en est faite nous laisse malheureusement la plus profonde amertume au cœur. Que d'injustices se commettent encore sous leur couvert! En principe, excepté dans les pays d'autocratie religieuse, où les deux autorités, civile et spirituelle, sont concentrées entre les mains du souverain, comme cela arrive pour l'Angleterre et la Russie, tous les gouvernements se sont plu à proclamer la liberté de conscience; mais, en fait, sauf aux États-Unis et dans les Pays-Bas, tous ont subordonné ce droit de l'individualité morale à des lois de police qui le rendent absolument dérisoire. C'est à la fois accorder et retenir. Donner ostensiblement pour reprendre par voie détournée et laisser en fin de compte les gouvernements établis, maîtres pour peu de temps, c'est possible, mais maîtres néanmoins, par subterfuge, de porter obstacle aux hommages que l'homme juge à propos de rendre à son Créateur. Sans vouloir entrer dans le vif de la question, on peut dire en général qu'on ne rencontre partout où l'Eglise n'est pas séparée de l'Etat, que fourberie et contradiction : promesses pour tromper les masses, et moyens de ne pas tenir ses engagements sous le fallacieux prétexte d'assurer l'ordre public, grâce aux lois de police. Aujourd'hui où la lumière est universellement réclamée, où la justice commence à pénétrer enfin dans le cœur de l'humanité, sinon dans la législation qui, comme les carabiniers d'Offenbach, a le malheur d'arriver toujours trop tard, cette duplicité sournoise ne devrait-elle pas suffire à nous faire comprendre l'urgence d'une réforme bien nette, bien franche, bien générale, et surtout l'impossibilité de continuer à vivre plus longtemps d'expédients ?

Ecoutons ce que dit, à ce sujet, M. Jules Simon, le grand *debader* du libéralisme à notre époque :

« Il avait fallu bien longtemps à l'humanité pour se retrouver elle-même. Enfin, la voilà émancipée, en possession de son droit et de sa force. Est-ce le moment de respirer ? L'intolérance est-elle vaincue à jamais ? Ne le croyez pas ! Les conquêtes de la Révolution subsistent encore peut-être sur le champ de bataille révolutionnaire : mais tout alentour, l'intolérance se relève, le fanatisme reprend des forces ; la guerre à la liberté, à la pensée, à la raison se continue. Ce royaume est fondé sur l'Église catholique ? Il fait une loi pour opprimer ceux qui ne peuvent humilier leur pensée devant l'infaillibilité du pape. Cet autre s'est établi sur la doctrine de Luther? Il oblige tous les esprits, par sa constitution, à subir l'autorité de Luther. Les villes d'Allemagne se partagent entre des milliers de sectes, et chacune, dès qu'elle est installée sur une surface de quelque centaines de lieues, se met à proscrire les autres. En Suisse, les cantons catholiques, Schwytz, Uri, Underwald, refusent aux protestants le droit de propriété immobilière. Il n'est pas permis d'être protestant en Espagne ; il en coûte d'être catholique en Suède et en Pologne; un juif, à Rome, en Bohême, en Bavière, est traité comme un esclave. Voilà la liberté du dix-neuvième siècle (1). »

Si nous voulons étudier de plus près la prétendue liberté morale, telle qu'elle est appliquée dans les différents pays de l'Europe, voyons comment elle est comprise en ce qui concerne notamment le culte israélite, et, pour ce faire, empruntons encore à M. Jules Simon le tableau qu'il en trace dans son traité de la liberté de conscience (2).

« Mais où mon discours ne prendrait pas de fin, ce serait si j'entreprenais de parler des israélites. Traités en ennemis publics pendant toute la durée du moyen âge, exclus de la société civile, objet d'horreur et de mépris pour tous les peuples, ils portaient le poids de la malédiction des chrétiens, qui voyaient des frères dans tous les hommes, et dans les juifs les meurtriers du Sauveur. Quand Luther accomplit son grand schisme, les deux Eglises dissidentes ne s'accordèrent

(1) *La Liberté de conscience*, p. 41.
(2) P. 302 et suiv.

que dans leur horreur pour les juifs. On aurait pu croire que les guerres religieuses, en donnant à la haine un autre cours, laisseraient ce peuple respirer : il n'en fut rien. Les protestants et les catholiques se haïssaient entre eux ; mais ils haïssaient encore plus les juifs, ils les méprisaient, ils les abhorraient. Même pendant la révolution française, nous avons vu l'Assemblée constituante hésiter jusqu'au dernier jour à leur donner les droits de citoyens. Ils ne furent pas mieux traités au commencement de l'Empire. « Ce n'est pas une religion, disait Portalis : c'est un peuple. » Et l'on partait de là pour les traiter, sinon en ennemis, en étrangers du moins. Après dix-huit cents ans de proscription, ils n'avaient ni reconquis Jérusalem, ni trouvé une patrie. Ils obéissaient aux lois, ils payaient l'impôt, et même, presque partout, l'impôt du sang ; mais ils n'appartenaient à l'Etat que par leurs sacrifices. On les souffrait sur ce sol où ils étaient nés, où reposaient les os de leurs ancêtres, sans les élever à l'égalité, sans leur donner le droit de bourgeoisie. On n'invoquait plus contre eux la mort de Jésus-Christ, mais leurs usures, leurs rapines, les traits distinctifs de la race qui en faisaient un peuple à part, et leur donnaient d'autres intérêts que les intérêts généraux du pays. En 1806, le gouvernement français accorda un sursis d'un an à tous les cultivateurs non négociants qui se trouvaient débiteurs des juifs. Une ordonnance de 1808 vint encore aggraver la position des juifs, en annulant le plus grand nombre de leurs créances, et en les soumettant à prouver devant les tribunaux qu'ils avaient réellement fourni les sommes portées sur leurs titres de créance et leurs contrats. En même temps, on les astreignait à prendre et à renouveler chaque année une patente de négociant. On les obligeait au service militaire en leur ôtant le droit de se faire remplacer, dans un temps où nos armées étaient chaqué jour décimées par le canon. En un mot, on les mettait en dehors du droit commun. Par suite de ces décrets rigoureux, et qui, par leur généralité, ne pouvaient manquer de consacrer de criantes injustices, toutes les affaires des négociants juifs demeurèrent en interdit pendant plusieurs années. Certes, le gouvernement n'était animé contre eux par aucun fanatisme religieux ; il ne songeait qu'à en finir avec des habitudes d'usure qui avaient pris des proportions exorbitantes ; mais peut-être, à son insu, se laissait-il égarer par des préjugés trop invétérés et par des haines religieuses dont il subissait l'influence sans les partager directement. On a la preuve de cette fatale préoccupation dans les procès-verbaux de la réunion décrétée en 1806, et qui avait pour but, en partie du moins, d'améliorer la situation des juifs. Quand les rabbins et les délégués furent réunis, la première question que le gouvernement leur posa fut celle-ci : « Vous regardez-vous comme citoyens ? Vous croyez-vous obligés à obéir aux lois ? » L'assemblée s'écria de toutes parts : « *Jusqu'à la mort.* » On leur demanda si leur religion leur donnait le droit d'épouser plusieurs femmes ? de divorcer sans le concours des tribunaux, et pour des causes non admises par le Code civil ? si les mariages mixtes leur étaient interdits ? si l'usure leur était défendue à l'égard de leurs frères, et permise à l'égard des étrangers ? Ils répondirent que la loi divine contenait des dispositions religieuses et des dispositions politiques, que les dispositions politiques étaient nécessairement abrogées depuis que le peuple d'Israël avait perdu son existence distincte, ses rois, ses magistrats; que nés en France et traités en citoyens par la loi, ils acceptaient pleinement tous les devoirs de citoyens. Quand ces douloureuses questions furent posées par les commissaires du gouvernement, l'assemblée manifesta, par un mouvement unanime, combien elle était sensible à la défiance qu'elles exprimaient. Ils vivaient au milieu de nous, partageant nos charges, nos périls; et nous ne connaissions ni leurs lois, ni leurs mœurs, ni leurs sentiments.

» Et quand donc avaient-ils désobéi? A quelle époque de l'histoire y eut-il une insurrection de juifs? Même quand on les dépouillait, quand on les chassait, avaient-ils recours à la violence? Les juifs, comme individus, étaient-ils moins réguliers que les chrétiens? Remplissaient-ils les bagnes et les prisons? Leurs ennemis mêmes s'accordaient à rendre hommage à leurs vertus domestiques. La famille juive était restée pure aux époques les plus licencieuses. Paria au dehors, le misérable juif, rentré chez lui, fermait toutes les portes, cachait sa vie aux ennemis de sa race et de sa foi, et devenait un patriarche. Ils restaient unis entre eux, disait-on : oui, par une commune oppression et un commun malheur. Les juifs ne se mêlaient pas aux autres peuples, parce que tous les peuples les repoussaient. Ils faisaient l'usure, il est vrai; et souvent même avec une âpreté, avec une audace déplorables. Mais pourquoi faisaient-ils l'usure? parce qu'on leur interdisait de posséder la terre, d'exercer un métier. Il ne leur restait que l'argent; ils en trafiquaient. Quand ils étaient presque les seuls banquiers du monde, eussent-ils été honnêtes, humains, généreux, on ne leur aurait pardonné ni leurs richesses, ni les droits qu'on avait créés entre leurs mains par des emprunts. Souvent dépouillés arbitrairement, ils se croyaient, à tort, autorisés à chercher de grands bénéfices. Traités en ennemis, ils rêvaient la vengeance. Chassés de toutes les carrières ouvertes à l'ambition des hommes, il ne leur restait pas d'autre sphère d'activité que la banque et le commerce. S'ils se jetèrent en grand nombre dans l'usure, il est juste au moins de reconnaître que la faute n'en était pas à eux seuls. Ils pouvaient dire à la société : « C'est vous qui nous avez faits ce que nous sommes! »

» Voyons quelle est aujourd'hui leur situation. Commençons par la Russie. Les juifs sont exclus de la Grande-Russie; non seulement ils n'y peuvent pas vivre, mais ils n'y peuvent séjourner plus de vingt-quatre heures. Il y a très peu de temps qu'un secrétaire d'ambassade, portant un nom illustre, a été obligé, dit-on, de recourir à l'appui de son gouvernement pour obtenir de passer une semaine à Moscou. Et cependant, étrange anomalie, la Grande-Russie n'est qu'une faible partie de l'empire russe; et tandis qu'on en bannit les juifs avec la dernière rigueur, les autres provinces de l'empire leur sont ouvertes. Ils y peuvent demeurer, trafiquer, former des établissements; ils y ont des synagogues; ils y obtiennent, pour leur culte et pour leurs personnes, la protection de l'État : ils ne deviennent criminels qu'en franchissant la frontière de la province voisine. Les juifs polonais ne sont tolérés que dans les villes, la campagne leur est interdite, et dans la ville de Varsovie ils ont leur quartier déterminé, comme à Rome. Il leur est défendu de tenir des cabarets et des débits de liqueurs, et d'habiter dans une maison où un chrétien donne à boire ; ils ne peuvent acquérir de biens-fonds : on leur permet seulement d'acheter, à des prix très onéreux, des terres incultes pour les coloniser, et quand ils ont colonisé à leurs frais vingt-cinq familles juives, ils obtiennent enfin le droit de devenir eux-mêmes propriétaires. Il ne leur est pas permis non plus d'acheter une maison en pierre ; ils ne peuvent acheter qu'une maison en bois, et après l'avoir achetée, ils sont obligés de la faire reconstruire en pierres dans un court délai. Tous ceux d'entre eux qui demeurent hors de Varsovie paient un droit pour y entrer : on leur délivre un billet daté qu'ils doivent présenter à toute réquisition, et qui n'est valable que pour un seul séjour. S'ils restent un jour de plus à Varsovie, nouvel impôt, nouveau billet; et ainsi pour chaque journée si leur séjour se prolonge. Cet impôt s'élève, par an, à un demi-million. Un autre impôt, plus bizarre, est frappé sur la barbe. Les juifs aiment à porter une longue barbe : ils sont obligés pour cela de payer une somme, et d'en porter sur eux le reçu, sans quoi le premier agent de police peut les mener chez le barbier. Un troisième impôt a un caractère plus odieux encore, car il constitue une véritable impiété. C'est celui qui porte sur la *viande-cacher*, c'est-à-dire sur la viande préparée à la boucherie d'après le rituel des juifs. C'est un véritable impôt sur le culte. On l'a établi en 1812 ; il a pour conséquence de priver toute la population pauvre de l'usage de la viande. Il va sans dire qu'on n'a pas oublié les livres et l'enseignement. La vente des livres de controverse est interdite; les livres de prières sont soumis à la censure. L'éducation élémentaire est entravée par tous les moyens : point d'écoles rurales ; si les juifs demandent à en fonder à leurs frais, on le leur refuse ; s'ils veulent envoyer chaque jour leurs enfants à Varsovie, ils sont assujettis chaque jour au droit d'entrée, qui devient alors exorbitant. Enfin, pour dernier malheur, ils sont soumis comme les autres à la conscription, et dans une proportion plus forte que les autres ; et il ne s'agit pas là de huit ans — le service militaire dure vingt-cinq ans ; — ni d'une carrière, car tout avancement leur est refusé. Un juif ne peut pas même être sergent. Voilà la situation des juifs en Pologne ; et il y en a plus d'un demi-million.

« En Prusse, le culte israélite est toléré ; on peut dire qu'il est traité avec faveur depuis quelques années ; car les juifs ne sont plus astreints à porter sur leurs vêtements une marque extérieure de leur religion ; il y a même une loi de l'État qui proclame la liberté absolue de tous les cultes : c'est l'article 12 de la Constitution du 21 janvier 1850. Mais si la constitution appelle les juifs à tous les emplois, l'État les repousse impitoyablement de tous les degrés de la hiérarchie. Ils ne peuvent être ni magistrats, ni officiers, ni professeurs. La carrière des fonctions leur est interdite dans un peuple de fonctionnaires. Il y a quelques années, un député, M. Wagener, demanda à la seconde Chambre la suppression de cet article 12, qui n'était alors et qui n'a été depuis qu'une lettre morte. Loin de se montrer favorable à cette proposition, la commission nommée par la Chambre apporta un projet de loi ainsi conçu : « La liberté de la confession religieuse, de l'union des corporations religieuses, et de l'exercice privé et public des cultes, est garantie. La jouissance des droits de bourgeoisie est indépendante de la confession religieuse. Aucun empêchement ne peut être apporté à l'exercice des droits de bourgeoisie et des droits civils pour cause d'opinions religieuses. La régularisation des droits civils des citoyens non chrétiens sera l'objet d'une législation spéciale. » Après deux heures de discussion, dans la séance du 6 mars 1856, le projet de la commission fut écarté comme inutile, et la proposition de M. Wagener comme attentatoire à la Constitution et aux droits de l'humanité. Les juifs continuent à être, aux termes de la loi, les égaux de leurs concitoyens, et à subir, dans la pratique, un véritable ostracisme. La même oppression pèse sur eux dans la plupart des États de l'Allemagne. C'est pourtant là, comme on sait, le pays de la philosophie ; et la métaphysique, à peu près bannie du reste du monde, est enseignée en paix dans toutes les Universités allemandes. Il est permis à un philosophe de nier Dieu dans sa chaire ; il ne l'est pas à un juif de monter dans une chaire où il enseignerait l'unité de Dieu. Dans la Hesse électorale, la constitution, qui ne date que de 1852, interdit aux juifs de siéger dans les États. Dans le duché de Meiningen, ils ne peuvent être ni électeurs, ni élus, ni jurés, ni fonctionnaires publics, ni même avocats ou avoués. La loi qui les exclut ne date que d'hier. Dans le Mecklembourg, ils avaient obtenu, en 1848, les droits de citoyens. Ils en ont profité pour acquérir des terres. Mais le gouvernement local ne l'entend pas ainsi ; et faisant revivre une interdiction antérieure à l'année 1848, il assigne les nouveaux propriétaires devant les tribunaux en résiliation de leurs marchés. Cette contradiction rappelle la condition des catholiques suédois, émancipés, quoique incomplétement, par la Constitution du 6 juin 1809, et contre lesquels les tribunaux continuent à sévir d'après les prescriptions des lois anciennes, virtuellement abrogées par la Constitution. Pendant que les tribunaux mecklembourgeois, hautement désavoués par le sentiment public, veulent faire de la Constitution de leur pays une lettre-morte à l'égard des juifs, les négociants d'Augsbourg et le collége des bourgmestres pétitionnent contre l'admission des familles juives dans cette ville : tristes débats, où l'on trahit la religion en l'invoquant, et où le fanatisme religieux sert de couverture à de sordides intérêts !

» En Autriche, c'est bien pis encore. Jusqu'en 1849, non seulement les israélites de Bohême soumis à l'autorité de l'empereur n'étaient pas citoyens; non seulement ils ne pouvaient acquérir de terres ; mais ils ne pouvaient se marier sans une autorisation préalable, et cette autorisation ne leur était accordée qu'au fur et à mesure de l'extinction des chefs de famille. Le nombre des juifs mariés étant fixé à l'avance, il fallait, pour prendre femme, attendre qu'un juif marié fût mort. Dans l'intervalle, on vivait en concubinage, même si l'on était marié par le rabbin, et on ne donnait le jour qu'à des bâtards. L'année 1849 anéantit cette loi, et bien d'autres. Puis la révolution disparut ; l'ordre se fit, et avec l'ordre revint aussi, pour les juifs, la servitude. Toutes les concessions furent retirées ; et il fallut opter de nouveau entre sa conscience et les droits les plus sacrés du père et du citoyen.

» S'il est un lieu où l'on s'explique que les juifs puissent être maltraités, c'est Rome : non pas que cela soit juste ; mais c'est la conséquence logique d'un principe faux. En 1556, le pape Paul IV força les juifs à vendre tous leurs immeubles, à se retirer dans un quartier séparé, où chaque soir on les enfermait, à porter un chapeau jaune, et à se borner au commerce des vieux habits. La police du *Ghetto* se relâcha au commencement de ce siècle ; mais après la mort de Pie VII, il y eut redoublement de rigueur, et les chaînes qui tenaient la population juive prisonnière furent fermées à l'entrée des rues à huit heures.

» Ces chaînes sont encore là aujourd'hui, comme un souvenir des temps écoulés, et il est plus que probable qu'elles ne se tendront plus. Le Ghetto a été agrandi depuis l'avènement de Pie IX par l'adjonction de rues adjacentes ; il n'est pas très exactement délimité. Cependant les juifs ne peuvent demeurer ailleurs. Ils forment une commune d'environ quatre mille cinq cents âmes, se régissant elle-même au moyen d'un conseil municipal composé de quarante membres, dont trois sortants et trois élus chaque année. Ce conseil fixe tous les ans le montant d'un impôt destiné à subvenir aux frais du culte et de l'enseignement, et à former un fonds de secours commun. Pour le reste, les juifs sont soumis aux mêmes magistrats que les Romains. Leur état civil est enregistré par le rabbin, et communiqué au gouvernement par le recensement et la statistique. Ils peuvent être propriétaires d'immeubles, mais dans le *Ghetto* seulement, ce qui ne veut pas dire qu'ils soient propriétaires de toutes les maisons. Ils y jouissent du privilége de travailler le dimanche, et quand on se hasarde ce jour-là dans cet horrible quartier, dont la malpropreté est révoltante, même à Rome, on trouve toutes les femmes occupées dans la rue, à carder des matelas et à rapiécer de vieux habits. Le commerce des vieux habits est là, comme partout, leur industrie principale, mais ce n'est pas la seule, en dépit du règlement de Paul IV. Ils sont surtout courtiers de marchandises. Presque toutes les familles romaines ont *leur juif*, qui se charge de tous leurs achats, et qui, en faisant un bénéfice pour lui-même, leur vend encore les étoffes, les meubles, les denrées, à prix réduits et à long terme. Ils sont honnêtes, industrieux et discrets. Ils ne peuvent fréquenter que leurs propres écoles, à l'exception de la *Sapienza*, où il leur est permis d'étudier les sciences et de se faire recevoir médecins. Jusqu'aux dernières années du pontificat de Grégoire XVI, ils étaient obligés d'assister tous les samedis à une instruction catholique ; cet usage est aboli en droit; seulement, les deux places de prédicateur des israélites et de président du sermon sont conservées, et le nom des titulaires figure dans l'almanach de 1866. L'impôt de huit cents scudi qu'ils étaient obligés d'offrir au sénateur tous les ans à l'ouverture du carnaval, est également aboli; mais ils sont encore soumis à trois obligations humiliantes ou vexatoires : 1° Ils offrent au nouveau vice-gérant qui entre en fonctions (sorte de lieutenant de police sous les ordres du cardinal-vicaire) des burettes en argent; 2° Ils paient à l'Église des convertis une somme de quatre cents scudi (c'est une amende qui leur a été imposée vers la fin du siècle dernier pour une publication séditieuse ou réputée telle); 3° Ils paient douze cents scudi pour l'entretien et l'éducation des catéchumènes. Ce dernier impôt surtout est, dans son genre, une merveille. Les juifs, comme tous les Romains, et comme les étrangers, ont besoin d'une permission pour sortir des États pontificaux; mais les juifs n'obtiennent qu'une permission conditionnelle. Et comment seraient-ils libres dans un pays où les catholiques mêmes risquent d'être emprisonnés s'ils n'accomplissent pas le devoir pascal; où les évêques rappellent dans leurs mandements les lois du moyen âge qui condamnaient les blasphémateurs à la flagellation, à l'exil ou à la mort; où les inquisiteurs provoquent publiquement à la délation, en allouant aux dénonciateurs le tiers des amendes encourues? Pour l'Espagne, on sait qu'elle est au premier rang parmi les ennemis des juifs. Après avoir chassé les Maures de la péninsule, Ferdinand et Isabelle crurent compléter leur ouvrage en en faisant sortir aussi les israélites. Huit cent mille sujets espagnols se trouvèrent tout à coup sans patrie. Quatre ans après, en 1496, le Portugal imita cet exemple, et les juifs portugais furent obligés de se réfugier à Bordeaux et dans le midi de la France. Quelques-uns furent s'établir en Hollande, où leur colonie a prospéré. Le roi Emmanuel ordonna que les enfants au-dessous de quatorze ans seraient retenus par force en Portugal, et baptisés. On vit des parents tuer leurs enfants et se tuer après eux. Depuis longtemps les juifs sont rentrés en Portugal; mais aujourd'hui même il n'y en a pas en Espagne, ou, s'il y en a, ils cachent leur religion. Ils ne peuvent pas avoir d'état civil, car la loi ne commet aucun magistrat pour recevoir les actes de naissance et de décès et pour présider aux mariages ; les curés catholiques sont seuls chargés de constater la naissance ou la mort et de légitimer les unions. Et pourtant, presque chaque année, un souffle libéral passe sur l'Espagne. On y a perdu le fanatisme de la royauté ; mais on y a retenu quelque chose du fanatisme religieux : c'est le terroir de l'inquisition !

» Il serait trop triste de montrer les juifs opprimés dans la plupart des cantons suisses. Ces restes de barbarie font trop de mal quand on les retrouve sur le sol même de la liberté. Il faut se souvenir aussi des longs débats qu'a suscités l'élection de M. Lionel Rothschild au Parlement. On ne refusait pas de le recevoir, non ; mais on refusait de modifier pour lui la formule du serment, qui se terminait ainsi : « Je le jure sur la foi d'un chrétien. » Et pourtant, voyez l'inconséquence ; jurer ainsi, pour M. de Rothschild, ce n'était pas jurer du tout. Il n'aurait pas refusé, s'il avait eu moins d'honneur.

» Je conclus que la liberté de conscience est nouvelle, qu'elle est incomplète, même en France, et qu'elle est méconnue dans la moitié de l'Europe. Cependant, nous croyons la posséder. Nous ne sentons pas notre maladie, ce qui est la pire de toutes les maladies. Nous ne comprenons pas qu'il n'y a pas de liberté du dehors, pour qui ne possède pas la liberté du dedans. »

La conclusion de ces études successives, c'est que les constitutions qui ne sont en somme que le reflet des aspirations des différents peuples auxquels elles sont destinées, sont partout réduites à néant par les lois de police qui ne sont, elles, inspirées que par l'intérêt du souverain, qu'il soit un ou multitude ; c'est que la liberté de conscience est encore loin d'être acquise même dans les pays les plus civilisés du monde ; c'est qu'il y a une véritable mission à remplir pour en revendiquer l'exercice ; c'est enfin qu'il faut élever les cœurs pour que, dans un élan généreux, tous la réclament avec nous. Car les chartes officielles ne sont, en réalité, qu'un véritable trompe-l'œil, et leur constante inexécution ne soulève cependant aucune protestation spontanée et imposante, parce que l'idée de tolérance n'étant pas encore entrée dans les esprits, la masse des populations suit avec intérêt les procédés d'ostracisme qu'on emploie vis-à-vis de l'une ou de l'autre croyance, peu lui importe laquelle, pourvu qu'il y ait des persécutés ! C'est un dernier vestige de l'ancienne barbarie qui doit nous prouver une fois de plus que c'est des mœurs plutôt que des institutions, qui n'en sont que la résultante, que nous avons à poursuivre l'amélioration. Une fois la première obtenue, la seconde suivra de près.

Mais, en attendant que cette transformation se fasse, en attendant que nous ayons appris à aimer suffisamment l'humanité pour excuser jusqu'à ses erreurs, il n'y a qu'un moyen de sauvegarder la liberté de conscience, et nous avons vu comment les États-Unis, ces lanceurs de toutes les innovations, avaient su l'adopter sans hésitation : c'est la séparation complète des Églises et de l'État, en dehors de laquelle il ne peut y avoir que désaccord, embûches et rivalités latentes.

CHAPITRE VI

NÉCESSITÉ DE LA SÉPARATION DES ÉGLISES ET DE L'ÉTAT

L'Union des Églises, de l'Église catholique surtout, avec les différents États où elles régnaient toutes-puissantes, s'explique dans le passé philosophiquement et historiquement. Les motifs qui justifiaient cette alliance n'existant plus aujourd'hui, et ces deux pouvoirs, l'autorité spirituelle et l'autorité temporelle, ayant de plus en plus une tendance à suivre des voies différentes, le seul moyen de rendre à chacun leur indépendance est de rompre cette union désormais impossible, c'est de prononcer définitivement la séparation des Églises et de l'État.

Leur accord se justifiait autrefois par la théorie catholique, généralement admise, du devoir qui incombe à l'État de faciliter à la société les moyens d'atteindre sa destinée immortelle. C'est la doctrine de saint Thomas, surnommé le docteur angélique; elle fait autorité aujourd'hui encore pour les orthodoxes romains.

« La société humaine a pour fin, dit-il, la vie vertueuse, puisque les hommes ne s'unissent en société que pour s'entr'aider à bien vivre, et que bien vivre pour l'homme, c'est vivre dans la vertu. Néanmoins, c'est une fin qui ne peut pas être absolument la dernière, puisque l'homme, par son âme immortelle, est ordonné au bonheur éternel, et que la société instituée au profit de l'homme ne peut faire abstraction de ce qui est le bien suprême de celui-ci. La fin dernière de la société n'est donc pas de vivre dans la vertu, mais de parvenir par la vie vertueuse au bonheur éternel. Or, on ne parvient au bonheur éternel, que sous la conduite et la direction du Christ, lequel n'a pas commis ce soin ici-bas aux princes séculiers, mais au sacerdoce qu'il a institué, et surtout au prince des prêtres, à son Vicaire, au Pontife romain. Il faut donc que les princes chrétiens demeurent soumis au sacerdoce chrétien et principalement au Pontife romain, puisque de celui que regarde le soin de la fin dernière doivent dépendre ceux à qui revient le soin des fins prochaines ou intermédiaires (1). »

Telle était l'explication philosophique, ou théologique si l'on veut, sur laquelle on faisait reposer le concours que les princes chrétiens devaient au Pape pour le plus grand bien de l'humanité. A cette époque, la notion de dualité, cet apanage de l'homme qui lui permet d'être à la fois citoyen et croyant, n'était pas connue. L'uniformité dans la foi donnait toute latitude aux deux pouvoirs, spirituel et humain, de se prêter un appui réciproque pour faciliter l'ac-

(1) *De Regimine Principum*, l. I, c. XIV.

complissement de ce qu'ils considéraient comme leur mission divine. C'est ainsi que s'explique leur union passée. Et je dis simplement : s'explique, car en aucun temps elle ne saurait être justifiée aux yeux des véritables libéraux dans la grande acception du mot, d'autant plus que cette entente a donné naissance à toutes les persécutions. Mais, enfin, le principe pouvait alors paraître juste, et il ne faut jamais juger les principes d'après la manière dont ils sont appliqués.

Aujourd'hui, les circonstances ne sont plus les mêmes. L'État ne se préoccupe plus de savoir si après cette vie, il y en a une autre immortelle. Étourdi par toutes les doctrines religieuses nouvelles, il se déclare incompétent à les apprécier ; il ne veut pas commettre d'injustice ; il tient à dégager sa responsabilité et à maintenir la balance égale entre elles toutes.

Pour cela, que fait-il ? il en salarie quatre !

Eh ! bien, et les autres ? Elles ont donc été jugées ? Mais par qui ? Dans tous les cas, le gage de la neutralité, que devient-il ?

Ces simples questions suffisent à montrer déjà que notre législation en ce qui concerne le régime des cultes n'est pas conséquente avec elle-même, qu'il y a là une réforme radicale à réaliser.

Depuis longtemps d'ailleurs les imperfections du *modus vivendi*, créé chez nous par le Concordat entre deux autorités qui poursuivent des buts différents, ont appelé particulièrement l'attention de tous les esprits judicieux.

« On voit par ce peu de mots, disait M. Jules Simon (1), que la liberté de conscience est une ques-

(1) *La Liberté de conscience*, p. 370.

tion très simple et très aisée en théorie, très complexe dans la pratique, et qu'il n'est pas facile, comme certains esprits irréfléchis se l'imaginent, de trancher les difficultés qu'elle présente par deux ou trois articles de loi. Ces difficultés ne sauraient être vaincues que dans un pays absolument libre, où toutes les forces de l'enseignement laïque, de la presse, de la tribune, de l'association, de l'initiative intelligente des citoyens peuvent balancer l'ascendant du corps sacerdotal. Mais si la presse est surveillée et entravée, si la discussion des matières religieuses compromet la sécurité personnelle de ceux qui s'y livrent, si les associations de capitaux et d'efforts dans un but purement moral ne sont ni sanctionnées par la loi, ni facilitées par les mœurs, si les citoyens, accoutumés à se reposer de tous les intérêts généraux sur le gouvernement, ne savent pas employer leur énergie à défendre et à propager leurs principes, une Église aussi fortement constituée que l'Église catholique, ayant des prêtres par milliers, des affiliés innombrables, un chef absolu, des temples partout et par conséquent des confessionnaux et des chaires, assurée de plus de cent millions de revenus en France, sans compter les propriétés des fabriques, presbytères et autres établissements religieux autorisés comme personnes civiles, investie en outre du droit de tout imprimer et de tout dire, mêlée à tous les actes les plus solennels de la vie, à l'éducation, aux mariages, appelée sans cesse au chevet des mourants, une telle Église étouffe nécessairement toute liberté dans un pays, quand elle ne rencontre pas en face d'elle la liberté, ou quand elle ne renonce pas volontairement à user de la plénitude de sa force, en obtenant comme compensation la protection et le salaire. C'est pourquoi je répète avec une conviction entière : le Concordat doit être aboli, mais à la condition expresse qu'on nous rende, du même trait de plume, la liberté absolue de penser. »

Nous l'avons, aujourd'hui, la liberté absolue de penser réclamée par M. Jules Simon pour pouvoir résilier le Concordat sans danger. Rien ne s'oppose donc plus à cette mesure inévitable.

Il reste toutefois un point qu'il ne faut pas perdre de vue, c'est que l'accord intervenu en 1801, résultant d'un contrat synallagmatique, ne peut être modifié ou rompu que du consentement réciproque des deux parties intéressées. La question n'est donc pas aussi avancée qu'elle semble le paraître de prime abord, car ce n'est pas une mesure législative seule qui pourra la résoudre; aux Chambres appartiendra uniquement d'autoriser et de ratifier les négociations.

C'est ce qu'avait parfaitement compris le comité des cultes de 1848, qui aspirait, lui aussi, à une solution en rapport avec les tendances modernes, sans conclure cependant que la meilleure serait la dénonciation pure et simple des obligations contractées. Il reconnut immédiatement, en effet, dans sa séance du 20 novembre 1848, qu'avant de saisir l'Assemblée des réformes à opérer dans le Concordat actuel et les articles organiques, il était plus régulier que le gouvernement ouvrît des pourparlers avec le Saint-Siège, afin de préparer sur des bases plus libérales un nouveau traité, qui serait soumis ensuite à la sanction législative.

Aussi M. de Falloux, que la question concernait comme ressortissant à son ministère, invité à se rendre au sein du comité le 5 février 1849 pour prendre ses instructions à ce sujet, déclara-t-il : « qu'il préparerait un travail préliminaire de nature à donner satisfaction à tous les intérêts ; que le gouvernement prendrait pour point de départ des négociations qu'il allait ouvrir avec la Cour de Rome, les conclusions et les bases arrêtées par le comité ; et, quoique ces conclusions et ces bases n'aient pas un caractère légal, il serait heureux de les consulter à titre de document et de les faire prévaloir soit devant l'Assemblée nationale, soit devant le Saint-Siège, avec la plus entière bonne foi et un véritable empressement, dans l'intérêt du clergé secondaire, dont la condition est si digne des préoccupations et de la sollicitude du gouvernement. »

Nulle modification ne peut, c'est vrai, être régulièrement apportée au Concordat sans l'assentiment du Pontife romain, et si la question de séparation n'a pas encore été nettement posée, c'est qu'on sait d'avance l'opposition qu'elle rencontrera de sa part et qu'on hésite devant les difficultés que présentera une liquidation de cette importance.

L'Église catholique est absolument hostile à cette idée d'indépendance du pouvoir civil, qui est contraire à ses dogmes. L'article LV du *Syllabus* est formel sur ce point et prononce l'anathème contre celui qui prétend « qu'il faut séparer l'Église de l'État et l'État de l'Église. » Je crois cependant, pour mon compte, que devant la volonté formellement exprimée par le gouvernement de procéder à un règlement amiable, qui sauvegarderait tous les grands intérêts en cause, le Pape, qui a fait d'autres concessions, qui n'hésite pas à nouer des relations suivies avec des puissances où existe bien l'accord entre l'Église nationale et l'État, mais un accord rien moins que favorable à la doctrine de Rome ; je crois, dis-je, que le Pape accepterait la situation imposée par les circonstances et souscrirait assez volontiers à la nouvelle organisation de la religion catholique en France, pourvu qu'on lui garantit la liberté et les moyens d'existence auxquels elle a droit.

Il y a toujours eu et il y aura toujours dans les sociétés des transformations qui deviennent nécessaires par la force inéluctable de l'évolution des mœurs et du temps, contre laquelle luttent en vain les sophismes et les résistances. La séparation des Églises et de l'État est de ce nombre. Elle est d'autant plus urgente que chaque retard augmente les difficultés de la position qu'a prise le chef infaillible du catholicisme. D'après sa doctrine, en effet, l'union de l'Église et de l'État représente exactement l'image du mariage chrétien. Or, si l'Église considère le mariage comme indissoluble, si elle se refuse à sanctionner le divorce, elle admet pourtant la séparation de biens et de corps. N'est-ce pas, pour sa dignité, le cas de la réclamer aujourd'hui? Des deux parties contractantes, dans l'union que nous examinons, il se trouve que l'une d'elles, l'État, non seulement fait actuellement de multiples infidélités à l'autre, mais qu'elle déclare hautement ne plus lui reconnaître de droits particuliers ; dans un ménage ordinaire, l'époux qui accepterait cette position sans se plaindre, serait déjà considéré comme bien faible ; s'il refusait la liberté qui lui est offerte et préférait continuer à jouir de faveurs partagées, il serait encore plus sévèrement jugé. Poursuivant cette comparaison, l'intérêt des enfants ne saurait être ici mis en cause, puisque nous proposons que leur mère l'Église puisse les réunir et les assister sans obstacles, et que toutes les ressources matérielles susceptibles de les aider à atteindre le but que poursuit ensemble la grande famille chrétienne leur soient formellement assurées.

Il est impossible que la Cour de Rome ne soit pas un jour frappée par ces considérations et ne préfère pas reprendre son indépendance, lorsqu'elle lui sera loyalement garantie.

Nous n'avons malheureusement pas seulement contre notre solution tous les catholiques orthodoxes, mais aussi bon nombre de républicains vraiment libéraux, qui souhaitent la voir aboutir, mais en reculent cependant, autant que possible, la réalisation à cause des nombreuses difficultés d'exécution qu'elle présente.

Ces difficultés, nous ne les nions pas. Elles ont été éloquemment exposées par Prévost-Paradol, dans sa « *France nouvelle* ». « Il faudrait s'attendre, dit-il, à voir un spectacle bien nouveau pour la France et capable de porter l'inquiétude dans bien des esprits. Il est probable que l'Église catholique de France ne voudrait pas faire dépendre l'existence de chaque pasteur de son propre troupeau et qu'elle prendrait le sage parti de former une caisse commune qui serait administrée par ses chefs, comme l'est aujourd'hui son budget par l'administration des cultes. Mais les chefs de cette puissante association, qui seraient-ils? Probablement un comité formé d'évêques et de laïques choisis parmi les plus considérables; ce comité remplirait sans doute les fonctions actuelles de l'administration des cultes; il présenterait les évêques à l'institution papale, paierait leur traitement et administrerait la fortune commune;

il représenterait enfin l'Église de France auprès du Saint-Siège, du consentement de cette Église et du consentement de la papauté. On ne conçoit guère d'une autre façon la nouvelle organisation de l'Église catholique, une fois que seraient retirés d'elle le soutien que l'État lui prête et le frein qu'il lui impose ; et lorsqu'on se représente exactement ce futur état des choses, on comprend que plus d'un esprit politique ne considère pas sans appréhensions, l'existence d'une organisation si puissante et le rôle si considérable des citoyens, ecclésiastiques ou laïques, qu'elle mettrait à sa tête et reconnaîtrait pour chefs. La crainte de voir subsister, sans contrepoids, un État dans l'État ne serait-elle point légitime ? »

Ce sont ces éventualités qui effraient. Mais, quelle est l'innovation qui, avant d'avoir été éprouvée, ne présente pas quelques motifs d'appréhension, à côté des plus incontestables avantages? Toujours est-il que Gambetta, Paul Bert, Jules Ferry, n'ont pas échappé à ce sentiment de crainte et ont préféré laisser à leurs successeurs l'initiative de cette réforme d'une portée si considérable. En les encourageant un peu, en leur traçant la voie, peut-être ceux-ci se détermineront-ils à s'y hasarder quelque jour.

Et pourtant, alors que nous hésitons à ouvrir cette campagne, la question a déjà fait de grands progrès dans l'esprit public de l'autre côté des Alpes, où elle est préconisée par les hommes les plus considérables du parti modéré, tels que MM. Minghetti, Mamiani et Bonghi.

Voici comment partant du système mixte qui consiste à subventionner également tous les cultes, ainsi que cela se fait en Belgique, M. Minghetti, dans son ouvrage si complet « *l'État et l'Église* », arrive à réclamer magistralement la seule mesure équitable que comporte l'émancipation intellectuelle du genre humain :

« Ce procédé, dit-il, ressemble trop à un expédient ; il blesse le droit de ceux qui ne professent aucun culte déterminé, et par là, l'égalité ; il a, en outre, ce désavantage de ne pouvoir s'étendre sans inconvénient à toutes les confessions religieuses qui peuvent se produire dans l'avenir. Il ne laisse pas non plus d'insinuer dans les âmes un certain sentiment de scepticisme, l'État paraissant juger toutes les formes de religion comme également vraies et bonnes, tandis qu'en réalité il n'a aucun titre pour prononcer en pareille matière. Il faut donc conclure qu'avec le principe moderne de la liberté religieuse, il n'y a de logiquement possible, à la longue, que la séparation de l'État et de l'Église. »

En France, nous avons eu aussi d'éloquents avocats de cette évolution qui doit rajeunir le vieux monde et lui rendre une vitalité nouvelle.

Je n'en citerai qu'un, M. Laboulaye, dont la compétence sur tout ce qui a trait aux questions sociales rend particulièrement intéressante la manière de voir. Son opinion est bien formelle. Il la justifie ainsi :

« Le profit de la séparation de l'Eglise et de l'État (1) sera immense pour la société ; ce sera l'établissement définitif, la conquête irrévocable de toutes les libertés. Voici pourquoi :

» L'Église ne peut vivre qu'avec la liberté d'associa-

(1) *Questions constitutionnelles.* (Charpentier, éd., Paris, 1872.)

tion, la liberté de propagande, d'enseignement, de charité. C'est pour cela que, dans les pays qui ne sont pas libres, elle recherche la protection de l'État. Pour remplir sa mission, il lui faut absolument la liberté ; elle la prend comme un privilége quand elle ne peut pas l'obtenir comme un droit.

» Mais, du jour où l'Église est séparée de l'État, il ne peut plus être question de privilége. Ce n'est plus comme fidèles que les catholiques peuvent réclamer la liberté ; c'est comme citoyens. Dès lors, la cause de la religion devient celle de la liberté. Songe-t-on au changement que ferait dans les esprits une pareille situation?

» Aujourd'hui le plus grand nombre des catholiques a peur de la liberté. Pour eux, ce mot, qui rappelle la Révolution, veut dire désordre, sinon même persécution. Mais le jour où, mis en possession de leurs églises, les pasteurs et les fidèles comprendront que la liberté est leur rempart, et que cette liberté ne peut exister que de droit commun, vous aurez conquis à la pratique du libre gouvernement ceux qui aujourd'hui s'en effraient. Tant que la liberté aura contre elle les prêtres, les femmes, les dévots, sa marche sera difficile et embarrassée ; il lui faut lutter contre les préjugés d'un autre temps. Pour convertir ces adversaires, pour en faire des amis de la démocratie, que faudra-t-il? Rien que la séparation de l'Église et de l'État sincèrement pratiquée. On s'attache vite à la liberté quand on en jouit.

» Je finirai par une réflexion que je recommande à l'attention du lecteur. Rien n'est profitable aux hommes, rien n'est vivant et fécond que ce qui est vrai et sincère. En ce moment, la France est dans la fiction.

Le gouvernement, qui n'a aucun droit sur les consciences, empêche certaines Églises de s'unir, certaines autres de se développer ; un ministre, qui peut ne croire à rien, nomme des évêques catholiques, des pasteurs protestants et des rabbins juifs : il y a un enseignement des sciences et de la philosophie qui est un enseignement de convention ; il ne s'agit pas, pour le professeur, de dire ce qu'il croit vrai, mais de ménager les scrupules ou les préjugés de ses auditeurs. Tout cela, c'est du mensonge ; tout cela est aussi nuisible à la société, qu'à la religion et à l'État. »

Les avantages qui doivent résulter, pour les peuples, de la séparation sont établis d'une manière irréfutable par les deux hommes d'État que je viens de citer. Il semblerait que leur solution s'impose. Eh bien, non ! loin de là ! On craint même d'en parler aujourd'hui. C'es qu'elle a pour adversaires, non seulement les catholiques, comme le dit M. Laboulaye, mais encore la plus grande partie de nos politiques libéraux ; plus politiques, hélas ! que libéraux ! Chose triste à constater, et presque honteuse à écrire, ce sont les républicains, défenseurs officiels de la liberté, qui la redoutent le plus.

L'Église catholique, elle, s'en accommoderait encore assez vite. M. Kenkrick, d'abord évêque de Philadelphie, puis archevêque de Baltimore, nous en donne l'assurance précise en ces termes :

« Je suis loin de me plaindre, dit-il, que dans la condition actuelle de notre société, l'Église, pour jouir de son indépendance, doive renoncer aux faveurs que l'Etat lui accordait autrefois. Mais, qu'on le sache bien, ami comme je le suis de l'ordre et de la paix, j'accepte pleinement et loyalement la constitution politique sous laquelle nous vivons. Nous ne réclamons aucun privilége, nous ne cherchons pas à dominer; nous demandons une seule chose: la garantie pour tous les citoyens des droits civils dont nous jouissons présentement (1). »

Plusieurs de nos prélats français se sont exprimés aussi nettement à cet égard:

« Que veut-on? Rétablir l'antique alliance entre l'Église et l'État; mais aujourd'hui une telle union serait contre nature, car l'État n'est plus catholique et l'Église apparemment n'a pas cessé de l'être. L'Église et l'État peuvent vivre en paix, en bonne harmonie dans la liberté. La liberté laisse à chacune des deux puissances son action propre dans le domaine qui lui appartient. »

« Quant à nous, des adversaires sérieux ne nous feront rien retrancher à la largeur de nos principes. Nous ne demandons pour la religion attaquée par toutes les passions, par toutes les fureurs et par tous les talents, que la liberté de se défendre. La liberté serait la seule arme dont nous voudrions user. »

« La liberté d'enseignement n'est pas catholique, la liberté des cultes n'est pas protestante, l'une et l'autre n'ont qu'un nom: la liberté. L'une et l'autre n'ont qu'un fondement: le droit gravé dans nos consciences et inscrit dans nos constitutions. (2) »

Ce ne sont d'ailleurs que les circonstances qui ont

(1) Cité par Audisio : *Della Società politica a religiosa rispetto al secolo XIX*, chap. XXIII.

(2) Citations empruntées à l'ouvrage de M. l'abbé Chapon, chanoine honoraire d'Orléans : Mgr Dupanloup et la liberté. Sa vraie doctrine, p. 215 et 216.

amené, plusieurs siècles après la fondation du Christianisme, ce rapprochement intime entre les deux pouvoirs.

Dans la doctrine de son auteur il n'en est nulle part question ; la seule fois qu'il fit allusion aux droits propres à chacun d'eux, ce fut pour répondre à une question captieuse qui lui avait été posée à ce sujet : « Rendez à César ce qui est à César, et à Dieu ce qui est à Dieu », dit Jésus. Il est difficile de trouver dans ces paroles si sages le principe de la subordination de l'État à l'Église romaine.

« Une Église, d'ailleurs, ne peut être ni servante de l'État, ni protégée par l'État.

» Qu'est-ce qu'une religion subordonnée à l'État? C'est l'erreur employée comme moyen de police. Je dis l'erreur; car si la religion est vraie et divinement instituée, comment peut-elle être soumise à un pouvoir humain? La vérité ne dépend de personne. L'empereur de Russie est pape ; il fait le dogme : s'il ne le fait pas, il peut le faire : donc, la religion russe n'est que l'erreur employée comme moyen de police.

» Qu'est-ce qu'une religion maîtresse de l'État? C'est la négation pure et simple de la liberté de conscience, de la liberté politique et de la liberté civile. L'Église commence par se déclarer infaillible, après quoi elle défend d'attaquer son dogme, c'est-à-dire de penser; d'attaquer son autorité, c'est-à-dire de modifier la constitution et les lois, d'attaquer sa morale, c'est-à-dire de se gouverner, dans la pratique de la vie, par une autre morale que la sienne.

» Qu'est-ce enfin que le Concordat? C'est un traité conclu entre l'État et l'Église, pour se céder l'un à l'autre, au détriment de la liberté de conscience, une part de la souveraineté qu'ils n'ont pas. L'État vend à l'Église la liberté des citoyens, pour obtenir d'elle la paix et un appui ; l'Église vend à l'État ce qu'elle croit ou ce qu'elle dit être la vérité absolue, pour obtenir de lui le privilége d'enseigner seule.

» Conséquence : l'Église dans l'État est l'abdication de la foi religieuse ; l'État dans l'Église est la négation absolue de toute liberté ; le Concordat est tout ensemble la foi avilie et la liberté proscrite. Il faut donc rejeter toute alliance entre le temporel et le spirituel. Proclamer leur séparation, ce n'est pas autre chose qu'exprimer le dogme à la fois si nécessaire et si simple de la liberté de conscience (1). »

Je pense que pour tous les esprits indépendants, la nécessité d'une liquidation amiable est actuellement démontrée ; j'estime que l'Église catholique ne la refusera pas si on lui fait des offres loyales ; et si je cite l'Église catholique, c'est parce qu'elle a les plus grandes prétentions et qu'il est certain que les propositions qu'elle acceptera seront agréées également par les autres ; je crois donc la séparation nécessaire et possible ; mais il faut étudier dans quelles conditions.

J'ai sous les yeux quatre auteurs qui se sont occupés de cette question ; aucun d'eux ne me paraît l'avoir résolue d'une manière suffisamment impartiale et complète. Ce sont MM. Jules Simon, Pierre Pradié, G. du Petit-Thouars et L. Minghetti.

« Il ne se présente que trois moyens, suivant M. Jules Simon (2), d'entretenir le culte sans le secours du gouvernement : la mendicité, les oblations, les coti-

(1) Jules Simon : *La Liberté de conscience*, p. 320 et 321.
(2) — *La Liberté de conscience*, p. 352 et 353.

sations volontaires. La mendicité est dans les traditions et en quelque sorte dans le génie de la religion catholique. Non seulement elle a ses ordres mendiants, mais elle ne cesse de provoquer l'aumône individuelle, soit au profit des pauvres, soit au profit du clergé; elle fait faire plusieurs quêtes pendant chaque office dans ses églises; elle a conservé dans une grande partie de la France l'usage des quêtes à domicile. Ce moyen est peu sûr, peu compatible avec la dignité sacerdotale, contraire aux règlements de police qui, presque partout, tendent à abolir la mendicité. Il introduit trop directement et trop intimement le prêtre dans la famille. Il aurait pour résultat infaillible d'enrichir à l'excès quelques membres du clergé et de laisser les autres dans la misère. Les oblations, ou le casuel, c'est-à-dire la rétribution spéciale affectée à chaque fonction du ministère ecclésiastique, ont aussi leurs inconvénients. Par quelle autorité sera réglé le tarif des frais pour les baptêmes, les enterrements, les mariages? les oblations seront-elles purement volontaires? On ne peut les rendre obligatoires sans les assimiler à un salaire, contre l'esprit de l'Église et le texte du Concordat. En tout cas, il ne faut pas songer à abandonner chaque congrégation locale à elle-même, si l'on ne veut pas voir dans de pauvres villages des églises abandonnées et tombant en ruine, et des ministres du culte réduits à tendre la main, où à se louer à la journée comme hommes de peine. Il y a d'ailleurs des services diocésains, tels que le traitement et l'entretien des chanoines et des évêques, les frais du culte dans les cathédrales, l'enseignement théologique, les synodes, etc.; et des services généraux, parmi lesquels il faut compter l'institution des cardinaux et les conciles généraux et particuliers. Il faudra donc recourir aux cotisations régulières, tolérer, par conséquent, et même encourager la solidarité des membres de chaque Église entre eux, dans toute l'étendue du pays, et leur permettre d'avoir une caisse centrale, des administrateurs de cette caisse et des collecteurs. N'est-ce pas, avec le temps, fonder un État dans l'État? N'est-ce pas préparer entre les différents cultes des compétitions et des rivalités d'une nature regrettable? »

Quant à M. Pierre Pradié, membre de la Constituante de 1848 et de l'Assemblée nationale, à qui fut confiée la lourde tâche de réorganiser la France après les années terribles de 1870 et 1871, il admet la séparation de l'Église catholique et de l'État sur certains points, mais réclame, au contraire, l'union la plus absolue sur d'autres. Voici l'exposé de la solution qu'il propose :

« On a essayé dans le monde, écrit-il, de fédérations d'États; on a essayé aussi d'États unitaires où vivaient des corporations libres, mais privilégiées. On n'a jamais essayé d'État unitaire à corporations n'ayant aucun privilége, mais jouissant pleinement de leur liberté, de leur autonomie et des prérogatives des personnes civiles. Cette dernière forme est la forme sociale parfaite ou l'idéal social. Elle est la forme qui donnerait à la France le sceptre de la civilisation et de l'influence. Le moyen de la réaliser est d'établir les rapports de l'Église et de l'État d'après la nature des deux puissances et de leurs attributions spéciales (1). »

« Des liens qui unissent deux conjoints aussi peu

(1) *Traité des rapports de la religion et de la politique, de l'Église et de l'État dans les sociétés modernes*, p. 653.

faits l'un pour l'autre, constituent plutôt un accouplement contre nature qu'une véritable union.

» Ces liens, il faut avoir le courage de les rompre, afin que les deux puissances recouvrent leur indépendance réciproque, sur les points où leur union ne peut être qu'une source de querelles ou de difficultés avec un gouvernement essentiellement capricieux et mobile.

» Ainsi, il faut séparer l'Église et l'État : 1° dans la question de la nomination des évêques et des curés inamovibles qui doit être une des attributions exclusives de l'Église; 2° dans la question du salariat des prêtres, auquel il faut substituer une dotation libre et respectée et la faculté d'acquérir; 3° dans la question des corporations religieuses, dont l'existence et la personnalité civile légalement reconnues ne doivent plus dépendre du caprice des gouvernements; 4° dans la question des articles organiques, du placet, des appels comme d'abus, qu'il faut supprimer comme un legs fatal d'un autre âge imposé à l'Église, sans aucune des compensations qui jadis rendaient ce régime de confusion un peu moins insupportable.

» Mais, à côté de ces réformes désirables et hardies qui consisteraient à faire prévaloir, sur les points que nous venons d'indiquer, le régime d'une séparation féconde en résultats, et où tout serait profit pour les deux puissances, il y a des réformes non moins désirables et sur lesquelles tous les catholiques sont d'accord. Ces réformes consistent, non à séparer cette fois l'Église de l'État, mais à les unir, au contraire, d'une manière plus étroite et plus efficace, sans porter aucune atteinte à leur commune indépendance. Car tel est le caractère de ces réformes. Oui, ces réformes qui consistent : 1° à donner à la jeunesse de toutes les écoles une éducation plus religieuse ; 2° à organiser la liberté de l'enseignement à tous les degrés; 3° à garantir le libre et régulier exercice de l'aumônerie dans nos armées; 4° à assurer, à l'exemple de l'Angleterre et des États-Unis, le repos du dimanche ; 5° à adresser à Dieu des prières publiques; 6° à combiner les lois civiles sur le mariage de manière à ne pas insulter à la conscience de ceux qui font, avec raison, passer le lien religieux avant le lien civil; oui, toutes ces réformes, comprises comme nous les comprenons dans nos notes, et avec l'esprit vraiment libéral qui nous anime, loin de porter aucune atteinte à l'indépendance de l'État et à la vraie liberté des consciences, assurent à tout jamais leur triomphe (1). »

M. G. du Petit-Thouars, de son côté, discute dans les termes suivants les conséquences que pourrait avoir la résolution du Concordat par rapport au budget des cultes :

« A n'examiner les choses qu'au point de vue du droit, le maintien du budget des cultes dépend-il logiquement du Concordat? La dénonciation du Concordat comporte-t-elle de plein droit la suppression de la subvention payée au clergé? La grande erreur est de faire de la seconde la conséquence nécessaire de la première. Là est précisément le nœud de la question ; il s'agit de savoir si le Concordat est le fondement même du droit de l'Église ou seulement la reconnaissance d'un titre antérieur, si l'Église a un droit par elle-

(1) *Traité des rapports de la religion et de la politique, de l'Église et de l'État dans les Sociétés modernes*. Introduction, p. xv et suivantes.

même ou si elle ne fait que jouir d'une faveur. Le budget des cultes est-il une concession gracieuse, révocable au gré du pouvoir civil, ou une dette dont l'honneur national commande le respect? Voilà le point important : il sera examiné plus loin, et tranché, on peut le dire dès maintenant, dans un sens favorable à l'Église. Si l'étude des faits oblige à reconnaître que le clergé n'est pas une simple hiérarchie de fonctionnaires congédiables à volonté le jour où l'État croit devoir rayer ce service de ses attributions, mais une catégorie de créanciers respectables au même titre que les autres, le Concordat n'apparaît plus comme la source première des droits de l'Église ; ce n'est pas lui qui les a créés, ce n'est pas sa dénonciation qui peut les détruire.

» Mais alors le problème se pose autrement. L'État est toujours libre de négocier la résiliation du contrat intervenu entre l'Église et lui, il reste tenu de respecter les droits de l'Église. Le Concordat peut disparaître, la créance de l'Église subsiste. La séparation n'est donc pas incompatible avec le maintien du budget des cultes ; au contraire, pour qu'elle se fasse libéralement, elle comporte le maintien de ce budget. Le retour au droit commun n'a pas pour conséquence logique de dépouiller l'Église de ce qui lui est dû, il confirme ses droits, loin de l'en frustrer. C'est ainsi qu'en Belgique, l'Église, séparée de l'État, reçoit cependant de lui, sans qu'il y ait entre eux concordat, une indemnité pour les biens qui lui ont été enlevés.

» La liberté et la publicité du culte étaient certainement des avantages considérables à une époque où n'existait ni le droit de réunion ni le droit d'association. Le Concordat en conférait le monopole à l'Église.

ART. 1er. — *Religio catholica, apostolica, Romana libere in Gallia exercebitur : cultus publicus erit, habitâ tamen ratione ordinationum quoad politiam, quas gubernium pro publicâ tranquillitate necessaria existimabit.*

La religion catholique, apostolique et romaine, sera librement exercée en France; son culte sera public, en se conformant aux règlements de police que le gouvernement jugera nécessaires pour la tranquillité publique.

» Aujourd'hui que le droit de réunion fait partie du patrimoine commun, si la liberté d'association était également inscrite dans la loi, si le législateur supprimait la formalité antilibérale de l'autorisation préalable en matière d'ouverture de chapelle, le mérite principal du Concordat ne disparaîtrait-il pas? Le Concordat n'a de valeur pour l'Église qu'en tant qu'il lui garantit la liberté dont elle a besoin; à l'époque où il a été conclu, cette liberté n'appartenait pas aux citoyens : qu'on imagine un régime où elle soit à la disposition de tous, — pour le droit de réunion, c'est fait; pour le droit d'association, ce sera la conquête de demain, — les catholiques n'ont plus besoin d'une charte particulière. Sous l'empire du droit commun, ils jouissent de toute la liberté nécessaire, et elle est d'autant mieux assurée qu'elle appartient à tous.

» Ainsi, de la rupture des liens officiels entre l'État et l'Église ne dérive pas nécessairement la suppression du budget des cultes; ce budget est une dette confiée à l'honneur national, qui s'impose, quel que soit le système qui préside aux rapports du temporel et du spirituel. D'autre part, ce régime libéral implique la liberté de réunion et d'association dont l'Église ne saurait se passer. Donc la dignité, la sécurité de son existence; n'est point liée essentiellement au maintien du Concordat (1). »

Mais l'auteur, qui a traité la question le plus à fond et sous ses faces différentes, est sans contredit M. Minghetti, député, ancien ministre du royaume d'Italie.

Toutes les hypothèses, sauf celle de la période transitoire que les Églises auront à traverser, en attendant que les cotisations des membres de leur communion, et les fondations qui seront faites en leur faveur, leur aient assuré l'existence, et cette autre éventualité qu'il faut également prévoir, où après un certain nombre d'années, qu'on pourrait limiter au chiffre raisonnable de dix, les personnes morales ainsi constituées n'auraient pas retrouvé la situation financière qui leur est faite avec le budget actuel des cultes, ont été envisagées par lui avec une largeur de vue et un libéralisme qui font de son étude un ouvrage de la plus haute valeur, que tout le monde consulterait avec fruit.

Voici dans quelles conditions il juge que devrait être rendue leur indépendance à chacune des deux autorités en cause :

« La convenance de séparer l'Église et l'État, que j'ai essayé de démontrer dans le précédent chapitre, entrera peut-être aisément dans l'esprit comme proposition générale et abstraite. Les difficultés naissent et se multiplient, quand on en aborde la réalisation pratique. L'union de l'État et de l'Église persiste et semble

(1) G. du Petit-Thouars : *L'État et l'Église*, esquisse d'une séparation libérale. (Paris, Plon-Nourrit, éditeurs, 1887, p. 52 et suiv.)

indissoluble par la force d'une longue tradition. Les institutions civiles de l'un, les pratiques religieuses de l'autre, sont si bien associées, que toute tentative de les disjoindre dérange une habitude, blesse un sentiment et semble étrange et douloureuse.

» Deux points cependant peuvent être regardés désormais comme acquis, même dans notre situation actuelle. C'est d'abord que l'État a fait siens les actes les plus essentiels de la vie civile, ceux qui regardent la naissance, le mariage et la mort, autrefois dans les mains de l'Église. Et si, pour le cœur du fidèle, ces actes ont besoin d'une cérémonie religieuse et deviennent ainsi des sacrements, ils n'en ont pas moins vis-à-vis de la société civile une valeur propre et indépendante.

» En second lieu, l'Église est libre, au moins en fait, de toute ingérence de l'État dans les choses purement spirituelles. Aucun gouvernement ne voudrait se mêler aujourd'hui de l'administration des sacrements, sauf peut-être dans quelques cas intéressant l'ordre public. Aucun ne contesterait à l'Église le droit d'expulser de son sein celui qu'elle jugerait avoir encouru ses censures majeures : tout au plus en prendrait-il connaissance pour en empêcher les effets civils possibles, mais sans toucher à l'essence même de l'acte ecclésiastique (1). »

« Le clergé catholique, au moyen âge et jusqu'à nos jours, vécut selon des règles qui lui étaient propres et avec une organisation privilégiée. Que ces

(1) *L'État et l'Église*, par L. Minghetti, traduit de l'italien par M. Louis Borguet, p. 59.

règles et cette organisation ne répondent plus aux conditions nouvelles des choses, cela me paraît évident, d'où la nécessité d'en abolir une partie et de réformer l'autre, en l'accommodant au principe de la séparation de l'État et de l'Église. Mais aussi longtemps que la loi n'offrira pas aux fidèles de nouvelles formes légales pour se constituer et atteindre leur but dans l'accord avec la civilisation moderne, on peut prévoir que l'État trouvera devant lui la résistance et l'opposition des hommes religieux et des associations pieuses, qui, empêchés de suivre la route droite et ouverte, se jetteront dans les voies détournées et occultes. Si, au contraire, on donne satisfaction à leurs exigences légitimes, il est fort probable que, pouvant déployer leur propre activité dans un cercle suffisamment étendu, ils en respecteront les limites, et ils ne chercheront pas à empiéter sur le champ d'activité d'autrui. M. Friederich (1) remarque avec raison que, dans les gouvernements constitutionnels, le clergé peut devenir bien plus redoutable encore que dans les gouvernements absolus, par l'influence qu'il exerce sur l'élection des représentants de la nation. Et, en effet, si ce clergé doit vivre sous le bon plaisir de l'État, dont il est le salarié, si rien ne lui garantit une existence certaine et durable, son premier soin sera que ceux qui disposent du budget et font les lois ne lui soient pas contraires, et leur choix sera déterminé dans son esprit par ce genre de considérations. Au contraire, si les libertés réclamées par le clergé lui sont octroyées et garanties

(1) E. Friederich : *Di Granzen zwischen staat und Kirche. Dritte abtheilung. Schluss, Tübingen*, 1872.

dans une juste mesure, il n'aura plus de raison de se mêler des affaires publiques, ou il le fera beaucoup moins qu'aujourd'hui. Au lieu d'un clergé, remuant et factieux, comme celui de Belgique, nous aurons celui des États-Unis, où non seulement les associations religieuses sont permises, mais aussi les fondations, l'être moral avec toutes les conséquences de la stabilité et de la perpétuité, bien entendu dans les limites requises par la sûreté de l'État.

» Nous ne pouvons donc regarder comme normal le système qui dénie aux associations religieuses la personnalité juridique et par suite la faculté d'acquérir et de posséder, et y substitue un salaire fixe payé par l'État.

. . . .

» Mais revenons à notre point de départ, c'est-à-dire à l'opinion de ceux qui ne veulent reconnaître d'autre forme d'association religieuse que celle qui est libre, en dehors de la loi, et privée du droit de posséder; il me semble avoir démontré à quel point ils se trompent, et avoir d'avance réfuté leurs arguments habituels. Il y en a deux principaux (1) : l'un, qu'en accordant aux fidèles d'accumuler des richesses sur un être de raison, on protége un culte particulier et l'on sort du droit commun; l'autre, que l'État, lorsqu'il reconnaît la personnalité civile à une association religieuse, engage l'avenir, c'est-à-dire l'inconnu. De ce qui a été dit plus haut, il résulte, selon moi, que bien loin que la constitution des personnes morales religieuses soit une dérogation au droit commun, elle en est le déploiement

(1) Ernest Allard : *L'État et l'Église*, leur passé, leur existence et leur avenir en Belgique. (Bruxelles, 1872, p. 115-122.)

naturel dans toutes les branches de la chose publique. Et, quant à se lier pour un avenir inconnu, ce pourrait être vrai si l'État n'y mettait des conditions, n'exerçait un contrôle, et enfin regardait l'institution comme chose indépendante et irréformable, ce que nous n'admettons, ni pour l'institution religieuse, ni pour aucune autre. Au fond, notre théorie est celle-ci : l'État ne crée pas, mais reconnaît l'être juridique ; ainsi il ne peut, en thèse générale et d'une manière absolue, le prohiber.

» Mais l'État ayant pour principale mission de reconnaître, de déterminer et de protéger les droits de chacun, il s'ensuit que pour les associations en général, et les associations religieuses en particulier, il définit les conditions et les limites de celles qui veulent s'établir ; une fois créées, il a le droit de veiller à ce qu'aucune ne sorte de la sphère d'action qui lui est propre et n'empiète sur celle d'autrui. Aucune institution de droit public ne peut échapper à ce contrôle supérieur.

» Ceci posé, M. Bonghi me paraît être complétement dans le vrai et d'accord en tout avec les déductions qui précèdent, lorsqu'il dit :

» Il ne suffit pas vraiment de déclarer l'égalité juridique des cultes, si l'on veut créer une situation qui contente les esprits, mette la paix dans l'État et permette aux différentes confessions de compter sûrement sur le fruit de leur labeur. Il faut que les lois civiles permettent à ces cultes d'exister, non d'une manière précaire et au jour le jour, mais durablement, sans aide ni subvention de l'État à un seul culte, encore moins à tous les cultes ; il faut que chacun d'eux puisse se déployer dans les formes diverses propres à sa nature. Si les lois civiles ne suffisent pas pour atteindre ce résultat, il faut les corriger, parce qu'à une association religieuse légitime (et elle est supposée telle, dès qu'il lui a été permis de naître), on ne peut refuser la faculté de se constituer, selon son caractère propre et d'une manière durable, comme le désire tout organisme actif, qui a ou croit avoir pour fin constante le salut des âmes (1). »

» Ce point bien établi, et il est la base du système entier de législation qui convient selon nous à notre époque, s'écartant aussi bien de l'union juridique de l'État avec l'Église, que de l'association religieuse laissée en dehors de la loi, une question des plus graves se présente immédiatement. L'État peut-il reconnaître la qualité de personne juridique, dans le sens propre et véritable, à une association qui s'étend au delà de sa juridiction territoriale, ou plutôt qui n'a de limite ni dans le temps, ni dans l'espace? Il me semble que la réponse est facile et ne peut être que négative. Dès que l'État a le droit de reconnaître, de contrôler, et, en certains cas, de supprimer la personne juridique, celle-ci doit être nationale et ne se comprend pas hors des limites du territoire. D'où il suit que l'Église catholique ou universelle peut subsister vis-à-vis de l'État comme association, mais que la qualité de personne juridique ne peut être reconnue qu'aux associations partielles, comme les paroisses, les diocèses, les fondations, les corporations.

» Reconnaître l'Église catholique, comme quelques-uns y seraient disposés, parce qu'elle est aussi Église nationale, me paraît une subtibilité, et l'Église elle-même n'ambitionnera jamais cette situation. Nous

(1) Bonghi : *La Chiesa libera. Nuova Antologia*, déc. 1870.

21

avons dit que le droit de posséder appartient à la personne juridique, et qu'il est un des moyens naturels et essentiels à son but; d'où il suit que l'État ne peut le reconnaître à l'Église catholique, mais seulement à une institution, à une fondation, à une corporation catholique déterminée. La propriété du temple lui-même, ouvert pourtant à la généralité des fidèles, et dans ce sens, chose commune à eux tous, appartient toujours à une association locale (1). »

« J'ai indiqué ailleurs comment, depuis 1865 déjà, une commission parlementaire avait songé à établir des congrégations diocésaines ou paroissiales, pour administrer les biens destinés aux traitements des prêtres, aux frais du culte et des choses sacrées. Malheureusement l'opinion publique était peu préparée à cette réforme et beaucoup trop attachée encore à ses vieilles idées. Je ne sais si elle est tout à fait mûre aujourd'hui; mais, sans s'écarter du but, on peut user de certains tempéraments. Selon moi, je l'ai dit déjà dans le précédent chapitre, les bénéfices ne sont plus compatibles avec l'organisation générale de la propriété ni avec les relations civiles de notre temps. En outre, et j'aime à le répéter, je tiens pour certain que le principe électif est essentiel à la durée et à la prospérité de toute association ou corporation. Pour durer il leur faut trouver en elles-mêmes le moteur de leur propre réforme, ou de leur rénovation. Ainsi les règles auxquelles nous devrions nous conformer dans la loi à établir seraient, à mon avis, la séparation du bénéfice et de la fonction, la création de congrégations électives

(1) *L'État et l'Église*, par L. Minghetti, traduit de l'italien par M. Louis Borguet, p. 85 et suiv.

et responsables pour administrer les biens ecclésiastiques, payer les ministres de la religion, et subvenir aux frais des édifices du culte et des choses sacrées; un compte rendu public de cette administration, une haute surveillance confiée aux tribunaux, auxquels auraient le droit de recourir les ministres du culte, les fidèles, et, en général, tous ceux qui ont intérêt à la conservation du patrimoine et au bon emploi des revenus du clergé.

. . . .

» Les pères de famille, par exemple, choisiraient les membres de la congrégation paroissiale ; et ceux-ci, au second degré, nommeraient la congrégation diocésaine. Les canons de l'Église ne seraient offensés en rien. Il ne s'agit que de la conservation et de l'administration des biens (1). »

En réunissant les différents points de vue qu'ont examinés les quatre auteurs que nous venons de citer, on peut se faire une idée à peu près complète des questions multiples à résoudre dès que le principe de la séparation sera nettement posé. Comme je l'ai fait observer, aucun de ces écrivains ne les a toutes abordées.

M. Jules Simon envisage surtout les moyens qu'aurait le clergé de suppléer au traitement que lui assure le Concordat.

M. Pradié, tout en séparant l'Église de l'État sur les points qui gênent l'expansion du catholicisme, tend à le maintenir comme religion officielle.

M. du Petit-Thouars se préoccupe principalement du budget des cultes et de sa légitimité. Il est partisan

(1) *L'État et l'Église*, par L. Minghetti, traduit de l'italien par M. Louis Borguet, p. 178 et suiv.

de l'indépendance des deux pouvoirs, à condition que le clergé continuera d'être salarié par les pouvoirs publics. Ce n'est plus la séparation.

Quant à M. Minghetti, son esprit d'homme d'État rompu aux affaires embrasse tous les détails de cette vaste question. Il ne néglige de nous dire qu'une chose : c'est comment on pourra donner l'impulsion à cette organisation naissante que nous nous représentons bien, en plein fonctionnement, après quelques années d'existence, mais dont les débuts nous paraissent particulièrement difficiles.

M. Pradié, qui voulait faire sanctionner législativement son plan de réforme, avait dû se préoccuper de ce point de départ. Sa proposition est intéressante à connaître à cet égard.

Elle était ainsi libellée :

« Il sera ouvert avec le Saint-Siège une négociation ayant pour objet de régler les rapports de l'Église et de l'État sur les bases suivantes :

» 1° L'Église et ses corporations auront la faculté d'acquérir et de posséder, et jouiront des droits et des prérogatives des personnes civiles reconnues par la loi, sans qu'il soit besoin d'une autorisation spéciale du gouvernement.

» 2° Le gouvernement s'entendra avec Rome sur les mesures à prendre à l'effet de prévenir les captations testamentaires et les agglomérations des biens de mainmorte qui dépasseraient les besoins du clergé, du culte, des corporations et des œuvres de bienfaisance. Pour empêcher ces abus, le gouvernement sollicitera de Rome des condamnations spirituelles sévères et même l'interdit contre les coupables.

» 3° Les églises, chapelles, monuments et cimetières catholiques seront rendus au clergé.

» 4° Il sera délivré au clergé des rentes sur l'Etat pour une somme équivalente au budget qu'il touche en ce moment.

» 5° L'Église, de son côté, consentira à l'annulation de ces rentes dans la mesure et la proportion des dons qui lui seront faits par la piété des fidèles. On arrivera ainsi graduellement à la suppression du budget des cultes, et à l'entier affranchissement de l'Église vis-à-vis de l'État.

» 6° L'État renoncera aux priviléges qui lui sont accordés par le Concordat de 1802, et notamment à son droit de nomination aux évêchés et cures inamovibles.

» 7° L'État s'abstiendra de toute immixtion dans les affaires de la religion. Il renoncera notamment à la faculté qu'il s'est attribuée dans les articles organiques d'interdire, dans certains cas, les cérémonies extérieures du culte. Il se bornera à protéger la liberté de conscience, en maintenant l'ordre public, si ces cérémonies étaient matériellement troublées.

» 8° Les articles organiques seront supprimés, et l'incompétence de l'État en matière religieuse proclamée, avec toutes les conséquences qui résulteront de la proclamation de ce principe.

» Ainsi, notamment, une entière liberté sera accordée à l'Eglise pour la réception et la circulation des brefs, encycliques, mandements et actes quelconques de l'autorité ecclésiastique. Les évêques, recouvrant leur entière liberté, pourront sortir de leur diocèse et du territoire de la France, pourront s'assembler en synodes diocésains et en conciles nationaux ou généraux. Le ministère des cultes sera supprimé (1). »

De ce projet, qui subordonnait complétement en somme l'État à l'Église, je ne détacherai que les articles 3, 4 et 5, parce qu'ils touchent à deux points principaux de la solution à intervenir.

Il ne suffit pas, en effet, d'accorder aux différentes Églises, aux congrégations religieuses, la possibilité d'entrer dans le droit commun, de se former en associations et de recevoir des fondations, il faut en attendant les mettre à même de satisfaire aux solennités de leur culte et d'assurer un traitement à leurs ministres. Elles y ont droit en vertu des promesses de la Constituante, et à titre de service d'utilité publique au premier chef.

La question des édifices religieux, que M. Pradié résout si facilement, est fort complexe cependant. M. Jules Simon ne le dissimule pas : « Dans l'état actuel de notre société, constate-t-il (2), avec la division des fortunes, l'habitude de jour en jour plus générale de jeter ses capitaux dans l'industrie, l'indifférence subsistante en matière de religion, le manque absolu d'esprit d'association et d'initiative entretenu par la centralisation absolue de tous les pouvoirs, il y a tout lieu de craindre qu'on n'arrive pas sans le secours du gouvernement à construire des édifices religieux convenables et à les entretenir dignement. D'ailleurs, que fera-t-on de tous les édifices religieux actuellement construits? S'ils rentrent dans les mains de l'État, il sera obligé

(1) *Traité des rapports de la religion et de la politique, de l'Église et de l'État dans les sociétés modernes*, p. 4 et 5.

(2) *La Liberté de conscience*, p. 347.

de les raser ou de les vendre. Les raser, c'est de la démence ; les mettre aux enchères, c'est une profanation et une source d'impossibilités. On l'a assez vu en 1791 et même en 1795, malgré les dispositions du décret du 11 prairial, inspiré par une pensée de conciliation et de tolérance. Ainsi de ce côté, il y a des difficultés et des embarras de toutes parts. »

Il me semble que ces difficultés et ces embarras sont exagérés parce que l'on considère la séparation comme devant produire tous ses effets immédiatement. Nul ne songe à lui donner le temps de s'acclimater. Mais pourquoi n'en proclamerait-on pas le principe et n'en fixerait-on pas dès maintenant les règles qui ne seraient définitivement appliquées qu'après un délai raisonnable, dix ans par exemple, de manière à permettre aux différentes communions de prendre leurs mesures pour n'être pas surprises lorsque le moment sera venu d'en poursuivre la réalisation?

Légalement, les temples où se célèbrent les cérémonies de la religion dominante en France sont la propriété de l'État ou des communes. L'article 12 du Concordat porte, en effet, que toutes les églises métropolitaines, cathédrales, paroissiales et autres, non aliénées, nécessaires à son exercice, seront mises à la disposition des évêques.

L'article 75 des Organiques déclare également que : « Les édifices, anciennement destinés au culte catholique et actuellement dans les mains de la nation, à raison d'un édifice par cure et par succursale, seront mis à la disposition des évêques, par arrêtés du préfet du département. »

Ils sont mis à la disposition des ministres de la religion catholique, ils ne leur sont pas rendus en pleine propriété. Voilà le fait.

Je ne pense pas, comme M. Pradié, qu'il y ait lieu de modifier, dans un sens aussi généreux qu'il le souhaite, les conventions qui ont reçu le plein assentiment du clergé. Mais je ne crois pas davantage qu'on doive du jour au lendemain lui retirer la jouissance des églises, chapelles et autres monuments qui sont mis à sa disposition pour la célébration de ses rites.

La mesure la plus équitable serait, selon moi, d'insérer dans le projet de loi sur la séparation, que passé un certain laps de temps, après la promulgation de la loi, les monuments publics actuellement consacrés aux cultes seront désaffectés et que l'Etat ou les communes en reprendront la disposition. Dans l'intervalle, les différentes confessions auraient le temps nécessaire pour prendre leurs dispositions, des cotisations pourraient être versées, des fondations créées, pour racheter les édifices existant ou en élever d'autres. Les paroisses trop pauvres se contenteraient momentanément d'un temple plus modeste, en admettant que la caisse centrale, qui sera certainement instituée, ne puisse pas, au premier début, leur venir suffisamment en aide. Je suis persuadé qu'elles ne resteraient pas longtemps en souffrance.

Là me paraît être la vraie solution. Nous assisterons alors aux prodiges qu'enfante l'initiative privée. N'est-ce pas à elle que nous devons tous les chefs-d'œuvre du moyen âge ? Elle est aussi féconde aujourd'hui qu'autrefois, et s'il peut paraître exagéré de dire que la séparation des Églises et de l'État sera pour l'art le signal d'une nouvelle Renaissance, il est incontestable du moins qu'il n'y a pas de meilleur moyen d'enrayer les progrès du scepticisme qui va grandissant chaque jour. Ces nombreuses considérations ne devraient-elles pas lever les derniers scrupules?

Je ne crois pas qu'il y ait lieu davantage de s'effrayer des difficultés que peut présenter la question des évêchés et des presbytères, ainsi réglée par les articles organiques 71 et 72 :

« Art. 71. — Les conseils généraux de départements sont autorisés à procurer aux archevêques et évêques un logement convenable.

» Art. 72. — Les presbytères et les jardins attenants, non aliénés, seront rendus aux curés et aux desservants des succursales.

» A défaut de ces presbytères, les conseils généraux des communes sont autorisés à leur procurer un logement et un jardin. »

Je suis trop partisan de l'indépendance à laisser, en dehors de toute intervention de l'État, à l'initiative des différentes personnalités, de quelque nature soient-elles, pour ne pas souhaiter voir reproduire ces dispositions libérales dans le projet de loi que je considère comme une nécessité des temps actuels. Ce ne sont jamais les logements, d'ailleurs, qui feront défaut aux ministres d'une religion quelconque.

J'ai hâte maintenant d'arriver au budget des cultes, dont la légitimité ne saurait être mise en doute, mais dont la liquidation est assez compliquée ; je ne le nie certainement pas.

L'État actuel ne fait, en effet, que tenir les obligations contractées par la première République vis-à-vis du clergé catholique, à qui on demanda en 1789 le sacrifice de ses biens contre la promesse d'une allocation annuelle, et vis-à-vis des ministres de la confession d'Augsbourg, dont les propriétés furent également réunies au domaine public en 1799. Aussi M. G. du Petit-Thouars me semble-t-il cette fois envisager la situation sous son vrai caractère, lorsqu'il dit : « En principe sans doute, dans la conception d'une société idéale, l'État ne doit rien à l'Église; mais, chez nous, la question de théorie se complique d'une question de fait. Il s'agit de savoir si, en France, dans la situation faite par les précédents, le clergé est une simple hiérarchie de fonctionnaires que l'État peut casser aux gages quand il lui plaît, ou le titulaire d'une créance sérieuse. Le véritable ayant-droit, dans l'attribution du budget des cultes, c'est l'ensemble des catholiques, l'Église, au sens primitif du mot. Le clergé n'est appelé à recueillir la subvention de l'État que comme fondé de pouvoirs des catholiques. Ainsi, quand nous disons les droits du clergé, il s'agit, entendons-le bien, des droits de l'association catholique, dont le clergé n'est que le chargé d'affaires. Le clergé n'a pas de droits directs, le titulaire de la créance sur l'État, c'est la communauté catholique. Voilà donc sur quel terrain il faut se placer : la question du budget des cultes n'est pas un point de philosophie constitutionnelle qui se résolve par le raisonnement et la pure application des principes; c'est un problème historique qui ne peut être élucidé que pièces en mains.

. . . .

» En 1789, l'État, lorsqu'il a pris les biens de l'Église, s'est engagé, vis-à-vis des catholiques, à faire vivre le clergé; en 1801, cet engagement de l'État est devenu, par l'accord avec le Saint-Siège, un véritable contrat.

» L'État est donc lié, il est lié doublement, et par sa parole donnée aux fidèles et au clergé, et par sa signature mise au bas du traité concordataire. Le budget des cultes, de son vrai nom, s'appelle une dette ; l'ordre ecclésiastique, ou, plus exactement, la communauté catholique, ayant-cause des fondateurs primitifs, au profit de qui ont été établies les fondations, possède une véritable créance sur l'État. Si l'État cesse de servir au clergé son traitement, il manque à sa parole et à ses engagements (1). »

Ce point n'a jamais été du reste sérieusement discuté. J'ai dit de plus qu'en dehors des obligations contractées à l'égard des Églises catholique et protestante par la première République, les différentes religions avaient droit à toute la bienveillance de l'État en raison des services qu'elles rendent à la communauté. Pour l'établir d'une manière plus indiscutable, nous évoquerons le souvenir des grands patriotes, qui ont proclamé les droits de l'homme et la liberté de conscience. Écoutons ce qu'ils en pensaient, il y a un siècle, et comparons leur doctrine avec notre manière d'agir aujourd'hui.

« Je remarquerai que tous les membres du clergé sont des officiers de l'État ; que le service des autels est une fonction publique, et que la religion, appartenant à tous, il faut par cela seul que ses ministres soient à la solde de la nation, comme le magistrat qui juge au nom de la loi, comme le soldat qui défend, au nom de tous, les propriétés communes. Je concluerai

(1) *L'État et l'Église*, esquisse d'une séparation libérale, p. 90 et suiv.

de ce principe que, si le clergé n'avait point de revenu, l'État serait obligé d'y suppléer (1). »

« Il faut, s'écriait un autre représentant du peuple, se défier d'une idée jetée dans cette assemblée. On a prétendu que les prêtres ne devaient pas être salariés par le trésor public. On s'est appuyé sur des considérations qui me sont chères, car je ne connais d'autre Dieu que celui de l'univers, d'autre culte que celui de la justice et de la liberté. Mais l'homme maltraité de la fortune cherche des jouissances éventuelles : quand il voit un homme riche se livrer à tous ses goûts, caresser tous ses désirs, tandis que ses désirs, à lui, sont restreints au plus étroit nécessaire, alors *il croit*, et cette idée est consolante pour lui. Il croit que dans une autre vie ses jouissances se multiplieront en proportion de ses privations dans celle-ci. Quand vous aurez eu, pendant quelque temps, des officiers de morale qui auront fait pénétrer la lumière dans les ténèbres, alors il sera bon de parler au peuple morale et philosophie. Mais jusque-là il est barbare, c'est un crime de lèse-nation de vouloir ôter au peuple des hommes, dans lesquels il peut trouver encore quelques consolations. »

Un troisième, envisageant le côté politique de la question, disait aux conventionnels : « Qui sont ceux qui croient à la nécessité du culte? Ce sont les citoyens les plus faibles et les moins aisés. Ce sont donc les citoyens pauvres qui seront obligés de supporter les frais du culte, ou bien ils seront encore à cet égard dans la dépendance des riches, ils seront conduits à

(1) Mirabeau : Discours du 30 octobre 1789, sur la propriété des biens ecclésiastiques.

mendier la religion comme ils mendient du travail ou du pain; ou bien encore, réduits à l'impuissance de salarier des prêtres, ils seront forcés de renoncer à leur ministère, et c'est la plus funeste de toutes les hypothèses, car c'est alors qu'ils sentiront tout le poids de leur misère, qui semblera leur ôter tous les biens, jusqu'à l'espérance (1). »

Les hommes, qui parlaient ainsi, s'appelaient Mirabeau, Danton, Maximilien Robespierre.

La légitimité de la protection financière et morale, due aux ministres des différents cultes est donc manifestement démontrée. Par respect pour la liberté de toutes les consciences, nous n'en continuerons cependant pas moins à réclamer la séparation des Églises et de l'État, qui entraîne la suppression du budget des cultes. Il s'agit donc d'étudier surtout comment il peut y être suppléé, sans porter atteinte aux nombreux intérêts en cause.

M. Pradié propose de délivrer au clergé des rentes sur l'État pour une somme équivalente au traitement qu'il touche en ce moment, sous la réserve que ces rentes seront annulées dans la mesure et la proportion des dons qui seront faits à l'Église par la piété des fidèles.

On voit immédiatement les conséquences inadmissibles qu'entraînerait cette manière d'agir. Ce qui serait fait pour une des religions reconnues, devrait l'être également pour les autres. La même inégalité continuerait donc de subsister vis-à-vis de celles que le gouvernement ne juge pas dignes de ses faveurs. Le budget ne se trouverait pas allégé, et la liberté

(1) Louis Blanc : *Histoire de la Révolution française,* liv. VIII, chap. VIII.

de conscience des libres-penseurs ne serait pas sauvegardée, puisqu'ils resteraient tenus de subventionner les cultes à qui l'État constituerait ces revenus. Enfin, un tel procédé anéantirait toute initiative chez les fidèles qui, sachant assurés l'exercice de leur religion et l'entretien de leurs prêtres, ne se presseraient pas de s'imposer des sacrifices pour exonérer l'État des charges qu'il aurait bénévolement acceptées.

Ce système, qui ne modifierait en rien la situation actuelle, est impraticable. M. Minghetti, lui, se préoccupe surtout d'empêcher les associations religieuses de devenir trop puissantes, et demande aux États-Unis la quotité des biens mobiliers et immobiliers dont la propriété peut leur être laissée sans danger; non sans nous avoir précédemment exposé toute sa théorie sur les associations, corporations et fondations, qui est fort ingénieuse, mais malheureusement plus facilement applicable dans une société qui se fonde qu'à une religion qui compte dix-neuf siècles d'existence, et dont l'universalité rend très délicat un changement d'organisation, lorsqu'elle s'appuie sur d'aussi vieilles traditions que le catholicisme.

Quelles que soient les difficultés d'exécution que présente cette transformation, c'est cependant sous la forme d'associations indépendantes que les Églises sont appelées à se reconstituer quelque jour. Le droit de se réunir pour poursuivre un but commun est absolu, inaliénable, imprescriptible. Il est aussi essentiel à l'homme libre que le droit de vivre, car on ne limite pas une prérogative naturelle. Une loi générale devra donc intervenir, prochainement je le souhaite, pour déterminer dans quelles conditions ces associations pourront se former, à l'égal de toutes les autres; elle devra reconnaître en même temps la validité des fondations faites en leur faveur par les fidèles.

Cette question vitale des fondations nous ramène au budget des cultes, il ne peut être question de le supprimer ainsi brusquement, du jour au lendemain. Je voudrais donc, comme je l'ai déjà proposé pour les édifices religieux, que la loi qui prononcera la séparation, n'en rendît les effets définitifs qu'après un certain délai qui permettrait aux associations de s'organiser et aux donations de leur assurer l'existence. Je voudrais de plus, en ce qui concerne la religion catholique et la confession d'Augsbourg, une certaine réparation du préjudice que leur a causé la prise de possession de leurs biens par la nation, lorsque l'allocation annuelle qui leur fut promise en dédommagement se trouvera supprimée. Ce serait absolument juste, et nous ne devons chercher à opérer des réformes qu'en observant une stricte équité à l'égard des droits de tous.

Un des hommes les plus éminents du parti libéral en Angleterre, M. Stuart Mill (1), a, sur le remploi des fondations, une théorie qui ne peut qu'être partagée par tous les esprits impartiaux. Selon lui, les biens de la personne civile supprimée doivent recevoir une destination non seulement utile, d'une manière générale, mais encore de la nature et de l'espèce que le fondateur a eues originairement en vue. S'il s'agit d'un établissement ecclésiastique ou autre, fermé par l'État, celui-ci sera tenu d'en appliquer la dotation à son but primitif, par exemple, à l'éducation du peuple, comprise non dans

(1) Cité par M. Minghetti : *L'État et l'Église*, p. 105.

le sens restreint de l'instruction seulement, mais dans celui d'une discipline morale embrassant l'existence tout entière, et qui élève l'homme à la perfection la plus haute de sa nature spirituelle : « Si l'on s'empare des biens de l'Église, conclut-il, non pour le perfectionnement et la moralité du peuple, mais pour payer une portion quelconque de la dette publique, ou pour parer à un besoin d'argent momentané, l'on achète un avantage imperceptible au prix d'un intérêt de premier ordre ; bien plus, en foulant aux pieds la volonté des donateurs originaires, l'on a fait tout ce qu'il fallait pour pousser les esprits à la violation de la sainteté des dépôts. »

Evidemment, on ne pourrait jamais rendre aux Églises catholique et protestante la valeur des biens dont elles ont été dépossédées, mais il y aurait lieu d'établir un compromis, une sorte de cote mal taillée, qui mettrait fin à cette question litigieuse.

Il va de soi que l'autorisation préalable pour une confession religieuse de se former en association, serait supprimée et remplacée à l'avenir par une simple déclaration, comme on le réclame depuis si longtemps : l'État ne crée pas, en effet, l'être moral ; il ne fait que lui reconnaître la personnalité civile. Dans le domaine de la conscience, toute autre réserve serait plus vexatoire encore. Il ne doit pas en être maintenu ; et se sera le grand triomphe du siècle qui les abolira. Actuellement nous avons la liberté des cultes, dit-on ; oui, à condition d'en professer un, revêtu de l'estampille officielle, alors que l'État lui-même se reconnaît incompétent en la matière. Quelle contradiction ! Et, ce qu'il y a de souverainement étrange, c'est que nous avons accepté jusqu'à présent cette législation, c'est qu'elle existe encore de nos jours !

La manière la plus simple et la plus juste de procéder nous est fournie par la législation américaine. D'après l'article 35 de la loi de l'Illinois sur les associations, en date du 18 avril 1872, toute Église, congrégation ou société formée en vue de l'entretien d'un culte, peut être établie par la nomination, en réunion à ce destinée, de deux ou plusieurs de ses membres en qualité d'administrateurs (*trustees*) et par l'adoption d'un titre social. Les seules formalités exigées sont le dépôt au bureau d'enregistrement d'un acte constatant, sous serment, le lieu, la date de la réunion, les noms des *trustees* élus, le titre social. Une fois qu'elles sont remplies, l'association est constituée légalement et possède la personnalité civile, vend, achète, hypothèque, etc. (1).

Maintenant que nous avons exposé les bases sur lesquelles nous souhaiterions voir établir l'organisation nouvelle, il nous reste à étudier deux questions d'une importance également considérable : la limitation au droit d'acquérir pour les associations religieuses et le mode de gestion de leurs biens.

C'est encore aux États-Unis que nous irons chercher des exemples : cette partie de l'Amérique, depuis longtemps en possession de toutes les libertés, a sur nous le grand avantage de l'expérience. Il est légitimement permis de supposer que les dispositions relatives à ces deux points qu'elle a conservées, ont dû donner des ré-

(1) Documents parlementaires, annexe nº 3 à la proposition sur la séparation de l'Église et de l'État, déposée le 11 février 1882, 401, citation de M. G. du Petit-Thouars : *L'État et l'Église*, p. 117.

sultats satisfaisants et que nous les adopterions avec fruit pour notre propre compte.

La limitation à la possibilité d'acquérir pour les associations religieuses peut paraître de prime-abord une dérogation au droit commun, une atteinte à la liberté et à la propriété. Strictement, c'est vrai; mais l'objection perdra beaucoup de sa valeur, si l'on veut bien réfléchir qu'on n'est exposé ainsi à aucune usurpation, à aucune surprise. L'État a le devoir de prévenir les inconvénients que peut présenter l'excès des biens de mainmorte; aussi, les propriétés foncières de toutes les sociétés appelées à une existence durable doivent-elles être logiquement plus restreintes que leur fortune mobilière. Il n'est pas davantage un gouvernement qui n'ait le droit de se prémunir contre le danger d'une trop grande agglomération de richesses entre les mains d'une personnalité civile, de cette puissance surtout, qui pourrait un jour s'en faire une arme contre lui. D'ailleurs, tant que les pouvoirs publics procèdent par voie de dispositions générales, il n'y a pas lieu de craindre pour la justice et pour la liberté; ce sont les mesures d'exception qu'il faut redouter. Et la réglementation préventive que nous proposons, a précisément comme conséquence d'enlever tout prétexte aux spoliations arbitraires dans l'avenir. Voici les restrictions au droit de propriété que l'Amérique a cru devoir adopter:

« En Colombie, nous l'avons dit à l'article spécial consacré à la législation religieuse des États-Unis, la loi défend à toute corporation de posséder plus de trois acres de terre dans les villes, plus de cinquante dans les campagnes; au Michigan, elle ne permet rien au-delà du terrain nécessaire à l'église, à l'école, à l'hôpital; enfin, dans la Caroline du Sud, le revenu foncier de chacune ne peut dépasser 6,000 dollars. L'État de New-York nous offre toute une série de lois limitatives des biens des institutions religieuses. Celles de 1851 fixent à 15,000 dollars le revenu maximum de l'hospice du clergé épiscopal pour les veuves et les orphelins; à 5,000 dollars, celui du pensionnat de jeunes filles du Sacré-Cœur; la loi de 1855 limite à 250,000 dollars la fortune de l'Église presbytérienne; celle de 1864, à 10,000 dollars, le capital de la Société des Missions, et d'autres encore. Pour assurer la bonne exécution de ces dispositions législatives, on a pris des mesures spéciales, comme celle de 1863, par exemple, qui oblige les associations catholiques à présenter, tous les trois ans, à la Cour suprême, un inventaire de leurs biens mobiliers et immobiliers. Si l'inventaire montre que l'avoir dépasse la mesure légale, l'autorité administrative en est avertie (1). »

Cette question de limitation des biens en soulève une autre qui est traitée de main de maître par M. Minghetti; c'est celle du retour au siège social d'une Église, des biens d'une communauté religieuse particulière qui vient à disparaître, lorsque ce siège social se trouve en pays étranger.

« L'État, se demande l'ancien ministre italien (2), peut-il reconnaître la qualité de personne juridique, dans le sens propre et véritable du mot, à une association qui s'étend au delà de sa juridiction territoriale, ou

(1) Ruttimann, *Kirche und Staat in Nord-America*, titre II, § 61 à 67, cité par M. Minghetti : *L'État et l'Église*, p. 104.
(2) *L'État et l'Église*, p. 88.

plutôt qui n'a de limite ni dans le temps, ni dans l'espace. Il me semble que la réponse est facile et ne peut être que négative. Dès que l'État a le droit de reconnaître, de contrôler et, en certains cas, de supprimer la personne juridique, celle-ci doit être nationale et ne se comprend pas hors des limites du territoire. D'où il suit que l'Église catholique ou universelle peut subsister vis-à-vis de l'État, comme une association, mais que la qualité de personne juridique ne peut être reconnue qu'aux associations particulières, comme les paroisses, les diocèses, les fondations, les corporations. »

On ne saurait effectivement pas admettre qu'une communauté particulière n'existant plus, ses propriétés fassent retour au siège de l'Église, qui conserverait toujours ainsi le droit de changer, selon ses convenances, la destination primitive d'une fondation et de faire servir au profit général ce qui avait été constitué pour l'avantage de quelques-uns seulement. Cette réserve, qui s'explique théoriquement, comme nous venons de l'établir, se justifie politiquement plus encore. Notre gouvernement, par exemple, peut bien autoriser les associations religieuses à posséder une partie du territoire (nous l'avons réclamée minime), à détenir également une certaine quotité de la fortune mobilière du pays, mais c'est à titre de personnes morales françaises seulement ; il est plus qu'évident qu'un de ses premiers devoirs lui commande d'empêcher l'aliénation du patrimoine national.

Le second point qui nous reste à traiter concerne l'administration des biens de ces associations.

Etant donné que les fidèles subviennent aux frais de leur culte, il est légitime qu'ils aient leur part d'influence dans les résolutions qui concernent l'emploi des ressources financières mises par leur foi à sa disposition. De plus, les associations étant des personnes morales qui s'engagent vis-à-vis des tiers, cette union des deux éléments, ecclésiastique et laïque, est pour ceux-ci une garantie de sécurité dans les transactions, qui deviennent ainsi plus faciles.

Cette considération a déterminé les Américains dans le choix de leur combinaison.

« Leur théorie repose sur une distinction capitale : ils séparent la congrégation ou paroisse, composée de toutes les personnes qui contribuent aux frais du culte, de l'Église proprement dite (*Church*). L'Église est en même temps une idée et un fait : une idée, la foi, c'est-à-dire l'explication du monde et de l'homme, et un fait, l'association, telle que nous la voyons organisée pour le maintien, la propagande et le triomphe de cette doctrine. En tant que fait, elle est soumise à la loi ; en tant qu'idée, elle est absolument indépendante de l'État. L'État, en Amérique, ne connaît que la congrégation, laquelle est constituée en corporation et devient une personne civile ; il ne connaît pas l'Église qui est chose purement spirituelle.

» L'administration des biens appartient à la congrégation, elle l'exerce par l'intermédiaire des *trustees* ou curateurs choisis par elle. Tous les membres de la congrégation prennent part à l'élection des *trustees*, ils restent ainsi maîtres de la gestion des biens. Les *trustees* sont les fondés de pouvoir, les mandataires du syndicat religieux.

» Le caractère distinctif de cette organisation, c'est la prédominance du laïcisme. Cette subordination des *clergymen* aux laïques s'accorde avec l'esprit général du protestantisme, elle heurte les tendances du catholicisme qui fait dériver les pouvoirs d'en haut. Les législateurs américains ont compris qu'il fallait laisser à chaque confession religieuse la liberté de régler le mode de nomination des *trustees* et de les désigner selon les aspirations et les principes propres à chacune. Ainsi fait-on dans le Wisconsin, le Texas, la Californie, l'Illinois, qui permettent à toutes les sectes de trancher cette question de la nomination des *trustees* comme elles l'entendent. La loi de l'Etat de New-York de 1863 est le plus remarquable produit de ce respect de la liberté religieuse, qui honore à un si haut degré la nation américaine : elle est ainsi résumée par M. de Chabrol : « Chaque paroisse forme encore une personne légale complète, responsable de ses dettes et maîtresse de ses biens, régie souverainement par un conseil de fabrique, et n'ayant besoin d'aucune approbation extérieure pour rendre ses décisions exécutoires. Seulement, le conseil de fabrique se compose : de l'évêque, qui en est de droit le président dans chaque paroisse ; d'un grand vicaire désigné par lui ; du curé, nommé et révocable par l'administration diocésaine ; de deux laïques, choisis parmi les paroissiens par ces trois ecclésiastiques. De cette façon, l'évêque est réellement maître partout, mais sans être seul responsable. Les dettes d'une paroisse ne peuvent retomber sur les autres, et un défaut dans le testament épiscopal ne peut mettre en danger les biens paroissiaux. Les laïques exercent une sorte de contrôle ; si le diocèse voulait assigner aux fonds de la paroisse un emploi étranger à leur destination, les laïques seraient fondés à porter plainte devant les tribunaux pour malversation (1). »

M. Minghetti étudie également ce mode d'administration de l'avoir social par des mandataires dépourvus de tout caractère religieux, en tant surtout qu'applicable à l'Italie, sa patrie. « Certes, dit-il, les principes destinés à régir ces institutions doivent être équitables, de même que la forme de l'élection. Ainsi les pères de famille, par exemple, choisiraient les membres de la congrégation paroissiale; et ceux-ci, au second degré, nommeraient la congrégation diocésaine. Les canons de l'Église ne seraient offensés en rien. Il ne s'agit ici que de la conservation et de l'administration des biens (2). »

J'avoue que ce système me plairait davantage que celui usité en Amérique, car il assurerait d'une manière plus efficace le contrôle des membres laïques de la communauté sur la bonne gestion des biens de l'association. Mais, où je me sépare de l'éminent publiciste, c'est lorsque, poursuivant son idée de réforme, il semble, par respect de la liberté de conscience, reconnaître aux simples adeptes du catholicisme des droits qui sortent de leur compétence.

« Si l'on peut par ce moyen de l'élection, continue-t-il, s'acheminer vers de plus grandes libertés, et arriver à l'élection même du curé et de l'évêque, dont, suivant quelques-uns, sortira toute réforme ultérieure, ce doit être par un mouvement propre et spontané des fidèles qui composent l'Église, et non par un commandement de l'État (3) ».

(1) G. du Petit-Thouars : *L'État et l'Église*, esquisse d'une séparation libérale, p. 119 et suiv.

(2) *L'État et l'Église*, p. 180.

(3) *L'État et l'Église*, p. 180.

J'en demande pardon aux mânes de M. Minghetti, mais ici nous touchons aux dogmes religieux, et ce n'est plus notre affaire. Le système de nomination des prêtres catholiques par le suffrage de leurs paroissiens reviendrait exactement à celui qu'avait voulu nous donner, au moyen de la constitution civile du clergé, notre première Constituante.

Elle avait empiété sur les droits de l'Église. Nous savons quelles tristes conséquences il en résulta dans le pays tout entier. Ce n'est pas à nous, défenseurs de la liberté de conscience, à lui porter aujourd'hui de nouvelles atteintes.

Quant aux contestations qui peuvent se produire, soit entre les membres d'une même association, soit entre des associations différentes, elles devraient toutes, lorsqu'elles auraient trait à des intérêts matériels, rentrer dans le droit commun et être déférés aux tribunaux civils. Lorsqu'il s'agirait au contraire d'une question dogmatique ou de rite, ce serait à l'autorité religieuse qu'il appartiendrait de la résoudre.

Telles nous paraissent être les grandes lignes de la solution dont l'urgence s'impose maintenant à l'attention générale. La séparation des Églises et de l'État provoquera bien des colères. Les meilleures intentions seront dénaturées. Qu'importe ! Nous aurons fait notre devoir. N'oublions jamais d'ailleurs que si nous trouvons le respect des morts à l'origine des religions primitives, le respect des vivants doit être la grande aspiration de ce siècle. Ce sera encore la meilleure garantie de la liberté de conscience, tellement délicate dans ses mille nuances, qu'un rien indéfinissable, une plaisanterie qu'on croit inoffensive, peuvent souvent y porter atteinte. Aussi n'est-ce pas une œuvre législative seule qui peut efficacement l'assurer; c'est dans la tolérance réciproque dont nos mœurs doivent se pénétrer de jour en jour davantage, qu'elle trouvera sa plus sûre protection. Nous montrerons, en comprenant ainsi l'égalité et la fraternité, que nous sommes vraiment mûrs pour la liberté. Puissent ces quelques pages lui gagner de nouveaux partisans!

Cette espérance nous a soutenu personnellement dans la tâche que nous avons entreprise, la plus noble, mais aussi la plus ardue de toutes : de la défendre pour la faire aimer. Car nous ne reculerons jamais devant un devoir dicté par la conscience, et nous aimons à espérer que ce nous sera un motif de sympathie près de ceux qui en revendiquent les droits sacrés avec nous.

FIN

TABLE DES MATIÈRES

ÉMILE COLIN — IMPRIMERIE DE LAGNY

www.ingramcontent.com/pod-product-compliance
Ingram Content Group UK Ltd.
Pitfield, Milton Keynes, MK11 3LW, UK
UKHW020604230726
13926UKWH00005B/2194

9 782013 651585